E-Book inside.

Mit folgendem persönlichen Code
können Sie die E-Book-Ausgabe
dieses Buches downloaden.

aiqx6-p56r1-
01800-82149

Registrieren Sie sich unter
www.hanser-fachbuch.de/ebookinside
und nutzen Sie das E-Book
auf Ihrem Rechner*, Tablet-PC
und E-Book-Reader.

Starke/Hruschka

arc42 in Aktion

Bleiben Sie auf dem Laufenden!

Unser **Computerbuch-Newsletter** informiert
Sie monatlich über neue Bücher und Termine.
Profitieren Sie auch von Gewinnspielen und
exklusiven Leseproben. Gleich anmelden unter

www.hanser-fachbuch.de/newsletter

Hanser Update ist der IT-Blog des Hanser Verlags
mit Beiträgen und Praxistipps von unseren Autoren
rund um die Themen Online Marketing, Webent-
wicklung, Programmierung, Softwareentwicklung
sowie IT- und Projektmanagement. Lesen Sie mit
und abonnieren Sie unsere News unter

www.hanser-fachbuch.de/update

Gernot Starke

Peter Hruschka

arc42 in Aktion

Praktische Tipps
zur Architekturdokumentation

HANSER

Dr. Gernot Starke, Köln

Dr. Peter Hruschka, Aachen

Bibliografische Information der Deutschen Nationalbibliothek:

Die Deutsche Nationalbibliothek verzeichnet diese Publikation in der Deutschen Nationalbibliografie; detaillierte bibliografische Daten sind im Internet über http://dnb.d-nb.de abrufbar.

© 2016 Carl Hanser Verlag München, www.hanser-fachbuch.de
Lektorat: Brigitte Bauer-Schiewek
Copy editing: Petra Kienle, Fürstenfeldbruck
Herstellung: Irene Weilhart
Layout: Manuela Treindl, Fürth
Umschlagdesign: Marc Müller-Bremer, www.rebranding.de, München
Coverillustration: Andreas Steinbrecher (www.andreassteinbrecher.de), Düsseldorf
Umschlagrealisation: Stephan Rönigk
Druck und Bindung: Kösel, Krugzell
Ausstattung patentrechtlich geschützt. Kösel FD 351, Patent-Nr. 0748702
Printed in Germany

Print-ISBN: 978-3-446-44801-8
E-Book-ISBN: 978-3-446-44938-1

Inhalt

I Überblick

May the force of the proper word and diagram be with you.

Dieses Kapitel klärt folgende Themen:

- Grundprinzipien von arc42
- Warum dieses Buch?
- Wozu können Sie arc42 verwenden?
- Was dieses Buch *nicht* ist!
- Für wen haben wir dieses Buch geschrieben?
- Navigationshilfe für Eilige

Softwaresysteme bleiben oftmals viele Jahre im Einsatz – und unterliegen währenddessen kontinuierlicher Weiterentwicklung. Dieses „Leben" von Software endet leider manchmal tragisch: Mangelnde Wartbarkeit und unzureichende Dokumentation machen selbst kleine Änderungen zu einem riskanten Vabanquespiel mit ungewissem Ausgang. Oftmals lassen sich selbst marginale Erweiterungen nur mit massivem Aufwand bewältigen, der wirtschaftliche Nutzen des Systems schwindet dahin.

Sie als Softwarearchitekt haben es in der Hand, dieses „Verfaulen" von Software gründlich zu verhindern und Ihre Systeme langfristig wartbar, flexibel und verständlich zu konstruieren. Dafür müssen Sie, neben der selbstverständlichen Erfüllung der Anforderungen, langfristig auf die *innere Qualität* Ihrer Systeme achten und deren Architekturen *angemessen* (schriftlich und mündlich) kommunizieren.

Wir stellen Ihnen in diesem Buch arc42 vor, den bewährten, praxisnahen und frei verfügbaren Standard zur Dokumentation und Kommunikation von Softwarearchitekturen. arc42 basiert auf langjähriger Erfahrung und wird seit 2005 von vielen Unternehmen und Organisationen ganz unterschiedlicher Branchen erfolgreich eingesetzt.

arc42 ist in erster Linie ein Template zur Architekturdokumentation. Es beantwortet die beiden folgenden Fragen auf einerseits pragmatische, andererseits auch an spezielle Bedürfnisse anpassbare Weise:

- Was sollen wir über unsere Architektur aufschreiben?
- Wie sollen wir dokumentieren?

Bild I.1 gibt einen vereinfachten Überblick über die Struktur von arc42, zeigt Ihnen das *big picture*.

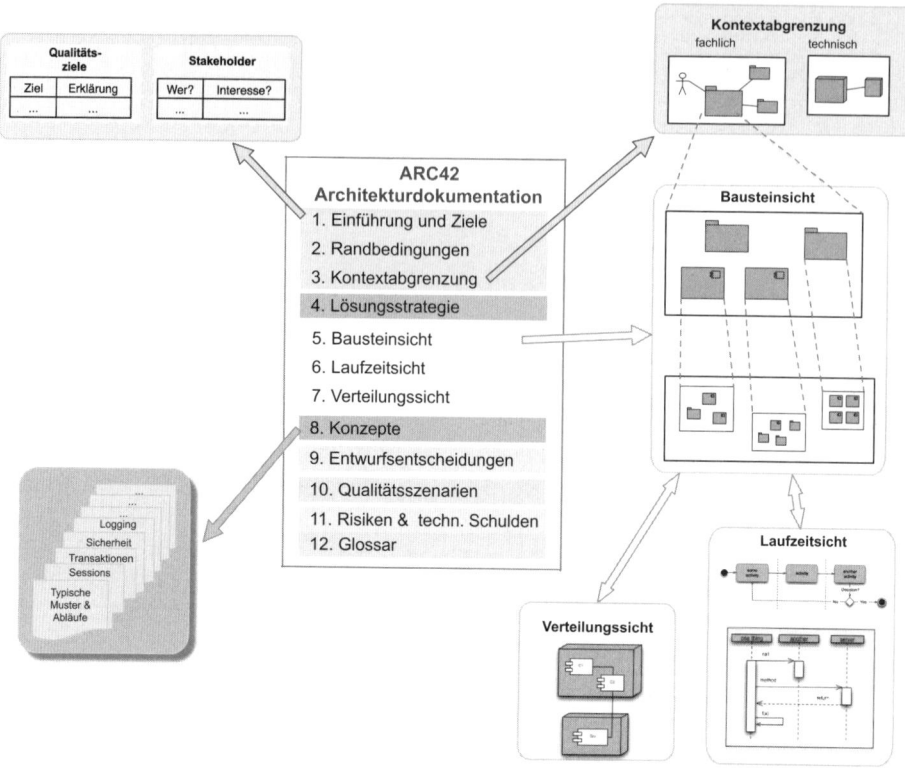

Bild I.1 Gesamtstruktur von arc42

Wenn Sie ungeduldig sind und arc42 anhand eines kleinen Beispiels *live* sehen möchten, blättern Sie kurz zu Kapitel II (das Ihnen zeigt, wie sich arc42-Dokumentation *anfühlt*).

Ansonsten möchten wir Ihnen kurz einige Hintergründe erklären, die Ihnen die Arbeit mit arc42 erleichtern.

◼ I.1 Grundprinzipien von arc42

Klare Struktur

Vergleichen Sie arc42 mit einem Schubladenschrank: Die Schubladen sind ordentlich beschriftet und enthalten zusammengehörige Informationen. arc42 enthält zwölf solche Fächer (also ein paar mehr als auf dem Bild zu sehen). Die Bedeutung dieser arc42-Fächer ist leicht verständlich.

arc42 gibt Ihnen damit eine einfache, klare Struktur zur Beschreibung Ihrer (komplexen!) Systeme. Beginnend bei den Zielen und Anforderungen an Ihr System und der Einbettung in die fachliche und technische Umgebung können Sie nahezu alle Beteiligten oder Interessenten Ihres Systems mit passenden Informationen zur Architektur versorgen.

arc42 ist auf Verständlichkeit und Stakeholder-Eignung optimiert: Es leitet Sie auf ganz natürliche Weise an, jede Art von Architekturinformation und -entscheidung in einem verständlichen und nachvollziehbaren Kontext zu erklären.

Anwender von arc42 loben die hohe Verständlichkeit der Ergebnisse, die aus diesem etablierten Aufbau resultiert, und den überschaubaren Aufwand, eine solche Dokumentation zu erstellen. „Schmerzfreie Dokumentation" – wie wir das nennen.

Unabhängig von Entwicklungsvorgehen

Sie können Ihren arc42-"Schrank" in jeder beliebigen Reihenfolge bearbeiten – ganz wie es Ihre konkrete Situation erfordert. Bei einer Neuentwicklung[1] werden Sie wahrscheinlich mit den Teilen rund um Anforderungen und Ziele beginnen, bei der Arbeit an bestehenden Systemen tauchen Sie möglicherweise sofort in die Tiefen der Bausteinsicht ab.

Sie können die Arbeit an arc42-basierter Architekturdokumentation jederzeit unterbrechen oder wieder aufnehmen – die feste Struktur des „Schranks" stellt eine problemlose Weiterarbeit sicher. Voraussetzung dafür ist natürlich, dass die beteiligten Mitarbeiter etwas Verständnis für die arc42-"Schrankfächer" besitzen.

Fachleute nennen diese positive Eigenschaft von arc42 übrigens „prozessagnostisch".

Architekturdokumentation mit wenig Aufwand

arc42 steht unter einer liberalen Open-Source-Lizenz, daher ist die Nutzung von arc42 in jedem Fall kostenfrei.

Bei der Arbeit mit dem arc42-Template fällt kein zusätzlicher Aufwand für Sie oder Ihre Teams an: Sie

- beschreiben Sachverhalte, die Stakeholder des Systems kennen müssen.
- erklären Zusammenhänge, die Voraussetzungen für das Verständnis des Systems oder einzelner Entwurfsentscheidungen sind.
- heben nur wichtige Entscheidungen auf, die Sie ohnehin treffen müssen.

arc42 hilft Ihnen, für jede dieser Entscheidungen und Sachverhalte eine passende Schublade zu finden, in der alle Beteiligten diese Informationen leicht wiederfinden können.

Risiko: Formular-Zombies[2] ...

Ein Risiko im Umgang mit dem arc42-Template möchten wir offenlegen: Menschen *könnten* arc42 mit einem Formular verwechseln und daraufhin versuchen, alle Teile des Templates „auszufüllen" ☹. Wir mögen den Begriff *ausfüllen* überhaupt nicht, genauso wenig wie das

---

[1] Kapitel V und VI machen Vorschläge, wie Sie arc42 in Ihrem Arbeitsalltag in verschiedenen Situationen einsetzen können.

[2] Der Begriff stammt aus dem lesenswerten Buch „Adrenalin-Junkies und Formular-Zombies" von Tom DeMarco, Peter Hruschka et al. (Hanser, 2007).

Formular: arc42 ist als leichtgewichtiges, an Ihre konkrete Situation adaptierbares, angemessenes Hilfsmittel gedacht, in keinem Fall als „Alles-ausfüllen-Formular".

Unsere tiefe Abneigung gegen *Formulare* und Angst vor dem möglichen Missbrauch von arc42 hat uns bewogen, in Kapitel III einige entsprechende Grundregeln aufzustellen: Beachten Sie insbesondere Regel 2 (Sparsamkeit) und Regel 3 (Angemessenheit).

■ I.2 Warum dieses Buch?

Seit 2005 verwenden Unternehmen arc42, um Software- und Systemarchitekturen zu dokumentieren. Seither durften wir (die Autoren) dabei helfen, arc42 einzuführen, bestehende Dokumentation im Sinne von arc42 aufzubereiten und neue Systeme mit Hilfe von arc42 zu entwickeln und zu dokumentieren.

Das arc42-Template selbst enthält kurze Hinweise und Ratschläge zu den einzelnen Teilen („Schubladen"). Die Struktur ist übersichtlich und verständlich, es gibt keine Hürden bezüglich der Anwendung von arc42.

So einfach und klar strukturiert arc42 jedoch auch ist – im Projektalltag stellen sich immer wieder Fragen, die wir in diesem Buch im Sinne eines *missing manual*[3] beantworten.

---

[3] Die „the missing manuals®" ist eine Buchreihe des O'Reilly-Verlags mit dem schönen Untertitel „the book that should have been in the box". Siehe http://www.oreilly.com/missingmanuals/.

■ I.3 Was dieses Buch *nicht* ist

Wir fokussieren in diesem Buch auf die effektive und effiziente Nutzung von arc42 zur Kommunikation und Dokumentation von Softwarearchitekturen. Dazu grenzen wir es von einigen anderen Themen oder Disziplinen ausdrücklich ab.

Dieses Buch ist **keine** Einführung in:

- Softwarearchitektur und -entwurf: Wir setzen einige Kenntnisse in methodischem Entwurf und Entwicklung voraus. Sie können Problemraum (Anforderungen) und Lösungsraum (Architektur, Implementierung) differenzieren. Sie wissen um den Wert von Prinzipien wie *Separation-of-Concern*, das Geheimnisprinzip (*Information Hiding*), lose Kopplung, hohe Kohäsion, Einfachheit, hohe Konsistenz sowie die Trennung fachlicher und technischer Bausteine in der Architektur. Sie kennen Begriffe wie Architektursichten und querschnittliche Konzepte. Falls Sie mehr über Softwarearchitektur lesen möchten: [Starke-15] hilft weiter.

- Technologie und Frameworks: Sie werden für Entwurf und Implementierung Ihrer Systems konkrete Implementierungstechnologien und Frameworks benötigen, und diese sicherlich auch in Ihrer Dokumentation referenzieren. Wir setzen voraus, dass Sie die für Ihr System notwendigen Technologien kennen.

- Patterns aller Art: Ob Analyse, Entwurf oder Architektur: Patterns sammeln etablierte Lösungsansätze und diskutieren deren Vor- und Nachteile, Konsequenzen und Risiken. Wir selbst bedienen uns sehr gerne der umfangreichen Pattern-Literatur und verweisen in unseren eigenen Dokumentationen häufig darauf.

- Modellierung: Sie sollten Modelle als Abstraktion statischer und dynamischer Sachverhalte anwenden können. Wir setzen voraus, dass Sie den Zusammenhang statischer Modelle (Bausteine oder Komponenten und deren Beziehungen) mit dem zugehörigen Quellcode ebenso kennen wie Grundbegriffe dynamischer Modelle (Ablauf- oder Prozessmodelle).

- UML: Zwar erklären wir an vielen Stellen, wie Sie UML pragmatisch und effektiv einsetzen können, wir setzen aber Grundkenntnisse von Klassen-, Komponenten-, Sequenz-, Aktivitäts- und Verteilungsdiagrammen voraus. Weitere Informationen finden Sie beispielsweise in [Kecher+15] oder [Rupp+14].

- Anforderungs- und Business-Analyse: Softwarearchitekten müssen Anforderungen an Systeme verstehen und bei Bedarf klären. Dazu müssen sie Anforderungen erheben, beschreiben und managen – was in idealen Situationen Requirements Engineers erledigen. Wir setzen voraus, dass Sie sowohl funktionale wie auch Qualitätsanforderungen kennen und mit Ihren Stakeholdern diskutieren können. Gute Quellen für weitere Informationen sind [Hruschka-15], [Rupp+12] oder [Robertson-12].

Obwohl sich unsere Tipps auf den Einsatz von arc42 beziehen, helfen Ihnen viele dieser Ratschläge auch dabei, gemeinsam mit Ihren Teams bessere Systeme zu entwerfen und zu implementieren ☺.

■ I.4 Unsere Annahmen über Sie ...

Als Autoren haben wir einige (möglicherweise törichte) Annahmen über Sie als Leser getroffen:

▪ Sie haben aktuell wenig Zeit und möchten nur die relevanten Teile dieses Buchs lesen ... (dafür haben wir die Navigationshilfe I.5 unten geschrieben!).

▪ Sie besitzen praktische Erfahrung in Softwareentwicklung und -architektur und kennen daher die Notwendigkeit angemessener Dokumentation.

▪ Sie haben mit der Entwicklung oder Pflege mittlerer bis großer, oftmals komplexer Softwaresysteme zu tun (dem *System*).

▪ Das eine oder andere Mal in Ihrem Berufsleben haben Sie unter schlechter, fehlender oder übertriebener Dokumentation gelitten.

▪ Sie möchten Informationen über Architektur, Aufbau und Implementierung des Systems kommunizieren oder dokumentieren.

▪ Dabei möchten Sie *angemessen* vorgehen: Für manche Systeme benötigen Sie eine gründliche und detaillierte Dokumentation, bei anderen genügt es, einige zentrale Themen kurz zu beschreiben.

▪ Vielleicht kennen Sie arc42 bereits und Sie möchten wissen, wie Sie das Template einfacher, pragmatischer oder effektiver einsetzen können.

■ I.5 Navigationshilfe für Eilige

Weil Sie viel zu tun haben, möchten Sie möglichst schnell die für Ihre konkreten Probleme relevanten Teile dieses Buchs identifizieren.

Folgende Abbildung zeigt Ihnen den weiteren Aufbau dieses Buchs. Wir haben die Nummern der Hauptkapitel römisch (d. h. I, II, III) vergeben, damit Sie die Buchkapitel leicht von den arc42-Abschnitten (1, 2, ..., 12) unterscheiden können ...

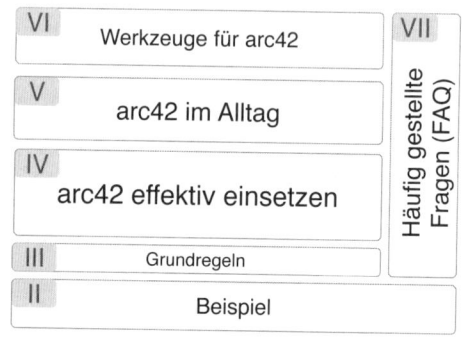

Kapitel II beschreibt ein kleines Open-Source-System anhand von arc42. Sie sehen exemplarisch, „wie es aussehen könnte", und finden jeweils eine kurze Motivation der jeweiligen arc42-Abschnitte. Sie können dieses Kapitel unabhängig vom restlichen Buch lesen.

Kapitel III erklärt einige Grundregeln angemessener Architekturdokumentation, insbesondere unsere Aufforderung zu systematischer Sparsamkeit.

Kapitel IV gibt Ihnen praktische Tipps zu jedem Abschnitt von arc42 (also zu jeder Schublade, um die Metapher vom Anfang dieses Kapitels aufzugreifen). Auch hier motivieren wir kurz die einzelnen arc42-Abschnitte, weshalb es hier kleine und bewusste Redundanzen zu Kapitel II gibt. Dies ist der umfangreichste Teil dieses Buchs.

Kapitel V zeigt Ihnen, wie Sie arc42 im Alltag einsetzen können. Sie finden Hinweise für neue bzw. bestehende Systeme, für agile Projekte sowie Besonderheiten ganz großer Systeme.

Kapitel VI stellt Werkzeuge und Werkzeugkategorien vor, mit deren Hilfe Sie arc42 „zum Leben erwecken" können.

Kapitel VII beantwortet häufig gestellte Fragen in diversen Kategorien (und verweist bei vielen Fragen auf Tipps aus den Kapiteln III bis VI).

■ I.6 Konventionen

Wichtig: Trotz Sparsamkeit und Agilität gibt es einige Informationen über Ihre Systeme, die Sie in jedem Fall dokumentieren sollten, beispielsweise Ihre Qualitätsanforderungen.

Sparsam: Sie suchen nach Möglichkeiten, Ihre Dokumentation zu vereinfachen oder pragmatisch abzukürzen. Sie möchten Ihre Dokumentation vereinfachen oder abkürzen. Sie möchten dabei Aufwand sparen, ohne Inhalt oder Wert zu verlieren. Sie arbeiten in einem agilen Umfeld und möchten schlanke, leichtgewichtige Dokumentation – getreu dem Motto *travel light*.

Gründlich: Sie arbeiten in eher formalem Umfeld an größeren oder kritischen Systemen mit hohen Qualitätsanforderungen. Ihre Stakeholder legen Wert auf Gründlichkeit, Genauigkeit, Detailtreue oder Ausführlichkeit. Eventuell werden Ihre Systeme und deren Dokumentation auditiert.

Tipp I-1
In den Kapiteln III bis VII geben wir über 200 verschiedene Tipps rund um arc42. Diese Tipps sind über die römische Ziffer jeweils den Buchkapiteln zugeordnet.

■ I.7 Danke

Viele Personen haben uns in den letzten Jahren mit konstruktiver Kritik, Anregungen und Fragen rund um arc42 geholfen.

Ralf D. Müller ist die gute Seele und der unermüdliche Committer im arc42-Open-Source-Universum: Er beantwortet Supportanfragen, pflegt die Werkzeugkette, die arc42 aus AsciiDoc generiert, und hält unsere Github-Issues im Zaum. Danke Dir!

Danke an die Menschen, die arc42 übersetzt oder in andere Formate portiert haben – insbesondere Manfred Ferken, Peter Goetz, Oliver Lietz, Daniel Pozzi, Eduaro Rodriguez, Markus Schärtel, Boris Stumm, Fabian Wüthrich.

Wir möchten uns darüber hinaus bei Martin Dungs, Uwe Friedrichsen, Phillip Ghadir, Mahbouba Gharbi, Franz Hofer, Prof. Arne Koschel, Jürgen Krey, Anton Kronseder, Prof. Bernd Müller, Alex Nachtigall, Axel Noellchen, Robert Reiner, Roland Schimmack, Michael Simons, Boris Stumm, Daniel Takai, Eberhard Wolff, Oliver Wronka und Stefan Zörner für ihr Engagement in der Vorbereitung zu diesem Buch bedanken.

Danke an Pedro Lafuente Blanco, Stefan Paal, Christopher Schmidt, Silvia Schreier, Per Starke und Oliver Tigges für eure konstruktiven Reviews und Anregungen.

Ohne die tatkräftige Unterstützung durch Brigitte Bauer-Schiewek und Irene Weilhart vom Hanser-Verlag wären wir an der Textverarbeitung verzweifelt.

innoQ unterstützt und betreibt seit langer Zeit unser arc42-Confluence sowie die arc42.org-Website. Christian Sarazin räumt dabei die technischen Stolpersteine aus dem Weg.

Gernot: Uli, Lynn und Per: Ihr seid super, die beste Familie im Universum! Zeit mit euch ist immer zu kurz. Danke auch an meine kundigen, kompetenten und kritischen Kollegen der innoQ.

Peter: Mein besonderer Dank gilt meiner Traumfrau Monika, die ein weiteres Buchprojekt durch ihre Kommentare aus einer Nicht-IT-Sicht bereichert hat.

II arc42 am Beispiel

Dieses Kapitel zeigt Ihnen arc42 anhand des kleinen Open-Source-Systems HtmlSanityCheck [hsc] – einem Tool zum Auffinden von Fehlern in HTML-Seiten. Zu Beginn jedes Abschnitts finden Sie kurze Erläuterungen, formatiert in Kästen wie diesem hier. Sie finden darin Vorschläge für Inhalt und Form.

Praxistipps zu den Bestandteilen von arc42 finden Sie in den jeweiligen Abschnitten von Kapitel IV.

■ 1 Einführung und Ziele

Sie finden in diesem Abschnitt die wesentlichen Anforderungen an das System und die treibenden Kräfte für die Entwicklung der Architektur, damit Sie die Lösung und Architekturentscheidungen einordnen und verstehen können.

1.1 Aufgabenstellung

Inhalt und Motivation

Sie möchten zentrale Ziele und Aufgaben des Systems, wichtige Anwendungsfälle oder Features in wenigen Sätzen erklären. Falls vorhanden, verweisen Sie auf die Anforderungsdokumentation.

Unabhängig von der gewählten Form der Beschreibung: Hauptsache, Ihre Leser können die wesentlichen Aufgaben des Systems verstehen, bevor Sie zur eigentlichen Architektur des Systems („die Lösung", ab arc42-Abschnitt 3) kommen.

Der HTML-Sanity Checker (HtmlSC, [hsc]) soll Autoren, die HTML als digitales Ausgabeformat erzeugen, bei der Prüfung von Querverweisen, Bild- und Dateiverweisen sowie sonstigen Referenzen (Hyperlinks) unterstützen.

1. Autoren schreiben in Formaten wie AsciiDoc[1], Markdown[2] oder anderen Sprachen, die per Generator in HTML konvertiert werden.

2. HtmlSC führt auf den generierten HTML-Seiten semantische Prüfungen aus und identifiziert beispielsweise fehlerhafte Querverweise oder fehlende Bilder.

3. Als Resultat erzeugt HtmlSC einen Prüfbericht, analog den bekannten Unit-Test-Reports, etwa von JUnit.

Der HTML-Sanity Checker (HtmlSC, [hsc]) überprüft HTML-Files auf semantische Fehler. Dazu gehören beispielsweise Prüfungen auf falsche Querverweise, fehlende Bilder, fehlende lokale Ressourcen, duplizierte Target-Links, defekte externe Links, fehlerhafte URIs (*Uniform Resource Identifier*), fehlende Alternativtexte für Bilder oder ähnliche mögliche Probleme in HTML-Dateien. Details finden Sie in Tabelle II.1.

Als Ergebnis der Prüfungen erzeugt HtmlSC einen detaillierten Report, ein Beispiel finden Sie in Bild II.2.

Tabelle II.1 Funktionale Anforderungen an HtmlSC

ID	Anforderung	Erklärung
M-1	Lese HTML-Dateien	HtmlSC soll eine oder mehrere (konfigurierbare) HTML-Dateien als Eingabe lesen können.
M-2	Erzeuge HTML-Report	Die Prüfergebnisse von HtmlSC sollen in einem (JUnit-ähnlichen) HTML-Report zusammengefasst werden.
M-3	Verschiedene Benutzungs-arten	HtmlSC soll sowohl über die Kommandozeile wie auch als Gradle-Plug-in genutzt werden können.
M-4	Konfigurierbarer Input	Namen der Eingabedateien sind konfigurierbar.
M-5	Notwendige Prüfungen	▪ Fehlende Bilder (missing images) ▪ Falsche Querverweise (broken internal links) ▪ Doppelte Verweisziele (duplicate link targets) ▪ Falsche Links (malformed links)
O-1	Sonstige Prüfungen	▪ Fehlende Alt-Attribute ▪ Fehlerhafte Image-Maps ▪ Unbenutzte Bilder (unused images) ▪ Falsche Querverweise (broken hyperlinks)
O-2	Vorschläge (Suggestions)	HtmlSC soll bei Fehlern Vorschläge unterbreiten, welche Werte korrekt sein könnten.

Legende: M = Muss, O = Optional (*nice-to-have*)

---

[1] http://asciidoctor.org/ Markup-Sprache, wird von vielen Open-Source-Projekten zur Dokumentation verwendet. Eines unserer favorisierten Mittel zur Architekturdokumentation - siehe auch Kapitel VI.5.1.

[2] https://daringfireball.net/projects/markdown/ Eine einfache Auszeichnungssprache bzw. Konverter von Text nach HTML. Sehr einfache Syntax, weite Verbreitung bei Webautoren.

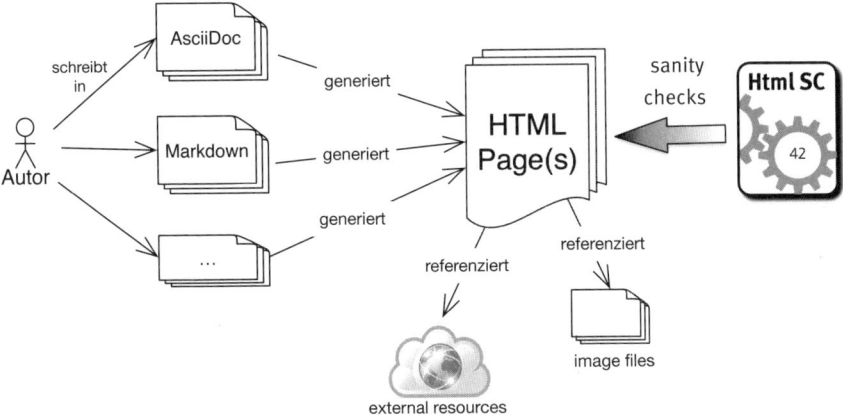

Bild II.1 Ziel von HtmlSC: semantische Prüfung von HTML-Seiten

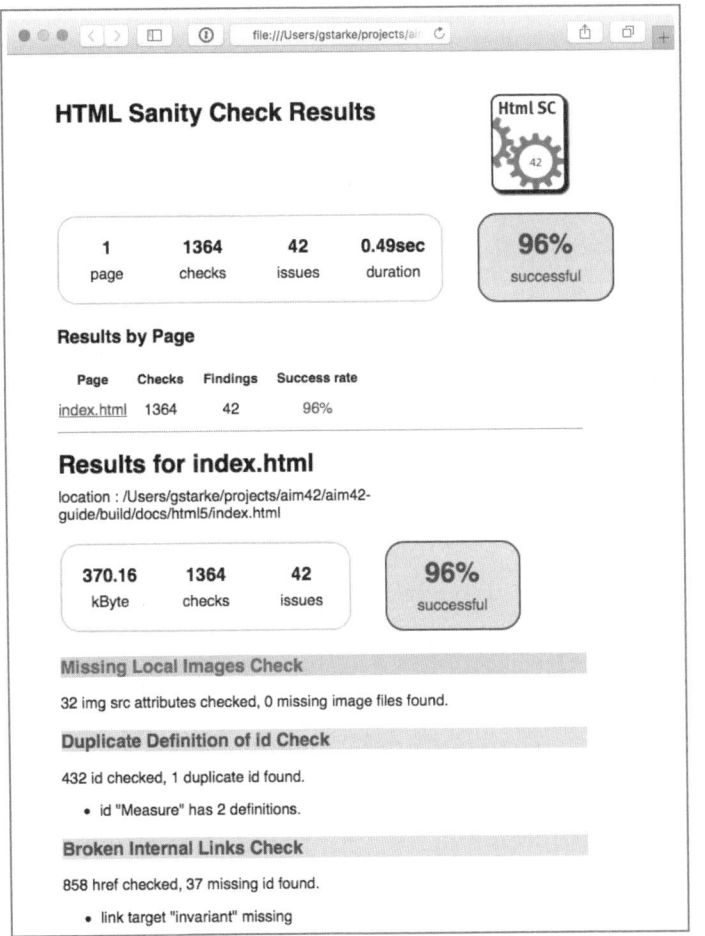

Bild II.2 Beispiel eines Reports von HtmlSC

1.2 Qualitätsanforderungen

Inhalt und Motivation

Sie möchten die Qualitätsziele (auch als Architekturziele bezeichnet) Ihres Systems möglichst genau kennen, damit Sie Entwurfs- oder Technologieentscheidungen daran orientieren können.

Diese (tendenziell langfristigen) Qualitätsziele weichen in der Realität manchmal von den (tendenziell kurzfristigen) Zielen laufender Projekte ab. Beachten Sie den Unterschied.

Siehe auch arc42-Abschnitt 10 (Qualitätsbaum und Szenarien).

ID	Prio	Qualitätsziel	Erläuterung
Q-1	1	Korrektheit	HtmlSC findet alle in den Anforderungen spezifizierten HTML-Fehler.
Q-2	2	Sicherheit	Der Inhalt der zu prüfenden Seiten und Dokumente wird niemals verändert.
Q-3	3	Performanz	Die vollständige Prüfung eines 100-kB-HTML-Files wird in weniger als fünf Sekunden ausgeführt.
Q-4	4	Flexibilität	HtmlSC unterstützt verschiedene Prüfalgorithmen und Ausgabeformate. Die Erweiterung um einen weiteren Prüfalgorithmus soll innerhalb von 1-2 PT möglich sein.

1.3 Stakeholder

Inhalt und Motivation

Sie möchten einen Überblick über Ihre Stakeholder haben, d. h. über alle Personen, Rollen oder Organisationen, die die Architektur kennen sollten oder mit Architektur oder Code arbeiten.

Stellen Sie die konkrete Erwartungshaltung dieser Stakeholder bezüglich der Architektur und deren Dokumentation in Form einer Tabelle dar.

Anmerkung: Für unser winziges HtmlSC-Beispiel gibt es viel weniger Stakeholder als für *normal* umfangreiche Systeme ...

Rolle	Ziel	Erwartungshaltung
Autor digitaler Dokumente	Möchte Dokumente mit korrekten Querverweisen und Hyperlinks, frei von typischen HTML-Fehlern	Hat an Architektur des Systems kein Interesse, lediglich an von diesem Tool erzeugten Reports
arc42-Nutzer	Möchte ein kleines, aber praktisches Beispiel der Anwendung von arc42	Sucht eine Vorlage zum Abschreiben

◼ 2 Randbedingungen

Inhalt und Motivation

Sie möchten die Fesseln kennen, die Ihre Freiheiten bezüglich Entwurf, Implementierung oder Ihres Entwicklungsprozesses einschränken. Randbedingungen gelten manchmal organisations- oder firmenweit über die Grenzen einzelner Systeme hinweg.

Bei Bedarf unterscheiden Sie technische und organisatorische Randbedingungen oder übergreifende Konventionen (beispielsweise Programmierrichtlinien, Dokumentations-, Namens- oder Ordnungskonventionen).

ID	Beschreibung
RB-1	HtmlSC muss in Java oder Groovy entwickelt werden.
RB-2	HtmlSC muss mit dem Gradle (siehe [gradle]) Build-Werkzeug integrierbar sein.
RB-3	HtmlSC muss unter einer liberalen Open-Source-Lizenz stehen, etwa einer Creative-Commons Sharealike (siehe [CCSA]).
RB-4	Code und Dokumentation sollen auf einer der namhaften Open-Source-Plattformen (etwa: Github; siehe [github]), Bitbucket oder Sourceforge gehostet werden.
RB-5	Fehler und neue Anforderungen sollen mit einem Issue-Tracker (etwa Github-Issues) gepflegt werden.
RB-6	Eine erste Version (0.9.x) soll bis November 2015 veröffentlicht sein. Diese initiale Version kann auf einige der Prüfalgorithmen verzichten, beispielsweise die Prüfung externer Verweise.

◼ 3 Kontext

Inhalt und Motivation

Sie möchten Ihr System gegenüber allen Nachbarsystemen abgrenzen. Damit ordnen Sie die Aufgabe Ihres Systems in sein Umfeld ein, andererseits zeigen Sie sämtliche externen Schnittstellen und Nutzer bzw. Nutzerrollen.

Sie zeigen damit auch die Verantwortlichkeit (*scope*) Ihres Systems: Welche Verantwortung trägt das System und welche Verantwortung übernehmen die Nachbarsysteme?

An den Schnittstellen zwischen einem System und seiner Umgebung treten Fehler besonders gerne und häufig auf. Die Klärung der externen Schnittstellen gehört daher zu den kritischen Architekturaufgaben.

In arc42 differenzieren wir zwischen fachlichem und technischem Kontext.

3.1 Fachlicher Kontext

> **Inhalt und Motivation**
>
> Sie benötigen eine grobe Erklärung der fachlich relevanten Nachbarsysteme und Daten sowie der Nutzer und/oder Nutzerrollen.
>
> Manchmal kann es zusätzlich helfen, die Formate oder Protokolle der Kommunikation mit Nachbarsystemen und der Umwelt zu zeigen.
>
> Verwenden Sie ein Kontextdiagramm zusammen mit einer tabellarischen Erläuterung.

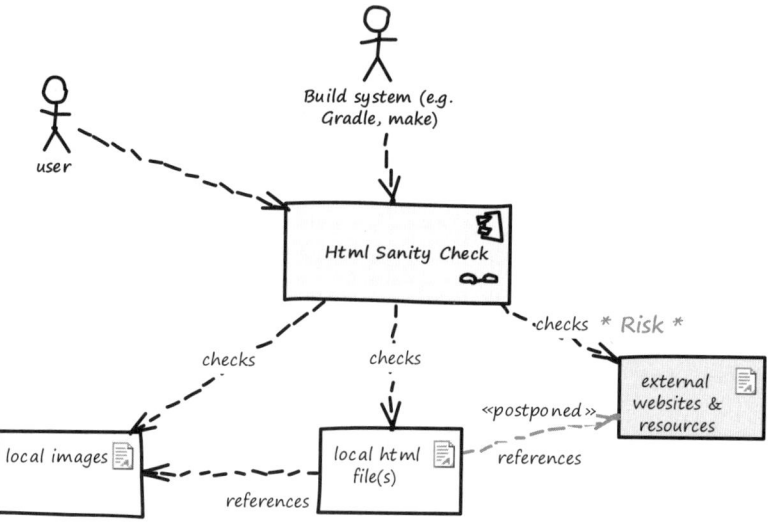

Bild II.3 Fachlicher Kontext

Nachbar	Beschreibung
user	Erstellt Dokumentation mit einem Werkzeug, das HTML als Ausgabeformat liefert. Erhält vom System die Prüfergebnisse.
local html files	HtmlSC liest und überprüft lokale HTML-Dateien.
local images	HtmlSC überprüft, ob referenzierte Bilder als Dateien (lokal) vorliegen bzw. ob Bilddateien überhaupt referenziert werden.
external websites & resources	HtmlSC kann zukünftig auch zur Prüfung externer Links verwendet werden. **Risiko:** Die Dauer der Zugriffe auf externe Websites hängt von Netzlatenz und der Reaktionszeit der externen Systeme ab und könnte ggfs. die Performanceanforderung (siehe Qualitätsziele oben, insbesondere Q-3) gefährden.

Schnittstelle zum Build-System, insbesondere Gradle

Die Schnittstelle von HtmlSC zum Gradle-Build-System ist in Abschnitt II.8.3 (Gradle-Plugin-Konzept) beschrieben.

3.2 Technischer Kontext/Verteilungskontext

Inhalt und Motivation

Sie möchten die Infrastruktur des Systems mit den physischen Kanälen oder technischen Protokollen zu Infrastruktur außerhalb Ihres Systems kennen.

In einer Mapping-Tabelle können Sie die Abbildung der fachlichen Schnittstellen auf die technischen Schnittstellen, Kanäle oder Protokolle erläutern.

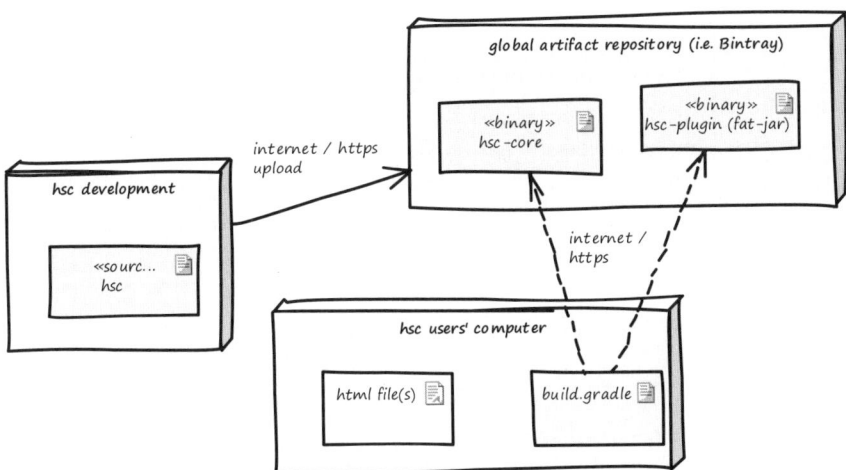

Bild II.4 Technischer Kontext/Verteilungskontext für Nutzung per Gradle

Nachbar	Beschreibung
global artifact repository	Ein global verfügbares Repository für (Java-)Binaries. Bekannte Vertreter sind MavenCentral, Bintray oder JCenter (siehe [bin-repo]).
hsc user computer	Auf dem Computer von hsc-Benutzern muss eine Java-Laufzeitumgebung (≥ Java 7) vorhanden sein.
	Bei der Nutzung via Gradle lädt das Buildsystem per http von den konfigurierten Repositories (etwa Bintray oder https://plugins.gradle.org) beim ersten Aufruf die notwendigen Bibliotheken und speichert diese in einem lokalen Cache.
hsc development	Entwicklungsrechner, von dem aus die übersetzten Quelltexte z. B. zu Bintray deployed werden (Abb. 3.2) oder ein Installer erzeugt wird (Abb. 3.3)

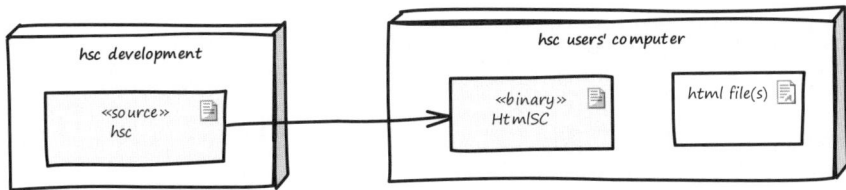

Bild II.5 Technischer Kontext/Verteilungskontext für Kommandozeile

■ 4 Lösungsstrategie

> **Inhalt und Motivation**
>
> Sie möchten die grundlegenden Entscheidungen und Lösungsansätze verstehen, bevor Sie in die weiterführenden und detaillierten Erklärungen (in den Abschnitten 5 bis 8) einsteigen.
>
> Halten Sie in Kurzform wesentliche Technologieentscheidungen fest beziehungsweise erläutern Sie Ihre Strategien zur Erreichung der wesentlichen Qualitätsziele.

- HtmlSC wird in Groovy und Java implementiert, mit Fokus auf minimalen externen Abhängigkeiten.
- Damit HtmlSC einfach in automatischen Builds eingesetzt werden kann, wird die Implementierung auch als Gradle[3]-Plug-in verpackt (siehe Abschnitt II.5.1.2 sowie Konzepte II.8.2).
- Die Flexibilität bezüglich der verschiedenen Prüfalgorithmen wird durch das „Template-Method-Pattern" erreicht (siehe Konzepte II.8.2).

---

[3] Gradle ist ein Werkzeug zur Build-Automatisierung, siehe https://gradle.org

■ 5 Bausteinsicht

Inhalt und Motivation

Die Bausteinsicht erklärt den Aufbau des gesamten Quellcodes, hierarchisch (in Ebenen/ Levels) organisiert, damit Sie die (evtl. komplexe) Struktur Ihres Systems im Überblick behalten.

5.1   Whitebox Gesamtsystem (Level 1)

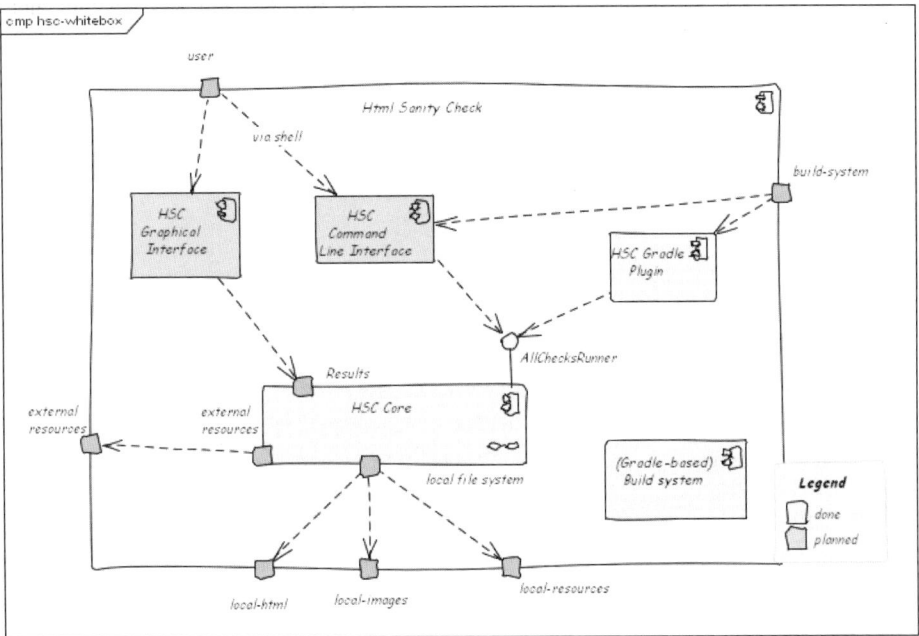

Bild II.6 Whitebox HtmlSC-Gesamtsystem (Level 1)

Begründung

Wir haben den Quellcode von HtmlSC nach funktionalen Aspekten strukturiert. Benutzereingaben sowie Aufruf/Start des Systems sind vom funktionalen Kern (HSC Core) separiert.

Enthaltene Blackboxes

Baustein	Beschreibung
HSC Core	Prüfalgorithmen und Ergebnisaufbereitung, der funktionale Kern des Systems. Übersicht siehe Abschnitt II.5.1.1 (Blackbox), Details siehe Abschnitt II.5.2.1 (Whitebox).
HSC Gradle Plugin	Gradle-spezifische Kapselung der HSC-Core-Funktionalität. Siehe Abschnitt II.5.1.2.
HSC Graphical Interface	Die (geplante, aktuell nicht implementierte) grafische Bedienoberfläche für HtmlSC
HSC Command Line Interface	(nicht dokumentiert)
Build System	(nicht dokumentiert)

5.1.1 Blackbox „HSC Core"

Zweck/Verantwortung: HSC Core enthält die Kernfunktionen:

- Parsen der zu prüfenden HTML-Datei(en) in eine DOM-ähnliche in-Memory-Datenstruktur,
- Aufruf der eigentlichen Prüfalgorithmen,
- Erzeugen der Prüfberichte.

Dateien/Pakete: `org.aim42.htmlsanitycheck.check.*`, `o.a.h.report.*`

5.1.2 Blackbox „HSC Gradle Plugin"

Zweck/ Verantwortung:	Ermöglicht die Nutzung der HtmlSC-Prüfungen in Gradle Builds (d. h. beispielsweise in Continous-Integration-Szenarien).
Schnittstellen (benötigt):	Die Plug-in-API von Gradle selbst: `org.gradle.api.Project` `org.gradle.api.Plugin`
Schnittstellen (angeboten):	Nutzung erfolgt im Rahmen von Gradle-Buildfiles, siehe dazu Abschnitt II.8.3.
Ablageort/Datei (Quellcode):	Groovy Package: `org.aim42.htmlsanitycheck`, class `HtmlSanityCheckPlugin`
Erfüllte Anforderungen:	M3 (Nutzung von HtmlSC als Gradle-Plug-in)

Erläuterungen zur Implementierung sowie zur Nutzung von Gradle-Plug-ins finden Sie im Gradle-Plug-in-Konzept, Abschnitt II.8.3.

5.2 Bausteinsicht Level 2

Inhalt und Motivation

An manchen Stellen Ihres Systems möchten Sie neben dem Überblick aus Level 1 noch weitere Details der inneren Struktur Ihres Systems zeigen:

- Aufbau (und dessen Begründung) wichtiger, riskanter oder kritischer Bausteine,
- wichtige interne Schnittstellen und Zusammenhang zum restlichen System zeigen.

5.2.1 Whitebox HSC Core

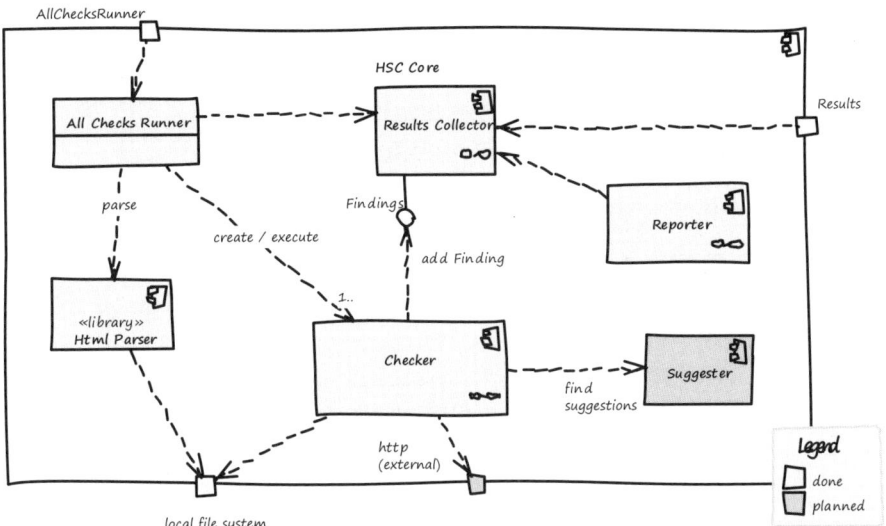

Bild II.7 Whitebox HSC Core (Level-2)

Begründung:

Trennung nach Funktionen (u. a. Prüfung, Sammlung, Aufbereitung)

Enthaltene Blackboxes:

Baustein	Beschreibung
All Checks Runner	Die Schnittstelle zur Nutzung von HtmlSC: Interpretiert Konfigurationsparameter und koordiniert die Arbeit der übrigen Bausteine.
Checker	Prüfalgorithmen, implementiert nach Template-Pattern (siehe Konzepte II.8.2)
Suggester	Ermittelt im Falle von Fehlern alternative Vorschläge
HTML Parser	Externe Bibliothek (jsoup) zum Parsen von HTML-Dateien. Erzeugt eine DOM-Repräsentation und erlaubt den Zugriff über flexible Finder-Methoden (siehe II.9.2).
Results Collector	Sammelt Ergebnisse aller ausgeführten Prüfungen
Reporter	Erstellt Ergebnisberichte, u. a. in HTML-Format

5.3 Bausteinsicht Level 3

5.3.1 Whitebox Results Collector

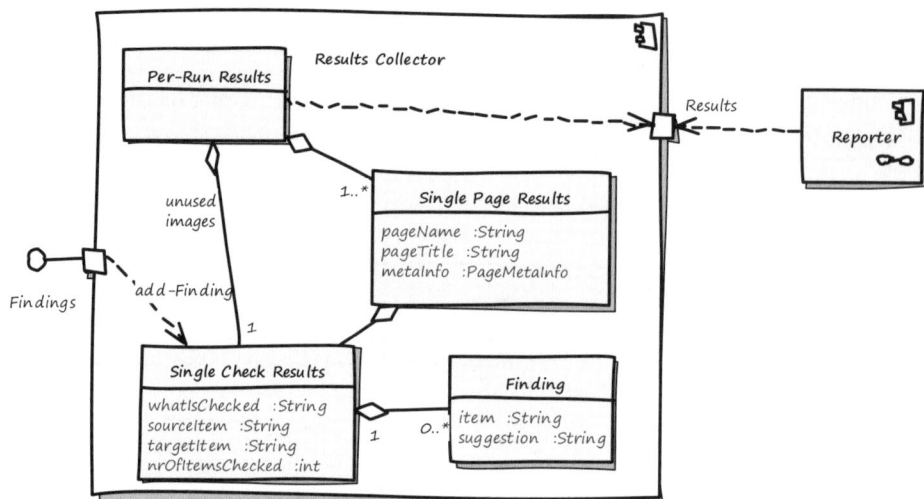

Bild II.8 Whitebox Results Collector

Begründung:

Dieser Baustein ist strukturiert entlang der Hierarchie von Prüfungen:

Der gesamte Durchlauf („Run") besteht aus der Prüfung mehrerer Seiten („Single Page"), für die jeweils mehrere einzelne Prüfalgorithmen („Single Check") aufgerufen werden.

Jeder Prüfalgorithmus kann 0..n Fehler („Finding") identifizieren.

Enthaltene Blackboxes:

Baustein	Beschreibung
Per-Run-Results	Ergebnisse eines Durchlaufs (der evtl. mehrere HTML-Dateien prüft)
SinglePageResults	Prüfergebnisse einer einzelnen HTML-Seite
SingleCheckResult	Ergebnisse eines einzelnen Prüfalgorithmus
Finding	Ein einzelnes Prüfergebnis, beispielsweise ein fehlendes Bild oder ein fehlerhafter Querverweis

Schnittstelle „Results"

> Quellcode in der Architekturdokumentation sollte möglichst automatisiert aus der echten Versionsverwaltung integriert werden – und möglichst niemals per Copy and Paste!

```
public interface RunResults {
 // results for all checked pages
 public ArrayList<SinglePageResults> getResultsForAllPages()

// how many pages checked in this run?
 public int nrOfPagesChecked()
 ...}
```

> Auf Ebene 3 der Bausteinsicht sind Sie bei Ihrem System möglicherweise schon auf einem sehr detaillierten Niveau angekommen. Grundsätzlich empfehlen wir Ihnen, White- und Blackbox-Templates zur Beschreibung zu verwenden.
>
> Andererseits können Sie sich pragmatisch auf einzelne Aspekte der Implementierung einer Blackbox konzentrieren, um etwas Aufwand bei der Dokumentation zu sparen.
>
> Im Beispiel HtmlSC möchten wir für den Baustein Suggester nur den Hintergrund der Implementierung erklären, ohne die Struktur der beteiligten Klassen offenzulegen.

5.3.2 Suggester

Suggester (von engl. to suggest, empfehlen) ermittelt aus einer Menge möglicher Werten (*options*) die *n* zu einem gegebenen Wert (*target*) ähnlichsten[4].

Beispiel:

- Options = [„McUp", „McDon", „Mickey"]
- Target = „McDown"
- Die Empfehlung wäre hier „McDon", weil es dem Target „McDown" am ähnlichsten ist.

Wird in HtmlSC beispielsweise in folgenden Fällen verwendet:

- Bei fehlerhaften Bildverweisen (image-Tags) wird der Dateiname des fehlenden Bilds mit allen gefundenen Bilddateien verglichen.
- Bei fehlerhaften Querverweisen (Sprungziel existiert nicht) wird dessen Name mit allen in der Datei gefundenen Sprungzielen (anchors) verglichen.

---

[4] HtmlSC verwendet dazu die Jaro-Winkler-Distanz, eine Metrik für die Ähnlichkeit zweier Zeichenketten: Für zwei identische Strings liefert die Funktion den Wert 1.0, für völlig unterschiedliche den Wert 0.0. Je ähnlicher die Zeichenketten, desto näher liegt das Ergebnis an 1. Siehe https://github.com/rrice/java-string-similarity

■ 6 Laufzeitsicht

Inhalt und Motivation

Die Laufzeitsicht zeigt konkrete Abläufe und Beziehungen zwischen Bausteinen in Form von konkreten Szenarien.

Sie möchten verstehen, *wie* die Bausteine Ihres Systems zur Laufzeit ihre jeweiligen Aufgaben erfüllen, wie Instanzen von Bausteinen zur Laufzeit miteinander kommunizieren.

6.1 Ausführen aller Prüfalgorithmen („*perform all checks*")

Variante: Aufruf über Gradle

Voraussetzung: HtmlSC in Gradle Buildfile konfiguriert

1. Aufruf von „gradle htmlSanityCheck" in der Kommandozeile/Shell
2. Gradle-Plug-in startet Klasse „AllChecksRunner" und übergibt Collection<File> filesToCheck sowie File resultsDir an die Methode AllChecksRunner.performAllChecks.
3. Führt alle Prüfungen durch, erzeugt PerRunResults.
4. Jeder Prüfalgorithmus ergänzt eine Instanz von SingleCheckResults mit seinen eigenen Resultaten.

   Erzeugt den HTML-Ergebnisbericht durch reportCheckingResultsAsHTML (vgl. II.2.6.2).

6.2 Reporting von Prüfergebnissen

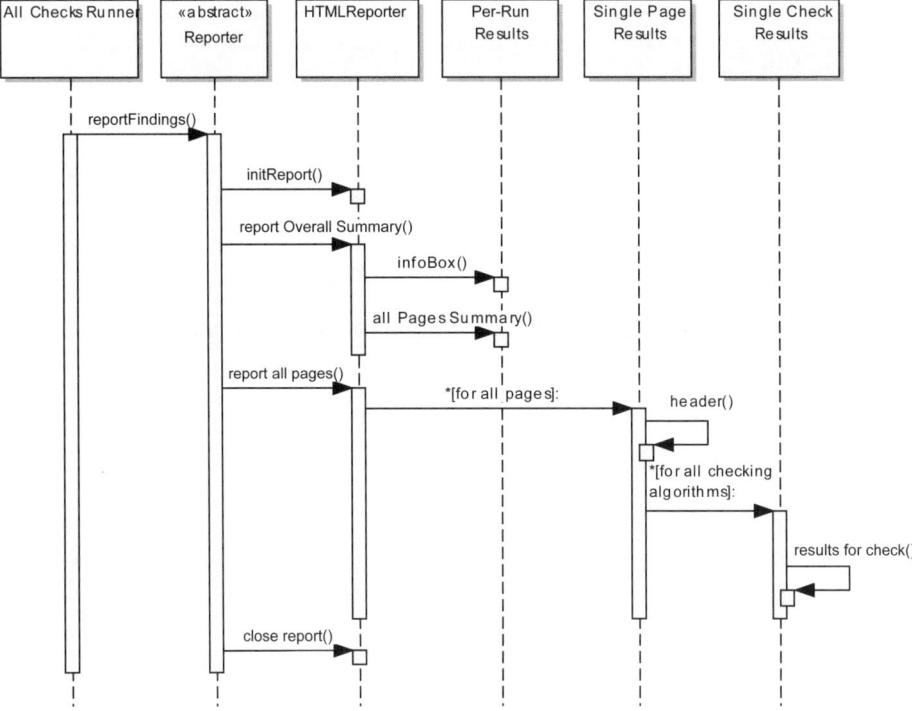

Bild II.9 Szenario „Reporting von Prüfergebnissen" (Ausschnitt)

Konkretes Reporting (Text oder HTML) wird an Unterklassen von Reporter delegiert (Template-Method-Pattern; siehe Abschnitt II.8.2).

■ 7 Verteilungssicht

> **Inhalt und Motivation**
>
> Sie möchten die technische Infrastruktur kennen, auf der Bausteine Ihres Systems ausge-
> führt werden, insbesondere wenn Ihre Software auf mehr als einen Rechner, Prozessor,
> Application-Server oder Container verteilt ist.
>
> Häufig laufen Systeme in unterschiedlichen Umgebungen ab, beispielsweise Entwicklung,
> Test und Produktion/Wirkbetrieb. In solchen Fällen sollten Sie alle relevanten Umgebungen
> aufzeigen, zumindest aber deren Unterschiede explizit festhalten.
>
> Anmerkung: In kommerziellen Systemen spielen bei Infrastruktur und Verteilung oft
> Aspekte wie Skalierbarkeit, Deployment-/Installationsprozesse, Clusterung oder auch
> Firewalls eine Rolle – die wir in unserem kleinen Beispiel nicht benötigen.

Bild II.10 zeigt das Deployment von HtmlSC, sowohl für Entwicklung als auch Benutzung
mit dem Build-Werkzeug Gradle:

- Entwickler von HtmlSC benötigen ein JDK, Groovy, Gradle sowie den Jsoup Html Parser.
- Nutzer von HtmlSC benötigen eine Java Runtime (≥ 1.6) sowie ein Gradle-Buildfile („build.
  gradle"), Auszug:

```
apply plugin: 'HtmlSanityCheck-gradle-plugin'
htmlSanityCheck {
    sourceDir = new File( htmlOutputPath )
    sourceDocuments = [ "one-file.html", "another-file.html"]
    checkingResultsDir = new File( "$BuildDir/reports" )
```

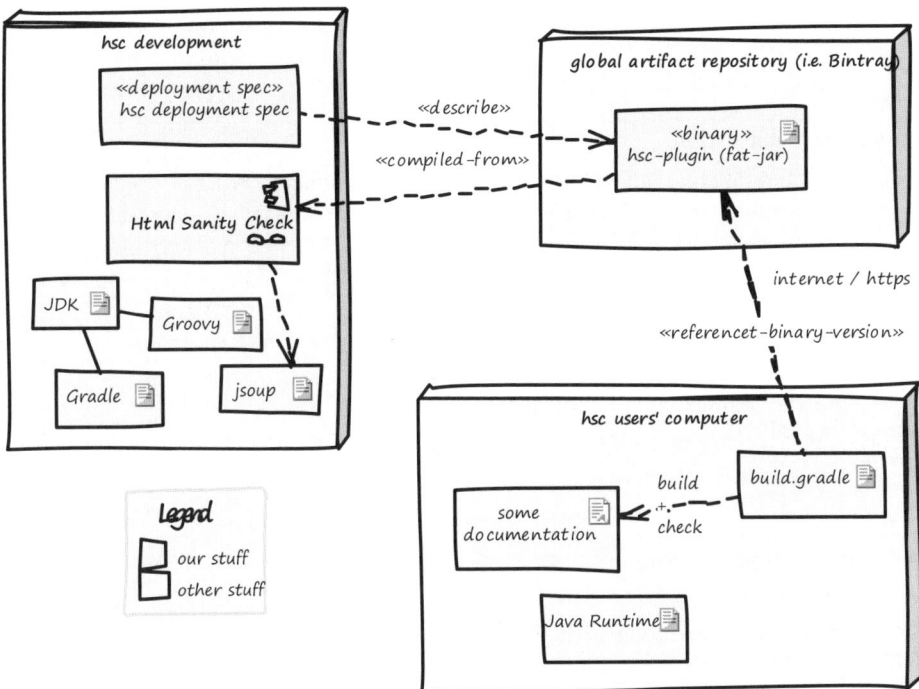

Bild II.10 Verteilungsdiagramm HtmlSC (Gradle-Variante)

Knoten	Bedeutung
Hsc development	Computer zur Entwicklung von HtmlSC. Nur für Softwareentwickler relevant, die den Quellcode von HtmlSC anpassen oder erweitern möchten.
Global artifact repository	Ein (i. d. R. per Internet erreichbares) öffentliches Repository für Gradle-Plug-ins. Gradle lädt bei der ersten Benutzung von HtmlSC (zur Laufzeit) sämtliche benötigten Bibliotheken von diesem Repository herunter und speichert die in einem lokalen Cache (genauer: USER_HOME/.gradle).

■ 8 Querschnittliche Konzepte

Inhalt und Motivation

Sie sollten Ihre übergreifenden, querschnittlichen Regelungen, Prinzipien oder Muster erläutern. Wir nennen sie „Konzepte": Sie betreffen oft mehr als einen Baustein und sind an mehreren Stellen im System relevant.

Zu solchen Konzepten können vielerlei Entscheidungen gehören, beispielsweise:

- Regeln für den konkreten Einsatz von Technologien,
- Implementierungsregeln,
- eingesetzte Architektur- oder Entwurfsmuster sowie
- prinzipielle Festlegungen übergreifender Art.

8.1 Fachliches Modell

Das fachliche Modell von HtmlSC (siehe Bild II.11) umfasst neben HTML-Spezifika (wie etwa Link, Link-Target, Resource) auch implementierungsnahe Dinge (wie HTMLPage, RunResult oder Checker).

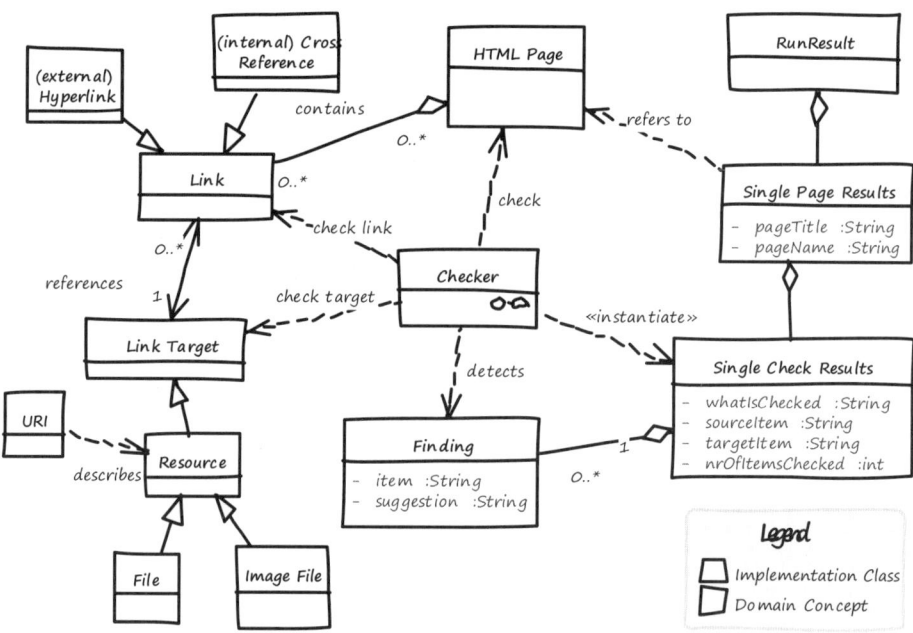

Bild II.11 Fachliches Modell von HtmlSC

Begriff	Erläuterung
Checker	Oberklasse der verschiedenen Prüfalgorithmen (*MissingImages*, *BrokenCrossReferences* etc.)
	Wird zur Laufzeit instanziiert durch die Unterklassen aus dem Package `org.aim42.htmlsanitycheck.check`
Finding	Ein einzelner Befund, enthält immer den Fehlergegenstand (beispielsweise den Namen eines fehlenden Bilds, ein nicht existierendes Sprungziel oder eine illegale URL)
SingleCheckResult	Collection aller →Findings für einen →Checker
SinglePageResult	Collection aller →SingleCheckResults für eine einzelne →HTMLPage
RunResult	Collection aller →SinglePageResults aller geprüften →HTMLPages

Die übrigen Begriffe (Link, LinkTarget, CrossReference, Resource etc.) entstammen der HTML-Spezifikation des W3C (http://www.w3.org/TR/html5/).

Beachten Sie bitte den folgenden Abschnitt über den Aufbau von URIs.

8.2 Aufbau von UR (HTML-Verweise)

Anmerkung: Für viele Webentwickler oder HTML-Kenner ist diese Information (URI-Syntax) wahrscheinlich völlig selbstverständlich. Da dieses Buch und damit auch dieses Beispiel jedoch auch für andere Menschen verständlich sein sollen, habe ich diesen Abschnitt aufgenommen ...

HtmlSC führt diverse Prüfungen auf Links (Verweise, Hyperlinks) durch, die in HTML immer gemäß der RFC-2396 (URI-Syntax) aufgebaut sind.

URIs werden benutzt, um auf andere Ressourcen (Dokumente, Dateien) zu verweisen.

Folgende Darstellung zeigt den Aufbau einer URI und die Namen ihrer Bestandteile:

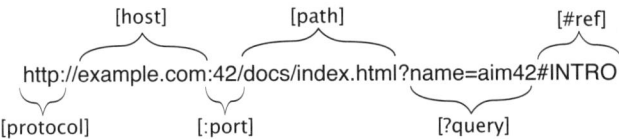

Die Klasse java.net.URL enthält einen Parser für solche URLs und URIs.

Listing II.1 Testfall für URI-Parser (org.aim42.htmlsanitycheck.html)

```
// tag::GenericURIExample[]
@Test
public void testGenericURISyntax() {
    // based upon an example from the Oracle(tm) Java tutorial:
    // http://docs.oracle.com/javase/tutorial/networking/urls/urlInfo.html
    def aURL =
            new URL
            ("http://example.com:42/docs/tutorial/index.html?name=aim42#INTRO");
    aURL.with {
        assert getProtocol() == "http"
        assert getAuthority() == "example.com:42"
        assert getHost() == "example.com"
        assert getPort() == 42
        assert getPath() == "/docs/tutorial/index.html"
        assert getQuery() == "name=aim42"
        assert getRef() == "INTRO"
    }
}
// end::GenericURIExample[]
```

8.3 Entwicklung des Gradle-Plug-ins

Der Gradle-User-Guide[5] beschreibt die notwendigen Voraussetzungen zum Verständnis der Implementierung, insbesondere von HSCGradlePlugin (siehe II.5.1.2). Dieser Baustein realisiert einen Wrapper um die eigentliche HtmlSC-Funktionalität.

```
class HtmlSanityCheckPlugin implements Plugin<Project> {
    void apply(Project project) {
        project.task(,htmlSanityCheck',
                    type: HtmlSanityCheckTask,
                    group: ,Check')
    }
}
```

Im Verzeichnis src/main/resources/META-INF/gradle-plugins erwartet Gradle eine Properties-Datei mit den notwendigen Definitionen, insbesondere dem Namen der vom Plug-in zur Laufzeit aufzurufenden Implementierungsklasse:

```
implementation-class=org.aim42.htmlsanitycheck.HtmlSanityCheckPlugin
```

Das Online-Tutorial von Code4Reference[6] erläutert darüber hinausgehende Fragen der Implementierung (empfehlenswert!).

---

[5] https://gradle.org/docs/current/userguide/userguide.html
[6] http://code4reference.com/2012/08/gradle-custom-plugin-part-1

Aufruf/Nutzung von HtmlSC via Gradle

Verwenden Sie folgenden Ausschnitt innerhalb Ihres build.gradle-Skripts:

```
buildscript {
    repositories {
        maven {
            url https://plugins.gradle.org/m2/
        }
    }
    dependencies {
        classpath (,gradle.plugin.org.aim42:htmlSanityCheck:0.9.6-SNAPSHOT')
    }
}
apply plugin: ,org.aim42.htmlSanityCheck'
```

8.4 Erweiterbarkeit um neue Prüf- oder Reporting-Verfahren

HtmlSC nutzt das Template-Method-Pattern [Gamma95] als Basis für austauschbare und erweiterbare Prüfalgorithmen sowie Reporting-Verfahren. Die Erklärung hier erfolgt am Beispiel „Prüfalgorithmen":

Das Skelett des Prüfalgorithmus ist in der check()-Methode der abstrakten Klasse Checker implementiert. Spezielle Prüfalgorithmen werden auf Unterklassen ausgelagert.

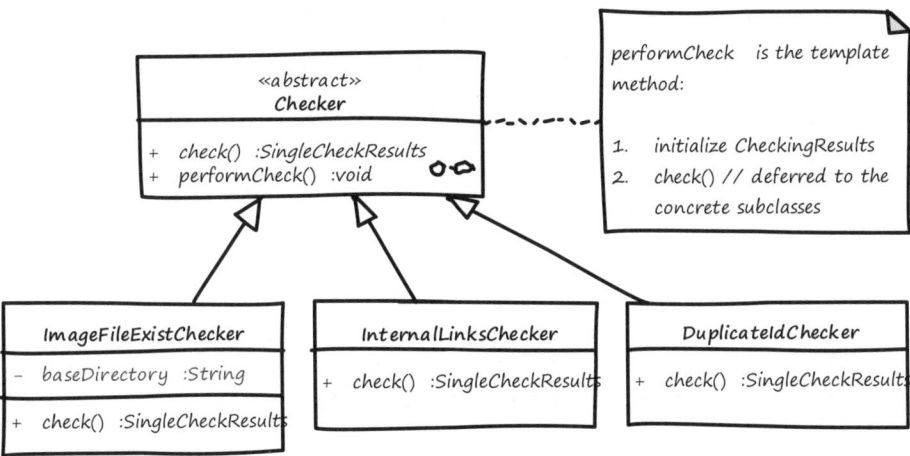

Bild II.12 Template-Method (hier für Prüfalgorithmen)

■ 9 Entwurfsentscheidungen

Inhalt und Motivation

Sie möchten wichtige, große, teure, riskante oder spezielle Entwurfsentscheidungen oder Architekturentscheidungen auch später noch *nachvollziehen* können.

Insbesondere sollten Sie die *Begründung* für Ihre Entscheidungen festhalten.

9.1 Prüfung externer Links verschoben

Die Prüfung der Gültigkeit externer Links (etwa http:- und ftp:-Verweise) wurde auf einen späteren Zeitpunkt verschoben.

Grund ist die relativ hohe Komplexität durch z. B. Netzwerkprobleme und HTTP-Statuscodes, so dass die Implementierung dieser Prüfung die Randbedingung RB-6 (siehe Abschnitt 2) verletzt hätte.

9.2 JSOUP als HTML-Parser

Zur Prüfung von HTML-Dateien parsen wir diese in ein internes, an DOM orientiertes Format. Dafür verwenden wir die Open-Source-Bibliothek jsoup (http://jsoup.org).

Zitat von der jsoup-Website:

> *„jsoup is a Java library for working with real-world HTML. It provides a convenient API for extracting and manipulating data, using DOM, CSS, and jquery-like methods."*

9.2.1 Entscheidungskriterien

- Möglichst wenige externe Abhängigkeiten, so dass HtmlSC-Binaries so klein wie möglich bleiben,
- Zugriffs- und Finder-Methoden, um gezielt image-, anchor-, imageMap- und andere HTML-Tags suchen und selektieren zu können,
- liberale Open-Source-Lizenz.

9.2.2 Alternativen

- HTTPUnit: Testframework für Webanwendungen und -sites. Dessen Schwerpunkt liegt im Testen, weniger im Parsen von HTML. Besitzt sehr viele Abhängigkeiten zu anderen Bibliotheken.
- Eigene Implementierung mit ANTLR-Parser-Generator: als zu aufwendig abgelehnt

■ 10 Qualitätsszenarien

Inhalt und Motivation

Insbesondere wenn Sie die Qualität Ihrer Architektur mit formalen Methoden wie ATAM (Architecture Tradeoff Analysis Method, [ATAM]) überprüfen wollen, bedürfen die in arc42-Abschnitt 1.2 genannten Qualitätsziele einer weiteren Präzisierung bis auf die Ebene detaillierter Szenarien.

Der Qualitätsbaum (in arc42-Abschnitt 2.10.1) zeigt (unter der Wurzel „Qualität") die für Ihre Architektur relevanten Qualitätsmerkmale.

10.1 Qualitätsbaum

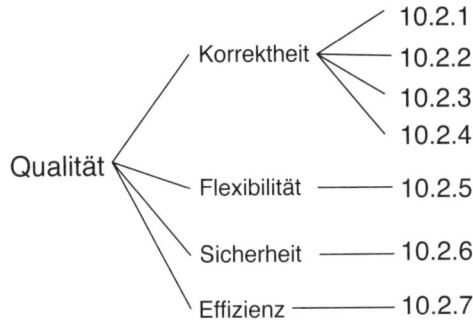

10.2 Qualitätsszenarien

10.2.1 Jeder fehlerhafte interne Link wird gefunden.

10.2.2 Jedes fehlende lokale Bild wird gefunden.

10.2.3 Die Korrektheit jeder Prüfung wird durch positive und negative Fälle automatisch getestet.

10.2.4 Jedes Report-Format wird getestet: Die Reports müssen exakt alle Prüfergebnisse beinhalten.

10.2.5 HtmlSC soll verschiedene Prüfalgorithmen, verschiedene Ausgaben und verschiedene Benutzungsformen (Clients) unterstützen. Mindestens die Einbindung in Gradle und in einen grafischen Client soll gewährleistet sein.

10.2.6 Der Inhalt der zu prüfenden Dateien wird nie verändert.

10.2.7 Die Prüfung einer 100-kB-HTML-Datei erfolgt in weniger als zehn Sekunden.

■ 11 Risiken & technische Schulden

Inhalt und Motivation

Sie möchten die technischen Risiken Ihres Systems kennen, damit Sie zukünftige Probleme adressieren können. Weiterhin möchten Sie als Softwarearchitekten Ihre Management-Stakeholder (etwa Projektleiter, Product-Owner, Produktverantwortliche) beim Risikomanagement unterstützen.

Anmerkung: Wirkliche Risiken für die Architektur erkennen wir in unserem kleinen Beispiel keine ...

11.1 Betriebs-/Deployment-Risiken

Risiko	Beschreibung
Know-how und Rechte-Engpass beim Deployment auf öffentlichen Servern	Aktuell (Stand Q4-2015) gibt es lediglich einen einzigen Entwickler, der Deployment von Release-Versionen auf Bintray oder JCenter durchführen kann (aufgrund der Vergabe der Benutzer- und Owner-Rechte des aim42-Open-Source-Projekts).
Hoher Aufwand bei neuen Releases von Gradle oder AsciiDoctor	• Beim Übergang von Gradle 1.x auf 2.x wurden diverse Programmierschnittstellen geändert und die interne DSL erweitert. • Beim Übergang von AsciiDoctor 0.x auf 1.x wurden viele „breaking changes" eingeführt – die signifikanten Aufwand für HtmlSC nach sich zogen.

11.2 Fachliche Risiken

Risiko	Beschreibung
Wenig Feedback zum System aufgrund kleiner Zielgruppe	Die Klasse möglicher Benutzer des Systems ist stark beschränkt (auf IT-Projekte, die mit AsciiDoc oder Markdown dokumentieren). Daher wird aller Voraussicht nach die Zahl der Benutzer gering bleiben.
System wird obsolet	Falls etwa AsciiDoc-Prozessoren (wie etwa [asciidoctor]) zukünftig eine native Prüfung des generierten HTML anbieten, wird das System überflüssig.

■ 12 Glossar

Inhalt und Motivation

Sie möchten die wesentlichen fachlichen und technischen Begriffe genau verstehen, die Stakeholder im Zusammenhang mit dem System verwenden.

Das Glossar ist eine Ausprägung unseres Ratschlags *„besser explizit als implizit"* – weil es Begriffen explizit Bedeutung zuordnet.

Begriff	Definition
Cross Reference	Ein Link von einem Teil des Dokuments auf einen anderen Teil des gleichen Dokuments
External Hyperlink	Ein Link auf eine andere HTML-Seite oder auf eine Ressource in einer anderen Domäne
Link	Ein Verweis innerhalb einer →HTMLPage. Verweist auf →LinkTarget
RunResult	Prüfergebnisse (→SingleCheckResults) mehrerer Seiten (→HTMLPages)
SinglePageResults	Umfasst die gesammelten Prüfergebnisse aller Checker-Instanzen für eine einzelne HTMLPage
…	…

III Grundregeln effektiver Dokumentation

Bei Entwurf und Entwicklung komplexer Systeme hilft es ungemein, klar zwischen den Anforderungen („Problem") und der Lösung zu differenzieren: Wenn wir das „Problem" besser, konkreter und detaillierter verstehen, können wir unsere Lösung spezifischer an dieses Problem anpassen.

Betrachten Sie Dokumentation und Kommunikation als eine Lösung. Bevor wir also über Details sprechen, sollten wir uns über die wesentlichen *Anforderungen* an technische Dokumentation und Kommunikation einig werden, unabhängig von arc42.

Anschließend werden wir Ihnen einige pragmatische Ratschläge geben, wie Sie einfacher, schneller und mit weniger Aufwand zu wirkungsvoller Dokumentation kommen können. Gewaltfrei, ohne aufwendige Werkzeuge und ohne rigide Prozesse.

Für Eilige: die Kurzfassung dieses Kapitels

1. Dokumentieren Sie, um Mehrwert zu schaffen – nicht, um formale Vorgaben einzuhalten.
2. Weniger ist (oft) mehr: Zeigen Sie „Mut zur Lücke".
3. Nur über Feedback von Ihren Stakeholdern können Sie Umfang und Detaillierungsgrad Ihrer Dokumentation angemessen entscheiden.
4. Nutzen Sie arc42 als „Schrank", nicht als „Formular".

■ III.1 Anforderungen an die Dokumentation

Anforderungen an die technische Dokumentation kommen aus unterschiedlichen Gruppen[1]:

■ Konsumenten (= Leser), die mit Hilfe der Dokumentation ihre jeweiligen Aufgaben erledigen möchten. Hierzu gehören beispielsweise Softwareentwickler, die mit Hilfe der Dokumentation neue Features im System schnell und einfach implementieren möchten.

---

[1] [Clemens+11] zählt 19 verschiedene Stakeholder auf, die valides Interesse an Architekturdokumentation haben (könnten). Eine Zusammenfassung finden Sie in Kapitel IV.1.

- Produzenten (= Autoren), die die Dokumentation erstellen und pflegen. Sie möchten Änderungen am System mit möglichst geringem Aufwand in der Dokumentation nachvollziehen können.

Der Rest des Buchs gehört den Hinweisen, wie Sie diese Anforderungen erfüllen können.

Anforderung	Erläuterung
Hilfreich	Dokumentation muss bei konkreten Aufgaben von Beteiligten helfen und deren Arbeit erleichtern. Es muss also folgende Beziehung gelten: $\text{Aufwand}_{\text{mit Doku}} < \text{Aufwand}_{\text{ohne Doku}}$ Insbesondere soll Architekturdokumentation bereits von Beginn einer Systementwicklung an nützlich sein – und nicht als unnötiger Arbeitsaufwand daherkommen.
Korrekt	Fehlerhafte Informationen in (technischer) Dokumentation können ebenso schlimm sein wie Abstürze von Software. Schlimmer noch: Finden Leser an einer Stelle der Dokumentation Fehler, so schwindet das Vertrauen in diese Doku rapide – der Wert der Dokumentation sinkt. Unsere Prämisse muss daher lauten: niemals (*never-ever*) Fehler in der Dokumentation zulassen. Korrektheit ist das oberste Ziel, das wir nicht kompromittieren dürfen!
Aktuell	Die Korrektheit von Dokumentation ändert sich mit der Zeit. Was gestern korrekt war, könnte heute bereits falsch sein.
Einfach zu finden	Eine Spezialisierung von „einfach zu benutzen": Konsumenten müssen benötigte Information einfach und schnell finden können. Feste Strukturen (wie sie arc42 vorschlägt) und Konventionen helfen dabei.
Leicht verständlich	Konsumenten (LeserInnen) müssen Dokumentation leicht verstehen können, d. h., sie muss in Sprache, Notation und Darstellungsform deren Bedürfnissen entsprechen. Leichter gesagt als getan – kennen doch Produzenten von Dokumentation ihre Konsumenten oft (noch) gar nicht, weil wir die Dokumentation für eine zukünftige Benutzung erstellen.
Leicht änderbar	Jegliche Änderungen (Erweiterungen, Umbauten, Pflege, ja sogar Bugfixes) können notwendige Änderungen an der Dokumentation nach sich ziehen. Je einfacher solche Änderungen sind, desto größer ist die Chance, dass die Dokumentation auch wirklich angepasst wird. Sind solche Änderungen an der Dokumentation schwierig oder aufwendig, bleiben sie nach unserer Erfahrung oftmals liegen: Die Dokumentation ist dann nicht mehr aktuell (d. h. nicht mehr korrekt) ... und eine gefährliche Abwärtsspirale setzt ein. ☹ Viele Hinweise im Buch, die wir mit unserem Spar-Icon markiert haben, tragen zur leichten Änderbarkeit bei.

Anforderung	Erläuterung
Angemessen	Wir wissen nicht, wie viel Dokumentation Sie für Ihr System genau benötigen, in welchem Detailgrad oder auch in welcher Notation.
	Die Stakeholder Ihres Systems haben möglicherweise sehr spezielle Anforderungen und Wünsche bezüglich der Dokumentation, orientiert an deren konkreten Aufgaben und Erfahrungen.
	arc42 schlägt Ihnen eine pragmatische Struktur vor, aber die genaue Ausprägung (welche Themen wie detailliert, in welchen Formaten und mit welcher Notation) müssen Sie für Ihre Systeme selbst entscheiden.
	Siehe Kapitel VIII.2 (Minimalumfang von Dokumentation).

■ III.2 Zentrale Tipps für eine effektive Dokumentation

Tipp III-1: Ernennen Sie *eine verantwortliche Person* (Doku-Gärtner)

Ein Gärtner hat (mindestens) zwei Aufgaben: neu pflanzen und bestehendes zurechtschneiden oder pflegen. In Bezug auf die (Architektur-)Dokumentation von Software soll Ihr Doku-Gärtner für die angemessene Form und Inhalt sorgen und dabei aktiv nach nicht mehr benötigten Teilen suchen und diese entfernen.

Prädestiniert für diese Rolle sind verantwortungsbewusste Softwarearchitekten, aus den folgenden Gründen:

- Sie kennen die Architektur und wissen daher, welche Teile wichtig und interessant für die Dokumentation sind.
- Sie kennen das Entwicklungsteam und wissen, welche Personen zu welchen Themen relevante Inhalte beitragen können.
- Sie kennen die wichtigen Stakeholder des Systems und deren Anforderungen und Bedürfnisse hinsichtlich Dokumentation. Daher können sie gut abschätzen, was die *angemessene* Menge, Art, Form und Detaillierung der Dokumentation ist.

Wie Doku-Gärtner ihre Rolle wahrnehmen können, erklären wir in Tipp III-7, weiter hinten.

Tipp III-2: Dokumentieren Sie methodisch sparsam („weniger ist oft mehr")

Wenn Sie dokumentieren, müssen Sie die Dokumentation bei Änderungen am System anpassen. Sie erzeugen sozusagen mit jeder Dokumentation Aufgaben in der Zukunft. Wir sind der Meinung, dass Dokumentation grundsätzlich notwendig und sinnvoll ist – aber nur in einem dem System und den Stakeholdern angemessenen Umfang!

Wir vertreten dazu folgende Thesen:

- Weniger (d. h. kürzere) Dokumentation können Stakeholder schneller (d. h. in kürzerer Zeit) lesen.

- Weniger Dokumentation bedeutet zukünftig auch weniger Änderungen an eben dieser Dokumentation.

Bitte entscheiden Sie bewusst darüber, welche Dokumentation in welchem Umfang und Detaillierungsgrad für Ihr System und Ihre aktuelle Situation sinnvoll ist. Differenzieren Sie zwischen kurzlebiger Kommunikation (etwa: „Flipcharts für die Projektarbeit") und langlebiger Dokumentation.

Zeigen Sie „Mut zur Lücke": Lassen Sie bewusst Teile von arc42 weg (oder leer). Insbesondere im arc42-Abschnitt 8 (Querschnittliche Konzepte) können Sie sich manchmal auf wenige Teile beschränken.

Tipp III-3: Klären Sie Angemessenheit und Bedarf durch frühzeitiges Feedback

Art, Umfang und Detaillierung Ihrer Dokumentation sollten *angemessen* sein. Angemessen in Bezug auf das System, die beteiligten Personen, Domäne, Risiken, Kritikalität, Kosten oder noch andere Faktoren. arc42 unterstützt Sie lediglich durch Strukturvorschläge, unterbreitet Ihnen jedoch keine Vorschläge zu Detaillierungsgrad, Notation oder Zielgruppen.

Was Angemessenheit in Ihrem Fall genau bedeutet, müssen Sie für Ihr System mit Hilfe beteiligter Personen herausfinden:

Beschreiben zuerst nur Sie einen kleinen Teil oder Aspekt Ihres Systems – und beschaffen Sie sich zu dieser Dokumentation konkretes, spezifisches Feedback von beteiligten Stakeholdern. Überprüfen Sie die Dokumentation sozusagen auf Gebrauchstauglichkeit ([Zörner-15]). Fragen Sie, ob die Dokumentation nützt und welche Aspekte dieser Dokumentation Sie noch verbessern können.

- Welche Teile der Dokumentation sollen wir erweitern? Wo können wir kürzen?

- Ist die Darstellungsweise, Detaillierung und Notation passend?

- Ist das Ausgabe- oder Darstellungsformat (etwa: pdf, html, docx, Wiki) akzeptabel?

- Müssen wir die Parameter an der Schnittstelle X in der Architektur dokumentieren oder genügen dafür die Unit-Tests?

Erstellen Sie beispielsweise Diagramme in mehreren Iterationen oder Verfeinerungen: Ihr erster Wurf darf handschriftlich und sehr grob sein. Durch Feedback sollten Sie sehr schnell herausfinden, ob Ihre Darstellung überhaupt in die *richtige Richtung* geht (gut) – oder ob Sie am konkreten Informationsbedarf Ihrer Stakeholder vorbei dokumentieren (schlecht).

Auf diese Weise können Sie Erwartungshaltung durch Feedback klären. Je konkreter Sie beteiligte Personen nach ihrer Rückmeldung und/oder Meinung fragen, desto konkreter werden deren Antworten ausfallen.

Vermeiden Sie geschlossene Fragen wie „Ist die Doku so in Ordnung?" – weil Sie weder nach einem „Ja" noch einem „Nein" wissen, was Sie jetzt konkret zu tun haben! Stellen Sie lieber offene Fragen, wie beispielsweise: „Was müssten wir noch ändern oder ergänzen, damit Ihnen diese Dokumentation besser hilft?"

Tipp III-4: Erklären Sie immer top-down, arbeiten Sie nach Bedarf anders

Top-down[2] bezeichnet die Darstellung von Sachverhalten ausgehend von einem hohen Abstraktionsgrad (wenige Details) schrittweise zu Konkretisierung und Verfeinerung (mehr Details). Sie können Konsumenten Ihrer Dokumentation durch eine Top-down-Struktur *abholen.*

Dabei sollte Ihnen die (Top-down-)Struktur Ihrer Dokumentation niemals eine bestimmte Arbeitsweise oder Reihenfolge bei Entwurf und Entwicklung Ihrer Systeme vorgeben. Gerade in der Entwicklung ist es oftmals effizienter, Probleme bottom-up zu lösen. Die Kommunikation und Dokumentation von Ergebnissen sollten Sie allerdings grundsätzlich top-down organisieren!

arc42 unterstützt diesen Ratschlag durch strikten Top-down-Aufbau:

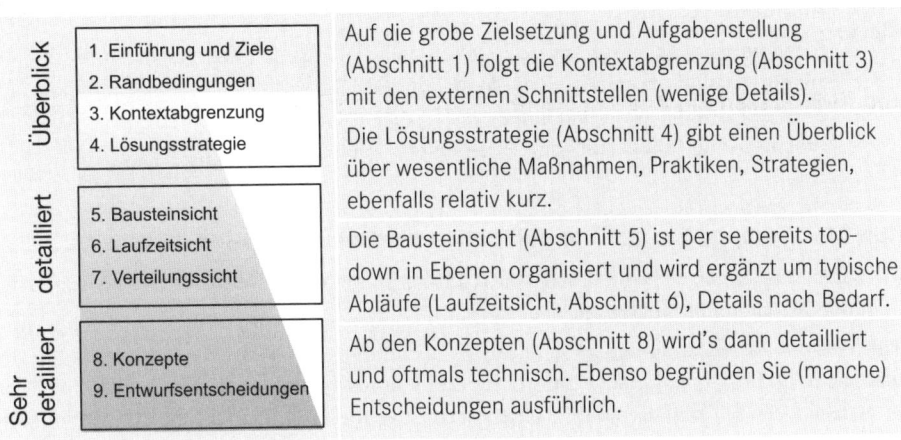

Überblick	1. Einführung und Ziele 2. Randbedingungen 3. Kontextabgrenzung 4. Lösungsstrategie	Auf die grobe Zielsetzung und Aufgabenstellung (Abschnitt 1) folgt die Kontextabgrenzung (Abschnitt 3) mit den externen Schnittstellen (wenige Details). Die Lösungsstrategie (Abschnitt 4) gibt einen Überblick über wesentliche Maßnahmen, Praktiken, Strategien, ebenfalls relativ kurz.
detailliert	5. Bausteinsicht 6. Laufzeitsicht 7. Verteilungssicht	Die Bausteinsicht (Abschnitt 5) ist per se bereits top-down in Ebenen organisiert und wird ergänzt um typische Abläufe (Laufzeitsicht, Abschnitt 6), Details nach Bedarf.
Sehr detailliert	8. Konzepte 9. Entwurfsentscheidungen	Ab den Konzepten (Abschnitt 8) wird's dann detailliert und oftmals technisch. Ebenso begründen Sie (manche) Entscheidungen ausführlich.

Tipp III-5: Fokussieren Sie auf *Gründe* statt auf *Tatsachen*

Praktisch alle *Tatsachen* zu Software finden wir in deren Quellcode[3], aber die *Herleitung und Begründung* vieler Fakten nicht:

- Warum ist eine bestimmte Whitebox genau so aufgebaut, wie sie ist? Warum besteht sie aus vier Blackboxen, warum nicht aus sieben oder elf?

- Warum wurde diese (und nicht eine andere) Bibliothek für die Generierung von pdf-Dokumenten ausgewählt?

- Warum läuft einer der Bausteine der Bausteinsicht auf einer anderen Hardware als alle übrigen Bausteine?

arc42 legt Ihnen nahe, zumindest die Whitebox-Strukturen der Bausteinsicht (kurz) zu begründen. Weiterhin sollten Sie überraschende, besondere oder riskante Entscheidungen grundsätzlich mit Begründungen erläutern.

---

[2] Entspricht der logischen „Deduktion" (von lat.: deducere = herabführen): von etwas Allgemeinem zu etwas Speziellem kommen.

[3] Wir zählen hier Make-/Build-/Deployment-Skripte sowie alle Konfigurationen zum Quellcode. Weitere Erläuterung finden Sie in Kapitel VII.3 „Fragen zu arc42-Abschnitten".

Tipp III-6: Stellen Sie Anforderungen immer vor Prinzipien

Konkrete Anforderungen oder Ziele sollten Ihnen wichtiger sein als globale oder allgemeine Prinzipien – weil die meisten von uns für die Zielerreichung bezahlt werden, aber nur sehr wenige Menschen für die Einhaltung von Prinzipien.

arc42 oder andere Vorlagen sollten Sie in diesem Sinne eher als pragmatische Hilfsmittel betrachten denn als „unumstößliche Prinzipien". Sie sollten (!) arc42 niemals als *Formular* betrachten, sondern als einen Schrank: Füllen Sie die Schrankfächer so, wie es für Ihre aktuelle Situation angemessen ist.

Stefan Zörner nennt das in [Zörner-15]: „Gehen Sie pragmatisch mit Vorlagen um."

Anmerkung:

Sicherheitskritische Systeme gehorchen anderen Regeln. Pragmatismus und Abkürzungen sind bei solchen Systemen verboten. Die Kritikalität dieser Systeme erfordert Gründlichkeit und Einhaltung formaler Regeln – der von uns propagierte Pragmatismus ist bei solchen Systemen praktisch immer fehl am Platze ...

Tipp III-7: Trennen Sie volatile und bleibende Dokumentation

Wir gehen davon aus, dass Sie mit einem Team im Rahmen eines *Projekts* (eher kurzfristig) an einem *System* (eher langlebig) arbeiten.

Während der Arbeit an einem System (also während des *Projekts*) muss das Team allerlei technische und organisatorische Informationen kommunizieren, von denen viele nur eine kurze Halbwertszeit besitzen. Eine solche kurzfristige Kommunikation findet oft ad-hoc statt und ist für den Fortschritt bei der Projektarbeit und Systementwicklung immens wichtig. Daher sollten Sie die Hürden dafür so niedrig wie möglich halten: Verzichten Sie für Projektkommunikation und -dokumentation möglichst auf Formalismen. Unordnung ist hier in Ordnung, sofern die beteiligten Personen die Informationen verstehen und als Unterstützung ihrer aktuellen Projektarbeit benutzen können.

Wir nennen diesen Teil der Dokumentation *volatil*, weil Teams vieles davon nur als Unterstützung ihrer Projektarbeit benötigen – und viele dieser Themen für die bleibende Dokumentation des Systems gar nicht relevant sind.

Für die *bleibende* Dokumentation des Systems gelten hingegen andere Maßstäbe: Hier sollten die Regeln guter Dokumentation gelten, eine auf arc42 basierende Struktur und ein Mindestmaß an Ordnung und Konsistenz.

Eine verantwortliche Person (der Doku-Gärtner aus Tipp III-1) sollte diese Struktur (gemäß arc42) festlegen und gemeinsam mit dem Team angemessen mit Inhalt füllen.

Als Doku-Gärtner übernehmen Sie interessante und relevante Dokumentationsteile aus dem linken (Projekt-)Bereich, sobald sich diese inhaltlich stabilisiert haben. Bei Bedarf müssen Sie oder die ursprünglichen Autoren die Form und/oder Notation den Bedürfnissen der Systemdokumentation anpassen. Beachten Sie dabei allerdings Tipp III-2 (Sparsamkeit)!

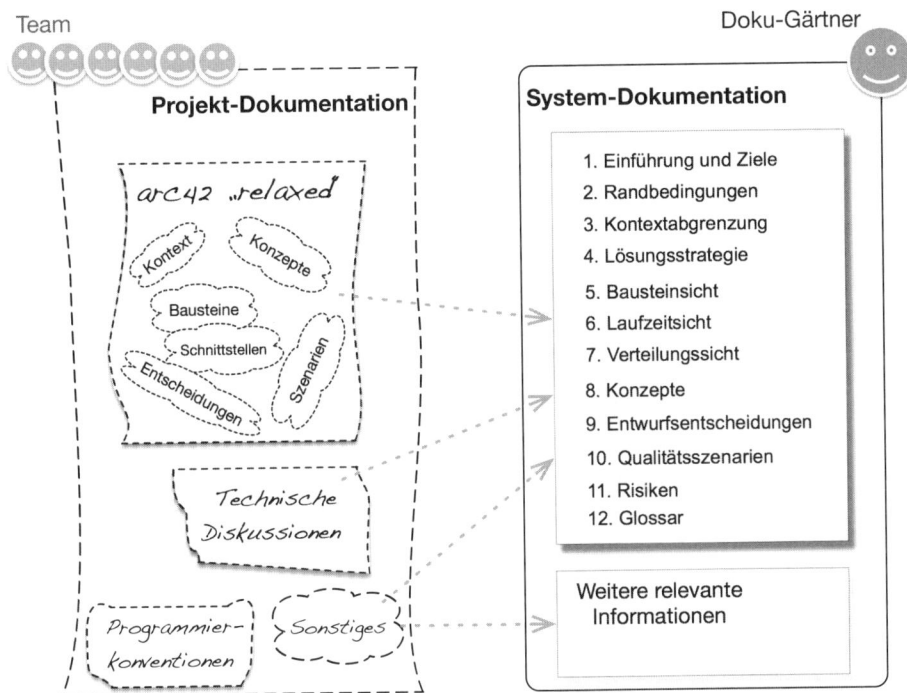

Team   Doku-Gärtner

Projekt-Dokumentation

arc42 „relaxed"

Kontext · Konzepte · Bausteine · Schnittstellen · Entscheidungen · Szenarien

Technische Diskussionen

Programmier-konventionen · Sonstiges

System-Dokumentation

1. Einführung und Ziele
2. Randbedingungen
3. Kontextabgrenzung
4. Lösungsstrategie
5. Bausteinsicht
6. Laufzeitsicht
7. Verteilungssicht
8. Konzepte
9. Entwurfsentscheidungen
10. Qualitätsszenarien
11. Risiken
12. Glossar

Weitere relevante Informationen

Bild III.1 Volatile Projektdokumentation und langlebige Systemdokumentation

Tipp III-8: Dokumentieren Sie redundanzfrei, falls möglich

Vermeiden Sie unnötige Wiederholungen. Die mehrfache Darstellung identischer Sachverhalte erzeugt überhöhten Pflegeaufwand bei Änderungen und macht obendrein die Nutzung der Dokumentation schwieriger.

Bei Redundanz ist die Chance recht groß, dass Sachverhalte an *einer* Stelle leicht anders beschrieben werden als an *anderen* Stellen. Das verwirrt Leser[4]: Sind diese Unterschiede gewollt oder ein Versehen? Auf welche dieser Stellen kann ich mich verlassen und auf welche eher nicht?

Warum schränken wir dann bereits im Namen dieses Tipps auf *„falls möglich"* ein und fordern keine absolute Redundanzfreiheit? Der Grund liegt im Lesekomfort: An manchen Stellen möchten Sie Ihren Lesern Sachverhalte „als Ganzes" vermitteln.

Beispiel: Der arc42-Abschnitt 1 (Einführung und Ziele) erläutert die Anforderungen an das System. Hoffentlich haben Sie die Anforderungen in einem Requirements-Dokument, einem Lastenheft, einer Sammlung von User-Stories oder ähnlicher Dokumentation beschrieben. In der Architekturdokumentation möchten wir die *wesentlichen* Inhalte dieser Anforderungen komprimiert wiedergeben (gewollte Redundanz!) – weil wir Lesern komfortabel diesen Extrakt der Anforderungen vorstellen möchten. Würden wir in diesem Abschnitt lediglich Hyperlinks auf andere Dokumente einfügen, wären wir einerseits redundanzfrei, andererseits zwängen wir die Leser dazu, die Informationen an völlig anderer Stelle nachzulesen ...

Also: Erlauben Sie Redundanz nur dort, wo sie den Lesekomfort oder das Verständnis erhöht.

---

[4] Siehe [Clements+11], „Seven Rules for Sound Documentation".

Tipp III-9: Erklären Sie „eindeutig"

Dokumentation sollte von allen Konsumenten gleichermaßen (eindeutig, *non-ambiguous*) verstanden werden. Nennen Sie gleiche Dinge überall gleich. Unterschiedliche Dinge brauchen unterschiedliche Namen.

Eine Spezialisierung dieses Tipps lautet: „Erklären Sie Ihre Notation". Sorgen Sie dafür, dass alle Beteiligten die verwendeten Notationen kennen. Bei Bedarf verwenden Sie Legenden oder verweisen (im Falle von Standardnotationen wie UML oder ER-Diagrammen) auf die gängige Literatur.

Das hört sich vielleicht überflüssig an („ist doch jedem klar, was hier gemeint ist …") – aber andere Personen könnten Ihre Symbole auf ganz unterschiedliche Arten interpretieren:

Ohne Erklärung der Symbole könnten Foo, Bar und bazz beispielsweise folgende (unterschiedliche) Bedeutung haben:

- Vom Hardwareserver Foo fließen bazz-Daten zum DB-Server Bar.
- Die fachliche Aktivität Foo sendet einen bazz-Event an den Prozess Bar.
- Das Skript Foo startet die Funktion bazz im Modul Bar …
- Die Funktion bazz übersetzt Foo in Bar.

Sie sehen – ohne weitere Erklärung drohen Missverständnisse. Agieren Sie in dieser Hinsicht präventiv – und stellen Sie Eindeutigkeit a priori sicher!

Tipp III-10: Etablieren Sie eine positive Haltung zur Dokumentation

Stefan Zörner ([Zörner-15]) hat das großartig formuliert:

> *Machen Sie Dokumentation in Ihrem Vorhaben zu einem „Freundwort".*

Dokumentation soll unterstützen – machen Sie „Festhalten der Architektur" zu einem integralen Bestandteil Ihres Vorgehens. Nehmen Sie die Dokumentation beispielsweise in Ihre *Definition-of-Done* auf (sofern Sie agil entwickeln, was wir sehr für Sie hoffen).

Tipp III-11: Dokumentieren Sie vom Standpunkt Ihrer Leserschaft

Erstellen Sie Dokumentation für und aus der Sicht von deren Konsumenten ([Clements-11] nennt das *„write documentation from the reader's point of view"*). Nehmen Sie die Stakeholder-Tabelle von arc42 (siehe arc42-Abschnitt 1.3) ernst: Darin sammeln Sie die konkreten Wünsche und Anforderungen Ihrer Stakeholder an das System und dessen Dokumentation!

IV arc42 effektiv einsetzen

In Kapitel II haben Sie das arc42-Template anhand eines Beispiels kennengelernt und pro arc42-Abschnitt erfahren, warum es existiert und was Sie darin festhalten können. In diesem Teil gehen wir tiefer.

Dieses Kapitel enthält für alle Abschnitte des arc42-Templates:

- unterschiedliche Darstellungsweisen,
- Beispiele und
- sparsamere und ausführlichere Varianten.

Vor allem aber finden Sie hier zahlreiche Praxistipps aus unserer eigenen Erfahrung und aus den vielseitigen Rückmeldungen, die uns arc42-Nutzer in den letzten Jahren gegeben haben.
∎

Achtung: Es gibt mit arc42 oft mehrere Wege zum Ziel!

Im Folgenden finden Sie an einigen Stellen scheinbar widersprüchliche Ratschläge. So empfehlen wir bei der Aufgabenstellung (IV.1.1) einerseits die Nutzung von Aktivitätsdiagrammen, andererseits die Verwendung nummerierter Listen. Was wie ein Widerspruch klingt, ist als Aufzeigen verschiedener Alternativen gedacht. Für deren konkrete Auswahl bieten wir Ihnen teilweise explizite Kriterien an. An anderen Stellen bleibt die Wahl der Mittel auch Geschmackssache. Im Zweifel hilft iteratives Vorgehen: Beschaffen Sie sich Feedback zu einer (groben oder vorläufigen) Version eines arc42-Abschnitts – und passen Sie aufgrund dieser Rückmeldung Notation oder Detaillierung an (siehe Tipp III-3).

Bevor wir in Details einsteigen, möchten wir nochmals an die grundlegenden Tipps zur Dokumentation aus Kapitel III erinnern: eine verantwortliche Person, methodische Sparsamkeit, frühzeitiges Feedback, top-down strukturieren, Begründungen geben, Anforderungen vor Prinzipien und die Trennung volatiler von bleibender Dokumentation!
∎

◼ 1 Einführung und Ziele

> Fassen Sie hier die wesentlichen Anforderungen und treibenden Kräfte zusammen, die Softwarearchitekten und Entwicklungsteams berücksichtigen müssen. Dazu gehören die
>
> - zugrunde liegenden Geschäftsziele,
> - wesentliche Aufgabenstellung bzw. fachliche Anforderungen des Systems,
> - Qualitätsziele für die Architektur und
> - relevante Stakeholder und deren Erwartungshaltung.

1.1 Aufgabenstellung

> **Inhalt**
>
> Kurzbeschreibung der fachlichen Aufgabenstellung, treibenden Kräfte, Extrakt (oder Abstract) der Anforderungen. Verweis auf (hoffentlich vorliegende) ausführliche Anforderungsdokumente (mit Versionsbezeichnungen und Ablageorten).
>
> **Motivation**
>
> Aus Sicht der späteren Nutzer ist die Unterstützung einer fachlichen Aufgabe oder Verbesserung der Qualität der eigentliche Beweggrund, ein neues System zu schaffen oder ein bestehendes zu modifizieren.

Tipp IV-1: Erklären Sie möglichst kurz, worum es bei dem System geht

Dieser Abschnitt ist für manche Personen das Erste, was sie über das System lernen. Drücken Sie hier klar und kompakt die Business- oder Projektziele aus. Geben Sie einen kurzen Überblick, welches Problem das System löst.

Anmerkung: Manchmal betrifft ein Requirements-Dokument mehr als nur das eine System, das wir hier in der Architekturdokumentation im Fokus haben. Sollten Projektscope und Systemscope unterschiedlich sein, so konzentrieren Sie sich im jeweiligen Architekturdokument nur auf die Teile der Anforderungen, die dieses System betreffen.

Beschränken Sie sich auf das wirklich Wesentliche, die Essenz des Systems. Unsere Faustregel: möglichst weniger als eine Seite. Die „knappe Seite" darf ein Diagramm enthalten, wenn das die inhaltliche Aussage unterstützt. Verweisen Sie auf Anforderungsdokumentation, sofern so etwas vorhanden ist.

Anmerkungen: In manchen Fällen müssen Sie wahrscheinlich diesen Rahmen sprengen:

- bei Systemen mit komplexen oder vielseitigen fachlichen Anforderungen,
- bei Systemen ohne bestehende (vernünftige) Anforderungsdokumentation.

Tipp IV-2: Beschränken Sie sich auf die wesentlichen Aufgaben/ Anwendungsfälle

Skizzieren Sie hier die *wesentlichen* Anwendungsfälle, Abläufe, Prozesse oder User-Stories (wie immer Sie das in Ihrer Organisation nennen). Beschränken Sie sich auf einen Abstraktionsgrad, der auch Außenstehenden in kurzer Zeit einen Überblick über die Aufgabenstellung des Systems ermöglicht.

Wiederholen Sie so wenig wie möglich. Verweisen Sie, falls möglich. Fassen Sie ähnliche oder zusammengehörige Anforderungen zusammen (siehe nachfolgenden Tipp).

Nur wenn Sie gar keine expliziten Anforderungen haben, darf dieser Abschnitt länger sein ☹.

Tipp IV-3: Zeigen Sie die geschäftlichen Ziele des Systems auf

Sie sollten sicherstellen, dass die geschäftlichen Ziele explizit bekannt sind. Eigentlich sollte das schon im Projektauftrag stehen oder in einem Lasten- oder Pflichtenheft[1] ...

Geschäftliche Ziele sind oftmals globaler und den eher detaillierten übrigen Anforderungen übergeordnet.

Tipp IV-4: Schaffen Sie einen Überblick durch Anforderungsgruppen oder -cluster

Fassen Sie ähnliche Use-Cases, User-Stories, Abläufe, Funktionen, Prozesse, Aufgaben oder sonstige funktionale Anforderungen zu Gruppen oder Clustern zusammen.

Beschreiben Sie in Ihrer Architekturdokumentation lediglich die Bedeutung dieser Gruppen, ohne auf atomare oder detaillierte einzelne Anforderungen einzugehen. Damit geben Sie einen *Überblick* über die Funktionen Ihres Systems.

In Bild IV.1 finden Sie dafür ein Beispiel: Einige Ellipsen gruppieren (*clustern*) jeweils mehrere Anforderungen oder Anwendungsfälle. Einige davon finden Sie in der Tabelle.

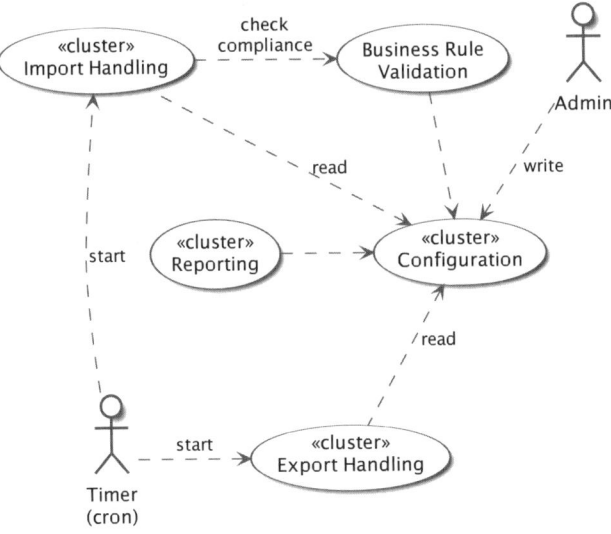

Bild IV.1 Anforderungscluster

---

[1] Steht es aber selten. Seufz.

Cluster	Enthaltene Anwendungsfälle
Import Handling	Import-von-Mandant, Import-von-PrintShop, Import-von-Scanner, Import-von-CallCenter, Import-von-CAMS, ...
Configuration	Configure-Person, Configure-PrintJob, Configure-ScanOCR, Configure-Reports, ...

Tipp IV-5: Sorgen Sie für die Referenzierbarkeit der Anforderungen

In der Architekturdokumentation werden Sie an manchen Stellen Anforderungen referenzieren, beispielsweise in Begründungen von Entwurfsentscheidungen. Dazu müssen Anforderungen Identifikationsmerkmale besitzen, beispielsweise kurze Schlüssel.

■ Manchmal können Sie solche IDs aus der Anforderungsdokumentation übernehmen.

■ Sollten Sie Ihre Anforderungen in einem Tool (z. B. einem Issue-Tracker) verwalten, können Sie dessen IDs verwenden – bei manchen Werkzeugen haben Sie dann sogar stabile URLs.

Tipp IV-6: Beschreiben Sie funktionale Anforderungen als Aktivitätsdiagramm

Aktivitätsdiagramme können einerseits einen guten visuellen Überblick von Abläufen geben, andererseits auch die Behandlung von Sonderfällen, Alternativen, Parallelitäten oder Sequenzen erklären.

Potenzieller Nachteil ist ihr vergleichsweise hoher Erstellungs-/Pflegeaufwand.

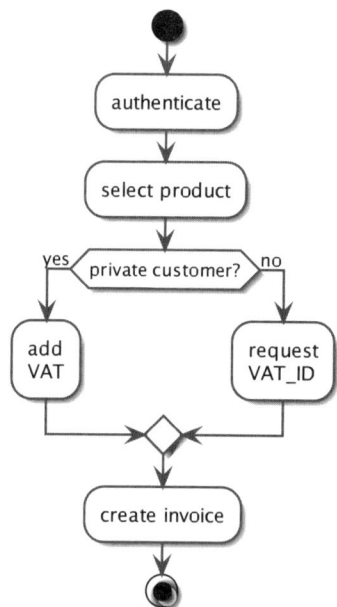

Bild IV.2 (Einfaches) Aktivitätsdiagramm

Tipp IV-7: Beschreiben Sie funktionale Anforderungen mit BPMN-Diagrammen

Falls Ihren Stakeholdern die Aktivitätsdiagramme (siehe Tipp IV-6) zu technisch sind, könnten BPMN-Diagramme helfen. Business Process Model and Notation richtet sich ja ausdrücklich an Business-Stakeholder. Für geschäftliche oder fachliche Abläufe könnte sie als Alternative zu den bisher genannten Möglichkeiten dienen.

Tipp IV-8: Beschreiben Sie funktionale Anforderungen als nummerierte Liste

Hier, im Rahmen der Aufgabenstellung, können Sie nummerierte Listen als einfache und pragmatische Möglichkeit verwenden, Aktivitäten, Abläufe oder Prozesse zu beschreiben. Der Ablauf aus Bild IV.2 könnte dann beispielhaft so lauten:

1) Authenticate

2) Selektiere ein Produkt

3a) Für private Kunden addiere die VAT (Mehrwertsteuer)

3b) Für Geschäftskunden: Erfrage VAT-ID

4) Erstelle die Rechnung

Falls Sie mit nebenläufigen Prozessen zu tun haben, klappt das mit Aktivitätsdiagrammen (siehe Tipp IV-6) allerdings besser.

Tipp IV-9: Beschreiben Sie funktionale Anforderungen mit (semi)formalem Text

Bild IV.2 haben wir mit PlantUML (http://plantuml.com/) erstellt (siehe Kapitel VI): Dieses Open-Source-Werkzeug generiert das Diagramm aus der folgenden textuellen Beschreibung:

```
@startuml
Start
:authenticate;

:select product;
if (private customer?) then (yes)
  :add\nVAT;
else (no)
  :request\nVAT_ID;
  endif

:create invoice;
stop

@enduml
```

Aktivitäten stehen zwischen : und ;, Verzweigungen können Sie wie Pseudocode lesen. Sie kombinieren damit die Vorteile von Plain-Text mit grafischer Repräsentation[2].

---

[2] In der Laufzeitsicht (Kapitel IV.6) bzw. in Kapitel VII über Werkzeuge werden wir auf diesen Ansatz noch näher eingehen.

Tipp IV-10: Beschreiben Sie funktionale Anforderungen als exemplarisches Geschäftsprozessmodell

eGPMs (exemplarische Geschäftsprozessmodelle) beschreiben Arbeitsabläufe aus Sicht der betroffenen Stakeholder, der eingesetzten Werkzeuge, Gegenstände und Materialien.

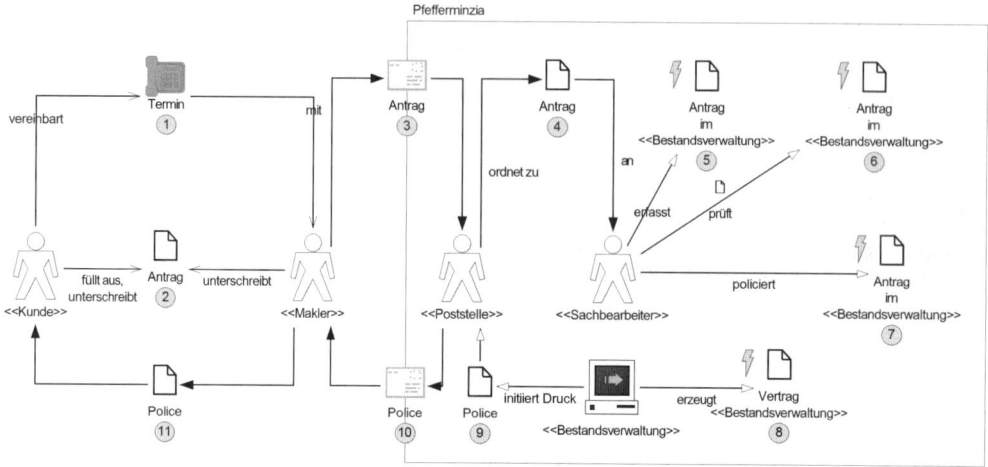

Bild IV.3 Exemplarisches Geschäftsprozessmodell

1.2 Qualitätsziele

Inhalt

Die Top-3 bis Top-5 der Qualitätsziele für die Architektur, deren Erfüllung oder Einhaltung den maßgeblichen Stakeholdern besonders wichtig sind.

Gemeint sind hier wirklich *Qualitätsziele*, die nicht unbedingt mit den Zielen des Projekts übereinstimmen. Beachten Sie den Unterschied.

Motivation

Sie müssen die für Ihre Stakeholder relevanten Qualitätsanforderungen an das System kennen, möglichst konkret und operationalisierbar. Wenn Sie als Architekt nicht wissen, woran Ihre Ergebnisse gemessen werden ...

Tipp IV-11: Arbeiten Sie grundsätzlich mit expliziten Qualitätsanforderungen

Anforderungsdokumente konzentrieren sich oft auf funktionale Anforderungen, Qualitätsziele bleiben implizit (und damit unklar, unsicher, interpretierbar ...). Dabei können Sie die gewünschten Qualitätsmerkmale relativ einfach systematisch erfassen, beispielsweise durch Szenarien.

Tipp IV-12: Erläutern Sie Qualitätsanforderungen durch Szenarien

Szenarien erklären in kurzen Sätzen, wie das System in bestimmten Situationen auf bestimmte Ereignisse reagieren soll. Szenarien beschreiben, wie das System auf Nutzung (durch Personen oder Systeme) bzw. auf Änderungen reagiert. Sie sollten diese Reaktion grundsätzlich durch eine Metrik beschreiben.

Von diesen Szenarien gibt es mehrere Kategorien:

- Anwendungsszenarien: Wie reagiert das System in bestimmten Nutzungsarten? Im Beispiel unten: Die Laufzeit einer HTML-Prüfung darf fünf Sekunden nicht überschreiten.

- Änderungsszenarien: Wie verhält sich das System, wenn Sie es erweitern oder ändern? Hiermit können Sie beispielsweise charakterisieren, welche Art von Änderungen oder Erweiterungen am System wie schnell oder mit welchem Aufwand möglich sein müssen.

- Ausfall- oder Fehlerszenarien: Wie verhält sich das System in gravierenden Fehlersituationen, etwa beim Ausfall zentraler Hard- oder Softwareteile.

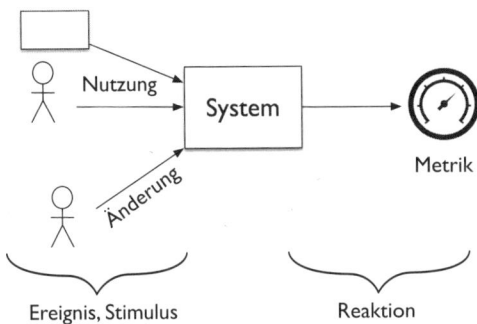

Bild IV.4 Szenarien zur Beschreibung von Qualitätsanforderungen

Szenarien können sich auf eine Vielzahl möglicher Qualitätseigenschaften von Systemen beziehen, die in gängigen Qualitätsmodellen (etwa: ISO-25010) hierarchisch gegliedert werden. Einige Beispiele:

Änderungsszenarien:

- Bei der Routenplanung der Roboter (im Hochregallager) soll ein neuer Algorithmus integriert werden. Ein Entwickler kann diese Änderung innerhalb von vier Stunden vornehmen, inklusive der Anpassung des Build-Systems und der Unit-/Integrationstests.

- Das Ausgabeformat des (jährlichen) Buchungsreports muss am Jahresende jeweils an neue gesetzliche Anforderungen angepasst werden. Alle für diesen Report notwendigen Ausgangsdaten liegen in der Datenbank vor, Anpassungen beziehen sich auf Aggregationen, Formatierung und Layout. Diese Änderungen sind in maximal 60 Personenstunden vollständig umgesetzt.

Anwendungsszenarien:

- Das System selektiert die für den XY-Prozess notwendigen Daten innerhalb von einer Sekunde (für bis zu 100 parallele Benutzern) bzw. innerhalb von drei Sekunden (für bis zu 1000 parallele Benutzer).

- Nach dem Einschalten ist das Navigationssystem innerhalb von vier Sekunden bereit, Eingaben über die GUI entgegenzunehmen.

Arbeiten Sie niemals an einer Architektur, deren Qualitätsanforderungen (synonym: Qualitätsziele) nicht explizit (schriftlich!) festgelegt und von den maßgeblichen Stakeholdern akzeptiert sind.

Tipp IV-13: Machen Sie Ihre Annahmen *explizit*, wenn Sie keine Qualitätsanforderungen bekommen

Immer wieder erleben wir in der Praxis, dass Entwicklungsteams keine Qualitätsanforderungen von Auftraggebern oder maßgeblichen Stakeholdern bekommen. Damit bleiben Qualitätsziele implizit, mit hohem Risiko von Missverständnis und Unzufriedenheit seitens aller Beteiligten.

Unser Rat: Sie können auf Basis Ihrer Kenntnisse und Erfahrungen *Annahmen* über angemessene Qualitätsanforderungen treffen, den sogenannten *educated guess*.

Schreiben Sie, gerne gemeinsam mit zwei bis drei Teammitgliedern, solche Annahmen als Szenarien auf und diskutieren Sie diese *educated guesses* mit Ihren Stakeholdern. Ihre Annahmen sind in jedem Fall besser, als keine expliziten Qualitätsanforderungen zu kennen!

Tipp IV-14: Verwenden Sie Checklisten für Qualitätsanforderungen

Der ISO-Standard 25010 bietet mit seiner hierarchischen Darstellung (siehe Bild IV.5) eine gute Checkliste. Alternativ enthält [arc42-QA] eine tabellarische Übersicht häufiger Qualitätsmerkmale.

- Verfügbarkeit (*availability*),
- Änderbarkeit (*modifiability*) oder Wartbarkeit (*maintainability*),
- Performanz (*performance*),
- Sicherheit (*security*, *safety*),
- Bedienbarkeit (*usability*),
- Testbarkeit (*testability*).

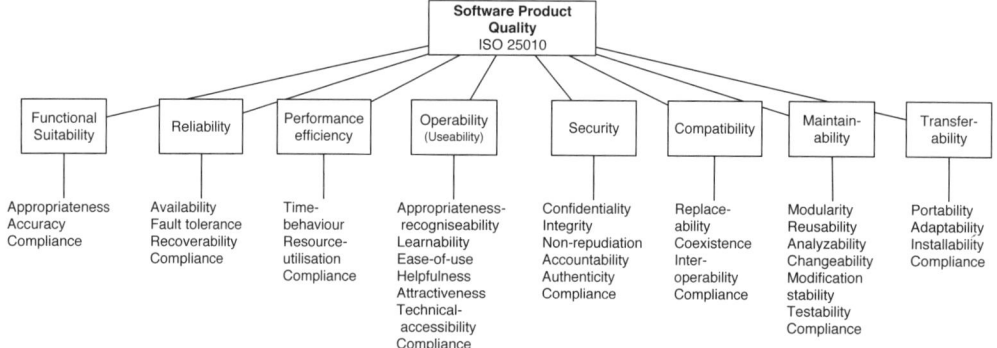

Bild IV.5 Übersicht Qualitätsmerkmale nach ISO 25010

Tipp IV-15: Verwenden Sie Beispiele, um mit Ihren Stakeholdern Qualitätsziele zu erarbeiten

Das arc42-Subprojekt [arc42-QA] enthält mehr als 50 exemplarische Qualitätsszenarien, die Sie als Vorlage für die Qualitätsziele/-anforderungen Ihres Systems benutzen können. Auch in [Hruschka-15] finden Sie Formulierungsbeispiele für alle Kategorien von Qualitätsanforderungen.

Tipp IV-16: Halten Sie die Einführung kurz! Zeigen Sie hier nur die „Top-Charts" der Qualitätsanforderungen

Obwohl Sie alle Qualitätsanforderungen erfüllen müssen, die in Anforderungen und von Stakeholdern verlangt werden, sollten Sie diesen Abschnitt knapp halten. Zeigen Sie hier lediglich eine Handvoll („Hitparade"), möglichst mit kurzen Erläuterungen, nicht nur als Schlagwörter. (Die anderen Qualitäten stehen entweder im Lasten-/Pflichtenheft oder als Qualitätsbaum in arc42-Abschnitt 10.)

Tipp IV-17: Kombinieren Sie Qualitätsziele mit Lösungsmaßnahmen im Abschnitt „Lösungsstrategie„

Manchmal treffen Sie Entscheidungen auf Basis konkreter, spezifischer Qualitätsanforderungen. In solchen Fällen hilft es, diese Qualitätsziele/-anforderungen und die resultierenden Entscheidungen gemeinsam in einer konsolidierten Tabelle zu dokumentieren. Wir schlagen dafür den arc42-Abschnitt 4 (Lösungsstrategie) vor. In arc42-Abschnitt 1.2 (Qualitätsziele) nehmen Sie dann nur einen Verweis auf.

Tipp IV-18: Zeigen Sie ausführliche Qualitätsanforderungen in arc42-Abschnitt 10

Eine ausführliche Übersicht aller Qualitätsanforderungen (Qualitätsbaum und Szenarien) sollten Sie in arc42-Abschnitt 10 (Qualitätsbaum) aufführen. Dort können Sie auch die Beziehungen zwischen den Qualitätszielen darstellen.

1.3 Stakeholder

Inhalt

Expliziter Überblick über die Stakeholder des Systems, d. h. über alle Personen, Rollen oder Organisationen, die

- die Architektur kennen sollten oder
- von der Architektur überzeugt werden müssen,
- mit Architektur oder Code arbeiten (z. B. Schnittstellen nutzen),
- Dokumentation der Architektur für ihre eigene Arbeit benötigen,
- Entscheidungen über das System und dessen Entwicklung treffen.

Motivation

Sie sollten die Projektbeteiligten und -betroffenen kennen, sonst erleben Sie später im Entwicklungsprozess Überraschungen. Diese Stakeholder bestimmen unter anderem Umfang und Detailgrad der von Ihnen zu leistenden Arbeit und Ergebnisse.

Tipp IV-19: Führen Sie eine Breitensuche nach Stakeholdern durch

Nur als Anregung haben wir aus [Clements-11] sowie aus dem arc42-Template mal eine erschreckend lange Liste möglicher Stakeholder mitgebracht. All diese Personen oder Rollen könnten ein Interesse an der Architektur oder deren Dokumentation haben ...

Analyst, Business-Analyst, (andere) Architekten, Auditor, Aufsichtsgremium, Auftraggeber, Behörde, Betriebsrat, Buildmanager, Business-Manager, Datenbankadministrator, Endbenutzer, Enterprise-Architekt, Entwickler, externe Dienstleister, externe Partner, Fachabteilung, Fachadministrator, Hardwareingenieur, Hotline/Support, Infrastrukturplaner, Integrator, IT-Strategie, Jurist, Konfigurationsmanager, Kontrollgremium, Kunde, Layouter, Lenkungskreis, Management, Nachbarsysteme, Netzwerkadministrator, Operator, Produktmanager, Product-Owner, Projektleiter, QS-Abteilung, Releasemanager, Rollout-Manager, Scrum-Master, Sicherheitsbeauftragte, Systemintegrator, Tester, TÜV, UX-Designer, verbundene Projekte, Wartungsteam, Webdesigner, Zulieferer

Tipp IV-20: Beschreiben Sie die Erwartungen Ihrer Stakeholder an Architektur und Dokumentation

Klären Sie die konkrete Erwartungshaltung dieser Stakeholder bezüglich der Architektur und deren Dokumentation. Fragen Sie dabei sowohl nach erwarteter Form wie auch nach Inhalten und notwendiger Detaillierung.

Stakeholder nach ihrer Erwartungshaltung zu befragen, kann eine Menge Nutzen stiften, auch wenn es zuerst nicht unbedingt nach Architekturarbeit klingt:

- Sie können spezifischer auf die Bedürfnisse der Beteiligten eingehen und damit bei Ihrem Zielpublikum mehr Zufriedenheit erreichen
- Sie können sich Arbeit sparen, weil Sie sich auf die Inhalte/Themen konzentrieren können, die Ihre Beteiligten wirklich benötigen. Sie vermeiden es, „auf Vorrat" zu dokumentieren.

Tipp IV-21: Pflegen Sie eine Stakeholder-Tabelle

Sie sollten die Erwartungshaltung dieser Stakeholder (siehe oben) bezüglich der Architektur und deren Dokumentation in Form einer Tabelle explizit darstellen.

In Tabelle IV.1 finden Sie eine Minimalversion, die lediglich die Erwartungshaltung bzw. benötigte Artefakte skizziert.

Tabelle IV.1 Kurze Stakeholder-Tabelle mit Rolle und Erwartungshaltung

Rolle	Erwartungshaltung
Administrator	Deployment-Übersicht, Installations- und Betriebshinweise, Firewalls
QM-Abteilung	Beschreibung der Schnittstellen zum Lasttest, mögliche Messpunkte zu Performancetests, technisches Konzept für Security und Ausfallsicherheit
...	...

Tabelle IV.2 enthält eine ausführlichere Version mit Abnahmerelevanz bzw. Kontaktdaten. Beachten Sie mögliche Veränderungen in Projektteams – und nehmen Sie neben konkreten Personen bei Bedarf auch deren Vertretungen bzw. Arbeitsbereiche/Abteilungen/Organisation mit auf.

Tabelle IV.2 Ausführlichere Stakeholder-Tabelle

Rolle	Kontakt	Abnahmerelevanz	Erwartungen
Projektleitung	Frau Dr. FooBar, foobar@nsa.org	Hoch	Übersicht technischer Risiken, externe Schnittstellen
Auftraggeber	Frau Dr. Lovelace	Hoch	Nachweis der Erfüllbarkeit der Top-3-Qualitätsziele
Backend-Entwickler	Bruno Batch	Keine	Persistenz- & Reportingkonzept, Details der DWH-Schnittstelle
...	...	...	...

Tipp IV-22: Verzichten Sie auf die Stakeholder-Tabelle, sofern Ihr Management eine konsistente Stakeholder-Übersicht pflegt

Sofern Ihr Management (etwa: Projektleitung oder Product-Owner) die Übersicht der Stakeholder ernst nimmt und eine Stakeholder-Tabelle pflegt, sollten Sie in der Architekturdokumentation lediglich einen Querverweis aufnehmen.

Aber Vorsicht: Unserer Erfahrung nach fokussieren Projektleiter eher auf organisatorische Informationen über Stakeholder (z. B. Kontaktadressen und Ansprechpartner). In arc42 benötigen wir eher inhaltliche Informationen über die konkrete Erwartungshaltung der Stakeholder an die Architektur und deren Dokumentation. Daher schlagen wir vor, die Stakeholder-Tabelle doch als Architekt selbst zu pflegen ...

Tipp IV-23: Klassifizieren Sie Ihre Stakeholder nach Interesse und Einfluss

Insbesondere bei Arbeit unter Zeitdruck können Sie sich wahrscheinlich nur um wenige Ihrer Stakeholder kümmern. Gerade in solchen Fällen kann statt einer Stakeholder-Tabelle eine visuelle Klassifikation nach Interesse und Einfluss helfen (siehe Bild IV.6). Eine solche Einordnung können Sie am Flipchart sehr informell im Team vornehmen und bei Bedarf dann in Ihre arc42-Dokumentation übernehmen.

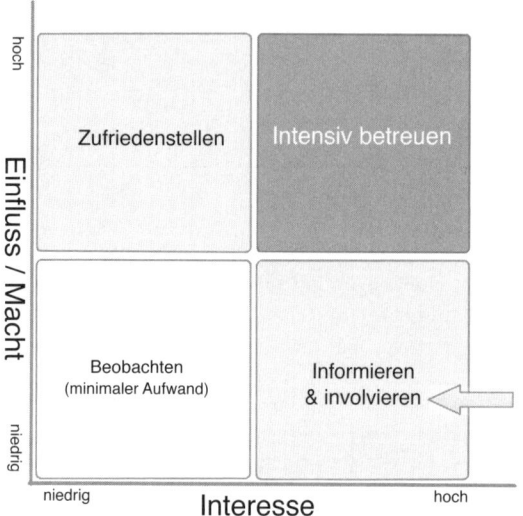

Bild IV.6 Klassifikation von Stakeholdern

- Hoher Einfluss und großes Interesse: Das sind Personen, die Sie intensiv involvieren und/ oder betreuen sollten. Setzen Sie alles daran, diese Kategorie von Stakeholdern in allen Belangen zufriedenzustellen. Gehen Sie in der Kommunikation aktiv auf diese Personen zu.
- Hoher Einfluss, weniger großes Interesse: Investieren Sie gerade genug Aufwand, um diese Stakeholder zufriedenzustellen.
- Wenig Einfluss, großes Interesse: Diese Stakeholder können sehr hilfreich für die Arbeit am System sein: Involvieren Sie sie aktiv in die Arbeit am System, halten Sie sie angemessen informiert. Insbesondere können sie Feedback zu allen Arten von technischen oder fachlichen Details liefern.
- Wenig Einfluss, geringes Interesse: Hier können Sie Ihren Aufwand minimieren und beispielsweise Informationen bereitstellen, die diese Stakeholder nur bei Bedarf konsumieren.

Im Idealfall haben Sie eine Stakeholder-Tabelle plus eine solche Klassifizierung.

Anmerkung: Manche Stakeholder könnten ihren eigenen Einfluss/ihre Macht höher einschätzen, als es diese Einordnung widerspiegelt. Eine Veröffentlichung dieser Matrix könnte somit bei manchen Stakeholdern zu Verdruss führen. ☹

■ 2 Randbedingungen

Inhalt

Fesseln und Vorgaben, die Ihre Freiheiten bezüglich Entwurf, Implementierung oder Ihres Entwicklungsprozesses einschränken. Diese Randbedingungen gelten manchmal organisations- oder firmenweit über die Grenzen einzelner Systeme hinweg.

Motivation

Als Architekt sollten Sie explizit wissen, wo Ihre Freiheitsgrade bezüglich Entwurfsentscheidungen liegen und wo Sie Randbedingungen beachten müssen. Sie können Randbedingungen vielleicht noch verhandeln, zunächst sind sie aber da.

Tipp IV-24: Suchen Sie bei anderen Systemen innerhalb der Organisation nach Randbedingungen

Falls Sie für Ihr System keine Randbedingungen kennen, beginnen Sie Ihre Suche bei anderen Systemen innerhalb der Organisation.

Tipp IV-25: Klären Sie die Konsequenzen von Randbedingungen

Sie sollten die *Konsequenzen* von Randbedingungen klären – beispielsweise resultierende (Mehr-)Kosten oder Aufwände.

Falls Randbedingungen *unangemessene* Konsequenzen mit sich bringen (beispielsweise nur mit übermäßig hohem Aufwand erfüllbar sind), sollten Sie mit den entsprechenden Stakeholdern darüber verhandeln.

Tipp IV-26: Beschreiben Sie organisatorische Randbedingungen

Organisatorische Randbedingungen, beispielsweise bezüglich Zeit und Budget, sind aus gutem Grund bei Entwicklungsteams unbeliebt – denn sie beschneiden die Freiheit bei Entwurfs- oder Implementierungsentscheidungen oftmals sehr stark. Legen Sie daher diese Art der Randbedingungen offen.

Manchmal beziehen sich solche Randbedingungen auf Entwicklungsprozesse, die Vergabe von Aufgaben oder Aufträgen an Dritte oder auch juristische Belange. Klären Sie solche Themen mit Ihrem Management.

Tipp IV-27: Beschreiben Sie Randbedingungen für Entwurf und Entwicklung

Für Entwurf und Entwicklung Ihres Systems gelten neben den organisatorischen wahrscheinlich auch technische Randbedingungen: Das können Vorgaben der Organisation oder des Managements bezüglich Hardware, Betrieb, Technologieauswahl, Verwendung von Produkten, Frameworks oder auch Referenzarchitekturen sein.

Legen Sie solche Randbedingungen offen, damit das Entwicklungsteam sich rechtzeitig darauf einstellen kann.

Tipp IV-28: Differenzieren Sie verschiedene Kategorien von Randbedingungen

Bei Bedarf unterscheiden Sie technische, organisatorische und politische Randbedingungen oder übergreifende Konventionen (beispielsweise Programmierrichtlinien, Dokumentations-, Namens- oder Ordnungskonventionen).

■ 3 Kontextabgrenzung

Inhalt

Die Kontextabgrenzung grenzt das System von allen Nachbarsystemen ab. Sie legt damit die wesentlichen externen Schnittstellen fest. Differenzieren Sie fachlichen (fachliche Ein- und Ausgaben) und technischen Kontext (Kanäle, Protokolle, Hardware), falls nötig.

Motivation

Die fachlichen und technischen Schnittstellen zu Nachbarsystemen gehören zu den kritischsten Aspekten eines Projektes. Stellen Sie rechtzeitig sicher, dass Sie diese komplett verstanden haben.

Die nächsten Tipps gelten zunächst für beide Arten der Kontextabgrenzung. Spezifische Ratschläge finden Sie unter den jeweiligen Überschriften 4.3.1 bzw. 4.3.2.

Tipp IV-29: Grenzen Sie explizit Ihr System von dessen Umfeld ab

Sie sollten Ihr System gegenüber allen Nachbarsystemen abgrenzen. Damit ordnen Sie die Aufgabe Ihres Systems in dessen Umfeld ein, andererseits zeigen Sie sämtliche externen Schnittstellen und Nutzer bzw. Nutzerrollen.

Sie zeigen damit auch die Verantwortlichkeit (*scope*) Ihres Systems: Welche Verantwortung trägt das System und welche Verantwortung übernehmen die Nachbarsysteme? In Bild IV.8 ist für einen Webshop die Abwicklung der Zahlungen an einen externen Provider delegiert, also aus dem Scope des Webshops herausgelöst.

Tipp IV-30: Stellen Sie den Kontext grafisch dar

In der grafischen Kontextabgrenzung sollten Sie das gesamte System als eine Blackbox zeigen, beispielsweise als eine einzige Komponente. Weiter unten finden Sie einige Beispiele für Kontextdiagramme (Bild IV.7, Bild IV.8).

Sie haben eine Reihe grafischer Möglichkeiten:

- Unser Favorit: UML-Komponenten- oder Paketdiagramme,
- UML-Use-Case-Diagramme,
- Kästen und Pfeile.

In jedem Fall sollten Sie das System visuell in der Mitte platzieren, die Nachbarn außen herum.

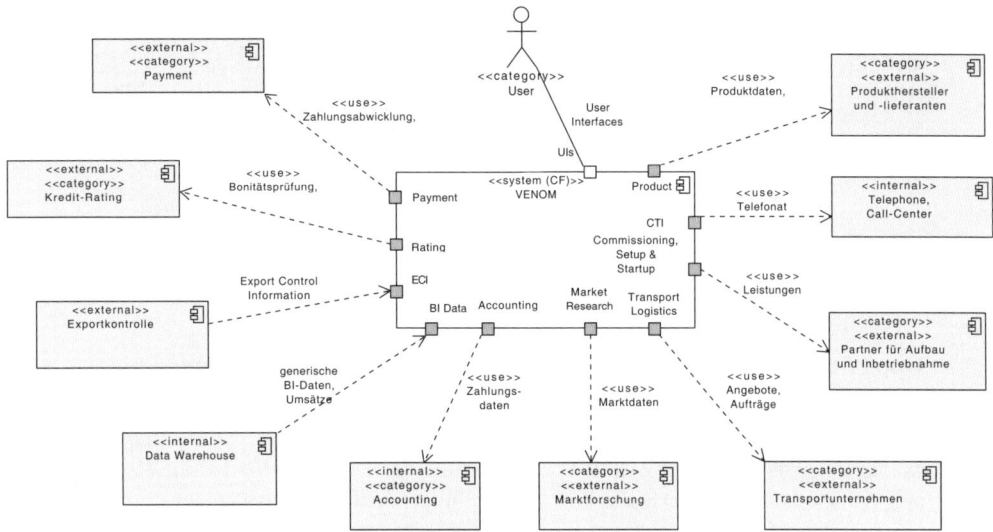

Bild IV.7 Umfangreiche Kontextabgrenzung

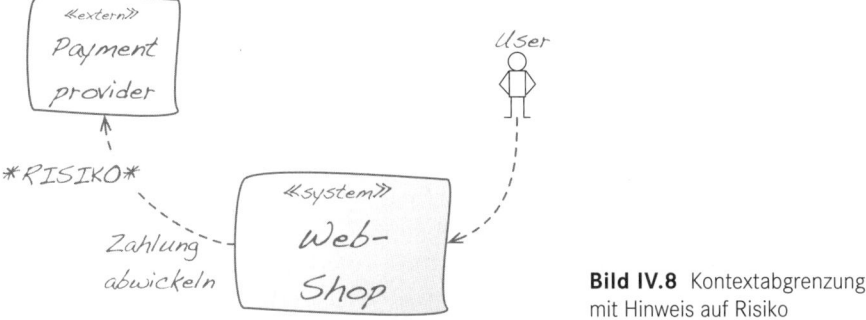

Bild IV.8 Kontextabgrenzung
mit Hinweis auf Risiko

Tipp IV-31: Kombinieren Sie das Kontextdiagramm mit einer Tabelle

Sie sollten das Kontextdiagramm immer durch eine Tabelle ergänzen. Auf diese Weise können Sie die Menge an Beschriftungen im Diagramm reduzieren und ganz einfach Erläuterungen, Begründungen oder Querverweise aufnehmen.

Im Bild IV.7 finden Sie ein umfangreiches Kontextdiagramm, das unbedingt eine solche tabellarische Erläuterung benötigt.

Wir geben die zugehörige Tabelle hier nur auszugsweise wieder, aber einige Merkmale dieses typischen „Grafik/Tabelle"-Pärchens sollten Sie beachten:

- In der Grafik können Sie kurze Bezeichner verwenden, im Sinne von Oberbegriffen oder Abstraktionen. Im Beispiel verwenden wir „Leistungen" oder „Marktdaten" – die wir in der Tabelle dann ausführlicher erläutern.

- Verweisen Sie in der Tabelle auf detaillierte Erläuterungen. Falls Sie beispielsweise Begriffe aus Ihrer Fachdomäne verwenden, kann deren Erklärung hier im Kontext entfallen und Sie verweisen auf den entsprechenden Abschnitt (etwa: arc42-Abschnitt 8.1, Domänenmodell).

Tabelle IV.3 Ergänzende Tabelle zu Bild IV.7 (Auszug)

Element	Bedeutung
User	Fasst sämtliche Arten von Benutzern zusammen: interne (Backoffice), externe (Kunden, Partner)
Produktdaten	Produktdaten bestehen aus den Katalogdaten, Abbildungen, aber auch Verfügbarkeiten, Konfigurationsregeln, Bestell- und Lieferinformationen sowie teilweise auch Preisen und Bezugsquellen.
Leistungen	Enthalten mögliche Transport- und Aufbauleistungen, Angebote, Termine sowie die verbindlichen Bestellungen.

Tipp IV-32: Weisen Sie schon im Kontext ausdrücklich auf Risiken hin

Nutzen Sie dafür beispielsweise auffällige Farben oder Symbole. In der Abbildung nutzt ein Webshop einen Payment-Provider zur Abwicklung von Zahlungen. Ganz offensichtlich ist das für den Webshop eine wirklich wichtige Aufgabe: Die Verfügbarkeit des Webshops ist möglicherweise an die Verfügbarkeit des Zahlungsdienstleisters gekoppelt.

Solche Risiken sollten Sie im Diagramm markieren und im begleitenden Text erläutern. Im Idealfall verweisen Sie auf die Risikoliste Ihres Projekts bzw. auf arc42-Abschnitt 11.

Weitere Beispiele für Risiken, die Sie im Kontext deutlich kennzeichnen sollten:

- Verfügbarkeitsrisiko bei Ausfall externer Systeme: Ein externes System entscheidet über die Verfügbarkeit Ihres eigenen Systems mit.

- Kostenrisiken: Die Nutzung eines externen Systems ist teuer, einzelne Aufrufe oder Nutzungen des externen Systems kosten Geld. Beispiele hierfür sind etwa Kreditkartenprüfungen oder Zahlungs-/Buchungsdienstleistungen.

- Sicherheitsrisiken: Sie erhalten von externen Systemen sensible Daten bzw. übertragen sensible Daten an externe Systeme. Das könnte diese Schnittstellen besonders interessant für mögliche Angreifer machen.

- Volatilität (hohe Änderungswahrscheinlichkeit) bei Nachbarn: Die Schnittstellen der Nachbarsysteme befinden sich „in Arbeit". Syntax und Semantik übertragener Daten könnten sich kurzfristig ändern (was entweder Arbeitsaufwand für Sie bedeutet oder aber Sie müssen genügend Flexibilität auf Ihrer Seite dieser Schnittstelle vorsehen).

- Komplexitätsrisiken: Die Nutzung dieser Schnittstelle ist besonders aufwendig oder schwierig. Das kann an komplexen Datenstrukturen liegen, an aufwendigen Handshake-Verfahren, an esoterischen Frameworks oder einer beliebigen Mischung.

Tipp IV-33: Schaffen Sie im Kontext Übersicht und verzichten Sie auf Details

Zeigen Sie Details, beispielsweise von externen Schnittstellen oder Nachbarsystemen, in der Bausteinsicht oder in externen Schnittstellendokumenten.

Das Beispiel von Bild IV.9 enthält zu viele Detailschnittstellen – Sie könnten die sieben einzelnen Schnittstellen zur Billing-Komponente auch durch eine einzige „Billing"-Schnittstelle ersetzen und die Details erst in der Bausteinsicht zeigen.

Zu viele Details können Kommunikation und Feedback über die Kontextabgrenzung erschweren.

Allerdings sollen Sie fachliche Ein- und Ausgaben und Protokolle hier zumindest benennen.

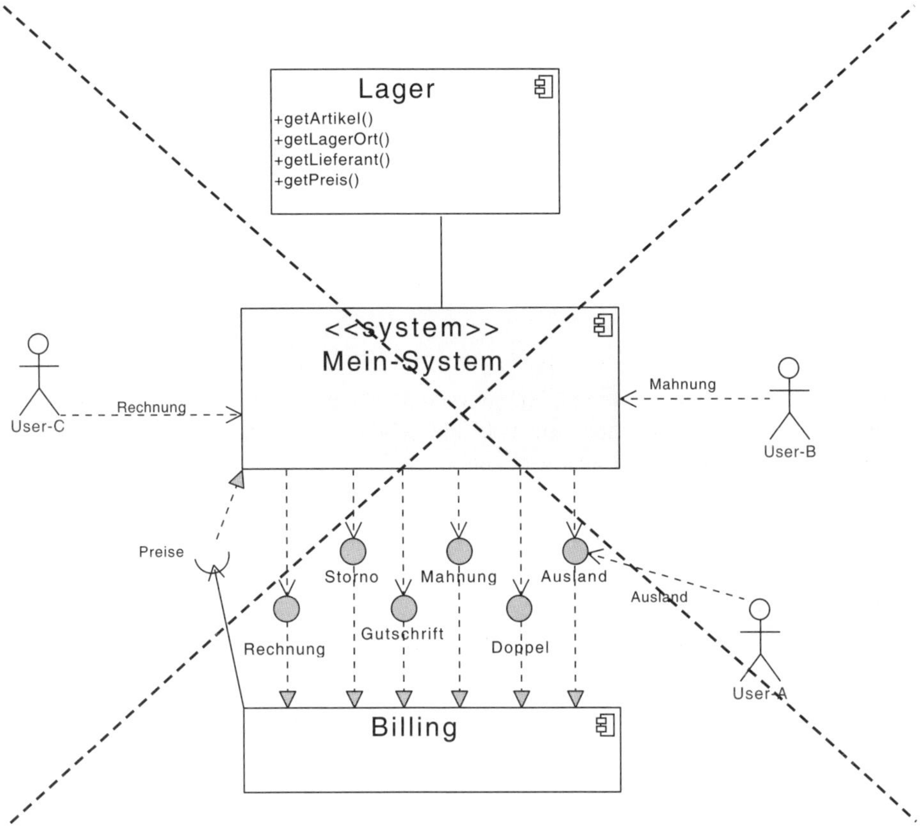

Bild IV.9 Zu viele Details im Kontext

Tipp IV-34: Vereinfachen Sie die Kontextabgrenzung durch Kategorisierung

Halten Sie die Kontextabgrenzung einfach: Fassen Sie externe Schnittstellen, Systeme oder Benutzerrollen zusammen, die starke Ähnlichkeiten besitzen. Zeigen Sie explizit, dass es sich um Kategorien oder Zusammenfassungen handelt.

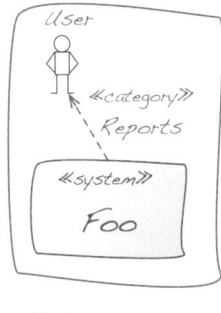

Kontextabgrenzung

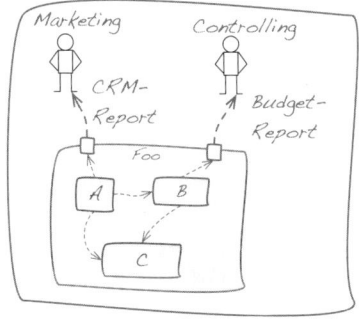

Level-1

Bild IV.10 Abstraktion im Kontext

In Bild IV.10 übermittelt das System „Foo" *Reports* an User. In der Verfeinerung Level-1 rechts erkennen Sie zwei unterschiedliche Arten dieser Reports für zwei unterschiedliche Gruppen von Benutzern. Diese Art der Verfeinerung ist erwünscht und konsistent. In der Kontextabgrenzung sind *Reports* entsprechend als *category* markiert.

Solche Kategorien können Sie für vielerlei Kriterien finden (siehe folgenden Tipp).

Tipp IV-35: Bei vielen Nachbarsystemen: Fassen Sie Nachbarn nach expliziten Kriterien zusammen

Sollte Ihr System mit vielen Nachbarsystemen interagieren, so können Sie mehrere dieser Nachbarn nach expliziten Kriterien zusammenfassen. Sie sollten diese Kriterien explizit darlegen.

Solche Kriterien können beispielsweise sein:

- Nachbarn, mit denen wir gemeinsame oder ähnliche Daten austauschen,
- Nachbarn, mit denen wir im Rahmen derselben Anwendungsfälle oder zur selben Zeit kommunizieren,
- Nachbarn, mit denen wir mit Hilfe identischer oder ähnlicher Technologien kommunizieren (etwa: kategorisiert nach ftp- und WebService-Nachbarn),
- Nachbarn, die zu gleichen oder ähnlichen Organisation gehören, etwa: alle Systeme von Kfz-Werkstätten, Versicherungen, Glasereien und Steuerberatern,
- Nachbarn, die ähnliche fachliche oder technische Aufgaben lösen (alle Nachbarn, die mit dem Thema Dokumentendrucken zu tun haben, Nachbarn, die mit dem Thema „Chipkarte" zu tun haben).

Im Beispiel finden Sie links das Nachbarsystem „Logistics" als «category» gekennzeichnet. Auf der rechten Seite sehen Sie die ausführliche Version, die drei konkrete Instanzen der Kategorie «logistics» zeigt.

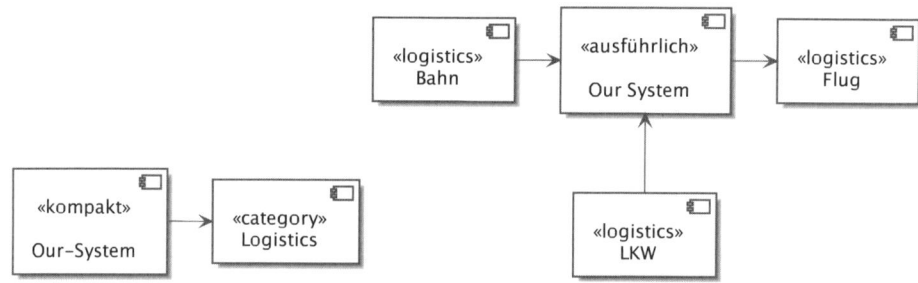

Bild IV.11 Zusammenfassung/Kategorisierung von Nachbarsystemen

Tipp IV-36: Fassen Sie „viele Nachbarsysteme" über Ports zusammen

Sollte Ihr System mit vielen Nachbarsystemen interagieren, so können Sie an der Außenschnittstelle Ihres Systems *Ports* zeigen, statt die Nachbarn alle als eigene Symbole darzustellen (siehe Bild IV.12).

Das sieht auf den ersten Blick ungewöhnlich aus, kann aber Aufwand sparen. Vergleichen Sie die Diagramme aus Bild IV.7 und Bild IV.12 – es handelt sich um dasselbe System.

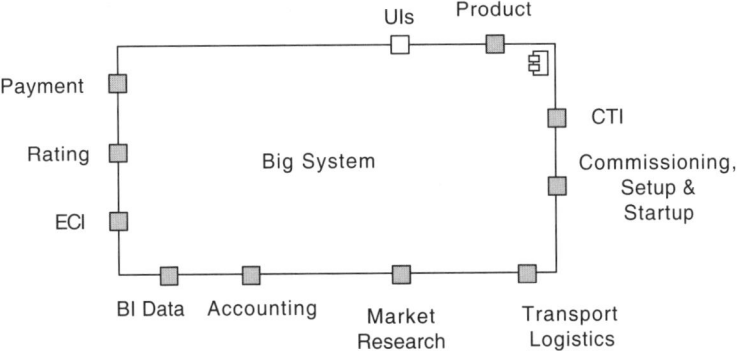

Bild IV.12 Kontext mit Ports

Tipp IV-37: Zeigen Sie sämtliche (alle!) externen Schnittstellen

Wir halten Vollständigkeit in der Regel für ein schlechtes Ziel – mit (mindestens) einer Ausnahme: Sie sollten alle, wirklich alle, externen Nachbarn Ihres Systems explizit in der Kontextabgrenzung aufnehmen.

Dabei können Sie, um Aufwand zu sparen, gerne Kategorien, Gruppen oder Cluster von Nachbarn bilden (siehe Tipp IV-34 sowie Tipp IV-35).

Tipp IV-38: Falls Sie externe Schnittstellen nach außen anbieten, erzeugen Sie eigenständige Schnittstellendokumente

Die Entwicklungsteams dieser externen Schnittstellen möchten eine kompakte und bedarfsgerechte Dokumentation der von ihnen benötigten Schnittstellen. Erklären Sie daher die Benutzung (!) der Schnittstellen, weniger die grundlegenden Konzepte oder Begründungen.

REST-APIs könnten Sie ansatzweise mit Tools wie swagger (http://swagger.io/) oder Apiary (https://apiary.io/) dokumentieren[3]. Für externe Programmierschnittstellen bietet es sich an, über Unit-Tests die Nutzung der API zu beschreiben[4].

Tipp IV-39: Differenzieren Sie fachlichen und technischen Kontext

Insbesondere bei Informationssystemen können Sie in der Kontextabgrenzung oft auf technische Details der Infrastruktur verzichten und sich auf die fachliche Umgebung konzentrieren.

Falls Hardware oder Technik jedoch eine große Rolle für Ihr System spielt, werden Sie sowohl einen fachlichen wie auch einen technischen Kontext benötigen. Siehe dazu Abschnitt 3.2 (Technischer Kontext).

Bild IV.13 zeigt ein kleines Beispiel eines (Web-)Informationssystems mit fachlichem und technischem Kontext. Sie erkennen im technischen Kontext Protokolle wie HTTPS, SSH, die im fachlichen Kontext absichtlich nicht erwähnt werden. Ferner läuft die (fachlich externe) Komponente „Reporting" in derselben technischen Infrastruktur wie das eigentliche System.

Bild IV.14 zeigt ein vereinfachtes Beispiel aus der Embedded-Welt: Links sehen Sie den fachlichen Kontext, rechts den technischen.

---

[3] Korrekterweise merkt Silvia Schreier hierzu an, dass diese Tools Hypermedia leider außen vor lassen.
[4] In den Abschnitten IV.5 (Bausteinsicht) und IV.6 (Laufzeitsicht) gehen wir auf diesen Rat näher ein.

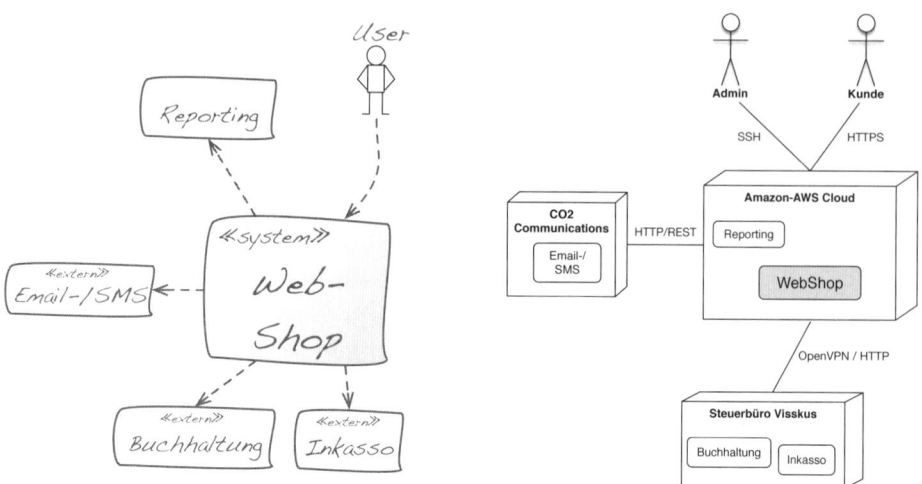

Bild IV.13 Fachliche und technische Kontextabgrenzung (Informationssystem)

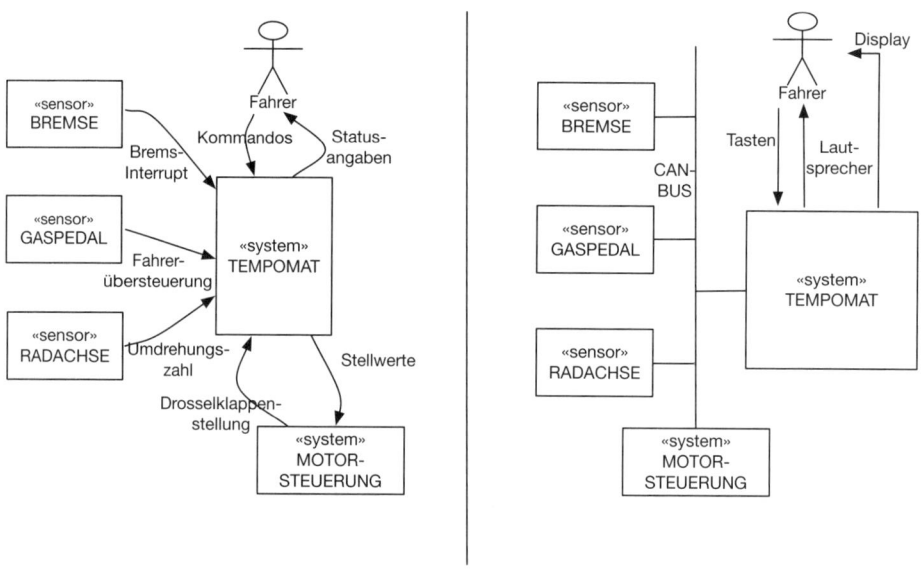

Bild IV.14 Fachliche und technische Kontextabgrenzung (Embedded-System)

3.1 Fachlicher Kontext

Inhalt

Festlegung aller Nachbarsysteme (Menschen, andere IT-Systeme, ...) mit Erklärung der fachlichen Ein- und Ausgabe-Daten oder Schnittstellen. Zusätzlich bei Bedarf fachliche Datenformate oder Protokolle der Kommunikation mit den Nachbarsystemen, sofern diese Informationen nicht bei den spezifischen Bausteinen erläutert werden.

Motivation

Alle Beteiligten müssen verstehen, welche fachlichen Informationen vom betrachteten System mit der Umwelt ausgetauscht werden.

Tipp IV-40: Zeigen Sie im fachlichen Kontext eher Datenflüsse

Anwendung: Informationssysteme, weniger für Echtzeit- oder hardwarenahe sowie stark ablauf- oder prozessorientierten Systeme

Da Sie die (fachliche) Kontextabgrenzung oftmals mit einer Vielzahl unterschiedlicher Stakeholder diskutieren werden, können Sie keine detaillierten UML- oder Modellierungskenntnisse voraussetzen.

Ganz intuitiv verstehen viele Menschen einen Pfeil zwischen Softwaresystemen als Datenfluss. Die UML-Aufruf- oder Abhängigkeitsbeziehung ist für diese Personen eher verwirrend. Daher: Zeigen Sie im Kontext Datenflüsse, also drehen Sie die Pfeilrichtung für konventionelle Methoden- oder Serviceaufrufe der UML herum.

Anmerkung: Dieser Ratschlag ist in manchen Teams umstritten, weil wir damit ausdrücklich von der standardisierten UML-Notation abweichen, und das auch nur beim Kontext. Wir fanden Datenflüsse jedoch oftmals einfacher für die Kommunikation mit (nichttechnischen) Stakeholdern.

Für die Formalisten unter Ihnen: Verwenden Sie den normalen, gestrichelten UML-Dependency-Pfeil und annotieren Sie ihn mit dem Stereotyp <<flow>>, um ihn als Datenfluss und nicht als Steuerfluss kenntlich zu machen.

Für weniger puristische UML-Anwender: Erfinden Sie einen neuen Pfeil (z. B. durchgezogene Linie mit Pfeilspitze) und deklarieren Sie diesen – wie oben empfohlen – in der Legende als Datenfluss. Ältere ITler erkennen darin die guten alten Kontextdiagramme aus der Strukturierten Analyse wieder.

Tipp IV-41: Zeigen Sie im Kontext die Abhängigkeiten von externen Einflüssen

Ihr System kann unterschiedliche Arten von Abhängigkeiten zu externen Nachbarn besitzen, beispielsweise:

- Daten- oder Informationsabhängigkeiten,
- zeitliche Abhängigkeiten,
- örtliche oder räumliche Abhängigkeiten,
- Hardwareabhängigkeiten,
- Abhängigkeiten von Personen, Organisationen oder Rollen,
- transitive (indirekte) Abhängigkeiten.

Oftmals werden Sie im fachlichen Kontext lediglich Nutzerrollen und Daten-/Informations-abhängigkeiten zeigen. Manchmal können jedoch auch darüber hinaus Abhängigkeiten wichtig für Ihr System sein. Solche Abhängigkeiten können Sie im Diagramm oder auch in einer zusätzlichen Erläuterung beschreiben.

Ein Beispiel zeigt Bild IV.15: Benutzer müssen sich vor der Nutzung des Systems registrieren (Schritt 1), das System beauftragt den Versand einer SMS (Schritt 2), die ein externer SMS-Versender in Schritt 3 dann im Mobilfunknetz verschickt. Der User gibt den Code ein (Schritt 4) und in Schritt 5 überprüft das System die Identität einer Person gegen einen externen Filial-Ident-Server, der seinerseits bei einer Meldebehörde eine Prüfung (Schritt 6) auslöst.

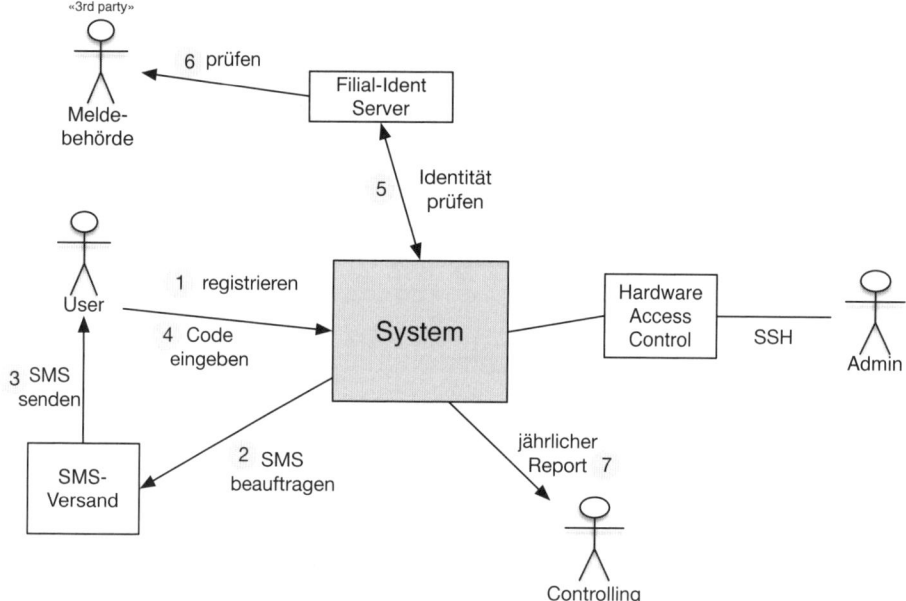

Bild IV.15 Unterschiedliche Arten von Abhängigkeiten im Kontext

Die Schritte 3 und 6 sind transitive Abhängigkeiten (auch indirekte Abhängigkeiten genannt). Das System ist von der Meldebehörde abhängig, auch wenn es keine direkte Schnittstelle dorthin unterhält.

Das System wird von Administratoren gepflegt, die allerdings nur über ein Hardware-Device (Hardware Access Control, HAC) Zugang haben. Das System und das HAC müssen physisch im gleichen Raum stehen – eine räumliche Abhängigkeit.

Manche dieser Abhängigkeiten entscheiden über die Erreichung der Qualitätsanforderungen an Ihr System – das können Risiken sein (siehe Tipp IV-32).

Tipp IV-42: Lesen Sie Douglas Adams

Wo wir gerade bei Nummer 42 sind: Falls Sie auch nur halbwegs gerne Science-Fiction mögen und gleichzeitig schrägen Humor ... dann wäre Douglas Adams' Buch „Per Anhalter durch die Galaxis" ein Lesetipp. Immerhin stammt die Zahl aus arc42 hierher ...

Tipp IV-43: Zeigen Sie transitive Abhängigkeiten im Kontext

Manchmal haben Systeme indirekte (transitive) Abhängigkeiten, die für die Kommunikation mit manchen Stakeholdern relevant sein können. Nehmen Sie solche Abhängigkeiten ruhig in Ihren Kontext auf – ein Beispiel zeigt Bild IV.15. Die darin genannten Abhängigkeiten 3 bzw. 6 sowie die Meldebehörde oben links sind indirekt.

Vorsicht: Transitive Abhängigkeiten im Kontext widersprechen der Regel der Sparsamkeit, daher sollten Sie diese nur beschreiben, wenn dies für das Verständnis der Sachverhalte notwendig ist.

Tipp IV-44: Beachten Sie Qualitätsanforderungen an Schnittstellen

An Schnittstellen können besondere Qualitätsanforderungen an Ihr eigenes System, eventuell auch an Ihre Nachbarsysteme gelten, etwa Sicherheits-, Durchsatz- oder Verfügbarkeitsanforderungen. Diese sogenannten „Service Levels" können hohe Implementierungs- und Betriebsaufwände und -risiken nach sich ziehen – daher ist besondere Vorsicht geboten.

Beachten Sie auch Tipp IV-32 bezüglich Risiken an externen Schnittstellen.

3.2 Technischer Kontext

> **Inhalt**
>
> Technische Schnittstellen (Kanäle, Übertragungsmedien) zwischen dem System und seiner Umwelt. Zusätzlich eine Abbildung, welche fachlichen (logischen) Schnittstellen über welche technische Kanäle funktionieren.
>
> **Motivation**
>
> Die Kenntnis der technischen Schnittstellen des Systems zu seiner Umgebung ist für viele Stakeholder, insbesondere Entwickler und Betreiber, wichtig für viele Entscheidungen.

Tipp IV-45: Zeigen Sie den technischen Kontext

Sie sollten Hardware und Infrastruktur, wie Rechner, Prozessoren, Netze oder Busse Ihres Systems, zeigen. Insbesondere für Systeme mit Hardwareanteil (Embedded-Systeme) gehört dieser technische Kontext fast immer dazu. Bild IV.14 (rechte Seite) zeigt ein Beispiel.

Allerdings kann es auch bei Informationssystemen wichtig sein, einige Aspekte von Hardware und Infrastruktur bereits im Kontext zu zeigen – siehe Bild IV.13. Dies ist insbesondere für Sicherheitsfragen relevant.

Tipp IV-46: Verwenden Sie technischen Kontext zur Beschreibung von Protokollen oder Kanälen

Wie Sie bereits an den Beispielen in Bild IV.13 und Bild IV.14 gesehen haben, können Sie im technischen Kontext auch Protokolle (wie SSH, HTTPS, VPN) oder Kanäle (CAN-Bus) ausdrücklich benennen.

Tipp IV-47: Erläutern Sie den Zusammenhang fachlicher und technischer Schnittstellen

Falls in Ihrem System fachliche Schnittstellen in der technischen Infrastruktur durch unterschiedliche technische Kanäle, Protokolle oder Schnittstellen abgebildet werden, sollten Sie das Mapping fachlich-technisch explizit beschreiben.

Ein einfaches Beispiel einer solchen Situation finden Sie grafisch in Bild IV.14. Die Zusammenhänge (das Mapping) können Sie durch eine Tabelle einfach beschreiben:

Tabelle IV.4 Mapping fachliche auf technische Schnittstellen

Fachlich	Technisch
Brems-Interrupt, Fahrerübersteuerung, Umdrehungszahl, Drosselklappenstellung, Stellwerte	CAN Bus
Benutzerkommandos	Tasten im Cockpit
Statusangaben	Audioausgabe, Display im Cockpit

Tipp IV-48: Zeigen Sie den technischen Kontext erst in der Verteilungssicht

Falls Ihr Fokus auf fachlichen Themen liegt, können Sie Technik und Infrastruktur ruhig auf die Verteilungssicht (arc42-Abschnitt 7) verschieben und auf den technischen Kontext (arc42-Abschnitt 3.2) verzichten.

Falls Ihnen Technik und Infrastruktur allerdings besonders wichtig sind, sollten Sie die Übersicht bereits hier im technischen Kontext geben.

Tipp IV-49: Zeigen Sie Varianten des technischen Kontexts

Falls Ihr System in unterschiedlichen Nutzungs- oder Einsatzumgebungen verwendet wird, können Sie diese bereits in der technischen Kontextabgrenzung darstellen.

Im Bild IV.16 sehen Sie ein System in einer Testumgebung (linke Seite) sowie in einer erheblich aufwendigeren Produktionsumgebung (rechte Seite).

Alternativ zeigen Sie solche Varianten in der Verteilungssicht in arc42-Abschnitt 7.

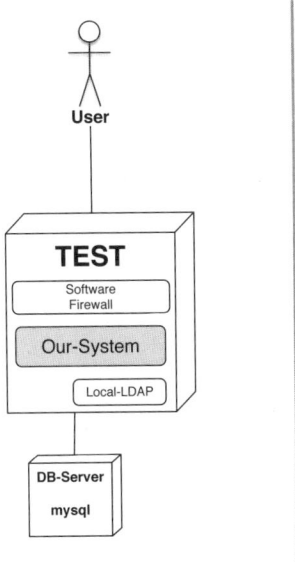 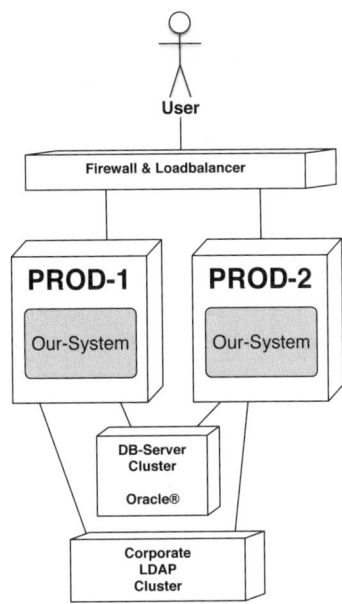

Bild IV.16 Varianten vom technischen Kontext

■ 4 Lösungsstrategie

Inhalt

Kurzer Überblick über die grundlegenden Entscheidungen und Lösungsansätze, die Entwurf und Implementierung des Systems prägen. Hierzu gehören:

- Technologieentscheidungen,
- Entscheidungen über die Top-Level-Zerlegung des Systems, beispielsweise die Verwendung gesamthaft prägender Entwurfs- oder Architekturmuster,
- Entscheidungen zur Erreichung der wichtigsten Qualitätsanforderungen,
- Entscheidungen über relevante organisatorische Entscheidungen, beispielsweise für bestimmte Entwicklungsprozesse oder Delegation bestimmter Aufgaben an andere Stakeholder.

Motivation

Diese fundamentalen Entscheidungen bilden wesentliche „Eckpfeiler" der Architektur. Von ihnen hängen meistens noch weitere Entscheidungen oder Implementierungsregeln ab.

Tipp IV-50: Erklären Sie die Lösungsstrategie möglichst kompakt (in Stichworten)

Erklären Sie Ihre Lösungsstrategie in Stichworten, beispielsweise als kurze Aufzählung der relevanten Entscheidungen oder Ansätze.

Details erläutern Sie als Konzept im arc42-Abschnitt 8 (Querschnittliche Konzepte). Sie sollten *hier* auf den Überblick Wert legen, weniger auf Vollständigkeit oder erschöpfende Erläuterung.

Tipp IV-51: Erklären Sie Lösungsmaßnahmen als Tabelle

Falls Sie mehrere Lösungsmaßnahmen erklären möchten, können Sie das mit Hilfe einer Tabelle übersichtlich strukturieren. Gegenüber Tipp IV-50 ist die Tabelle etwas aufwendiger zu erstellen.

Noch mal: In der Lösungsstrategie geht es um Überblick, nicht um ausführliche Erklärungen. Eine Tabelle ist oftmals ausführlich genug.

Tabelle IV.5 Lösungsstrategie als Tabelle

Aufgabe/Problem	Lösungsansatz
Speicherung von Auftragsdaten in häufig wechselnder Struktur	Nutzung der dokumentbasierten (schema-freien) NoSQL-Datenbank MongoDB. Begründung: http://blog.mongodb.org/post/119945109/why-schemaless
Hochgradig vertrauliche Daten	Einsatz von Hardwareverschlüsselung (HSM, high-security modul). Weitere Infos: https://de.wikipedia.org/wiki/Hardware-Sicherheitsmodul

Tipp IV-52: Erklären Sie Lösungsmaßnahmen als Tabelle im Zusammenhang mit konkreten Qualitätsanforderungen

In Systemen mit anspruchsvollen Qualitätsanforderungen sollten Sie die Beschreibung der Q-Szenarien mit der Lösungsstrategie kombinieren: Stellen Sie tabellarisch Ihre Top-Qualitätsanforderungen den spezifisch dafür getroffenen Entscheidungen oder dafür umgesetzten Maßnahmen gegenüber. Siehe beispielsweise Tabelle IV.6.

Tabelle IV.6 Beispiel Qualitätsanforderungen mit Lösungsmaßnahmen

Q-Merkmal	Szenario	Maßnahmen
Performanz	Vollständige Prüfung eines 100-kB-HTML-Dokuments innerhalb von fünf Sekunden abgeschlossen	▪ Nutzung des optimierten jsoup-Parsers ▪ Performancetests als Bestandteil des Build-Prozesses
Flexibilität	Erweiterung um neuen Prüfalgorithmus innerhalb von ein bis zwei Tagen möglich	Alle Prüfalgorithmen implementieren das Template-Method-Pattern.

Die Qualitätsanforderungen (in Form konkreter Szenarien) haben ihren Platz in arc42-Abschnitt 1.2. Dort sollten Sie allerdings keine Maßnahmen erläutern. Falls Sie beides zusammen beschreiben wollen, ist die Lösungsstrategie (arc42-Abschnitt 4) genau der richtige Ort dafür.

 Die direkte Gegenüberstellung der wichtigsten Qualitätsanforderungen mit den dazugehörigen Lösungsmaßnahmen hilft Ihnen und Ihrem Entwicklungsteam bei der konstruktiven Architekturarbeit sehr weiter. Wir propagieren das unter dem Namen *Quality Driven Software-Architecture* als eine methodische Ergänzung zum *Domain Driven Design*.

Tipp IV-53: Verweisen Sie auf detaillierte Konzepte, Quellcode oder sonstige Quellen

Fassen Sie sich in der tabellarischen Form (siehe oben) der übergreifenden Lösungsmaßnahmen kurz, nutzen Sie Querverweise auf die detaillierten Erläuterungen, etwa in den arc42-Abschnitten 5 (Bausteinsicht), 6 (Laufzeitsicht), 7 (Verteilungssicht) sowie 8 (Konzepte).

Verweise auf externe Quellen (Literatur, URLs, Blogs) sind grundsätzlich ok, allerdings sollten Sie auf die Zugänglichkeit dieser Quellen achten: Ihre Konsumenten sollten leicht Zugang zu diesen Informationen bekommen können.

Tipp IV-54: Lösungsstrategie wächst iterativ-inkrementell

Die Lösungsstrategie sollte im Verlaufe der Entwicklung entstehen und wachsen: Sie können zunächst Teile des Systems implementieren (und erproben), bevor Sie die Schlüsselideen hier dokumentieren.

Tipp IV-55: Begründen Sie die Lösungsstrategie

Dieser Ratschlag ist eine Konkretisierung zu Tipp III-5 (Gründe vor Tatsachen): Geben Sie Gründe an, warum Sie sich für diese Ansätze/Maßnahmen entschieden haben.

■ 5 Bausteinsicht

> **Inhalt**
>
> Die Struktur des Quellcodes Ihres Systems im Überblick, hierarchisch (in Ebenen/Levels) organisiert
>
> **Motivation**
>
> Behalten Sie den Überblick über den Quellcode, indem Sie die statische Struktur des Systems durch Abstraktion verständlich machen.
>
> Dies ist die wichtigste Sicht, die in jeder Architekturdokumentation vorhanden sein sollte, vergleichbar mit dem Grundrissplan beim Hausbau.

Tipp IV-56: Bauen Sie Abschnitte der Bausteinsicht immer gleichartig auf

Egal, welche Detailebene Sie dokumentieren: Verwenden Sie Whitebox-Darstellungen zur grafischen Erläuterung von Strukturen und Blackbox-Templates zur Beschreibung der Außensicht einzelner Bausteine.

- Jede Whitebox zeigt mit Hilfe eines Diagramms die innere Struktur und interne Schnittstellen für eine „höhere" Blackbox.

- Blackbox-Beschreibungen (tabellarisch oder als Text) erklären Zweck/Verantwortung sowie Schnittstellen der Bausteine einer Whitebox. Hier können Sie direkt auf Quellcode verweisen.

- Bausteine sind dabei beliebige Abstraktionen von Quellcode: Module, Pakete, Subsysteme, Komponenten, Klassen, Funktionen, Skripte oder Konfigurationen.

- Sie können zur Darstellung einer Whitebox UML verwenden, aber jede andere Notation funktioniert ebenfalls – sofern Ihre Stakeholder diese verstehen.

Nachfolgend vermischen wir (absichtlich) Ratschläge für die Nutzung von Black- und Whiteboxes.

Tipp IV-57: Organisieren Sie die Bausteinsicht hierarchisch

Erklären Sie den Aufbau des Quellcodes als eine Hierarchie von Black- und Whiteboxes, ausgehend von der Kontextabgrenzung. Der Kontext zeigt das gesamte System als eine Blackbox, die Sie dann in Ebene-1 (manchmal auch *Level-1* genannt) der Bausteinsicht als Whitebox verfeinern – und so weiter.

Beachten Sie: In Bild IV.17 entspricht jedes der vier abgerundeten Rechtecke (Kontextabgrenzung, System, A und B) einer Whitebox, d. h. einem eigenständigen Diagramm. Eine gesamthafte Baumdarstellung wie im Bild wird es in Ihrer Bausteinsicht nicht geben.

Tipp IV-58: Zeigen Sie immer Ebene-1 der Bausteinsicht („Ebene-1 ist Ihr Freund")

Selbst wenn Sie sehr wenig Zeit für Dokumentation aufwenden können, sollten Sie immer (!) die großen Bausteine Ihres Systems als Bausteinsicht Ebene-1 erklären. Beginnen Sie die Bausteinsicht mit der Whitebox-Darstellung des Gesamtsystems (arc42-Abschnitt 5.1), die bezüglich der Außenschnittstellen konsistent zur Kontextabgrenzung aus arc42-Abschnitt 3 sein sollte.

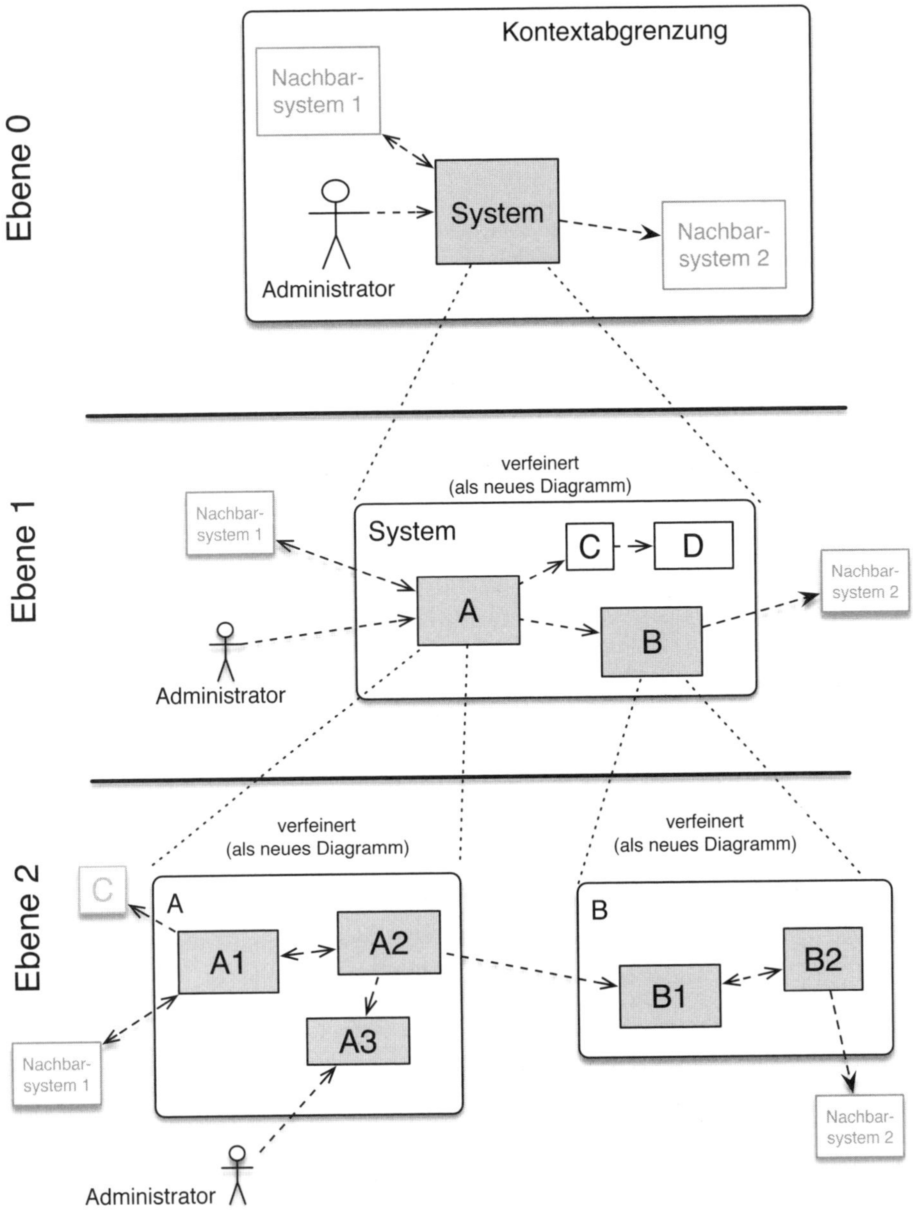

Kontextabgrenzung

Nachbar-
system 1

Administrator

System

Nachbar-
system 2

Ebene 0

verfeinert
(als neues Diagramm)

Nachbar-
system 1

System

C → D

A

B

Nachbar-
system 2

Administrator

Ebene 1

verfeinert
(als neues Diagramm)

verfeinert
(als neues Diagramm)

 C

A

A1 ← A2

A3

B

B1 ← B2

Nachbar-
system 1

Nachbar-
system 2

Administrator

Ebene 2

Bild IV. 17 Bausteinsicht als Hierarchie von Black-/Whiteboxes

Das hilft Ihnen, auch in großen oder heterogenen Systemen den Überblick zu behalten.

☑ Die Dokumentation der Whitebox Ebene 1 sollten Sie immer (!) erstellen und fortschreiben – denn die ist praktisch Ihre Garantie für das Verständnis der übergreifenden Struktur des Quellcodes!

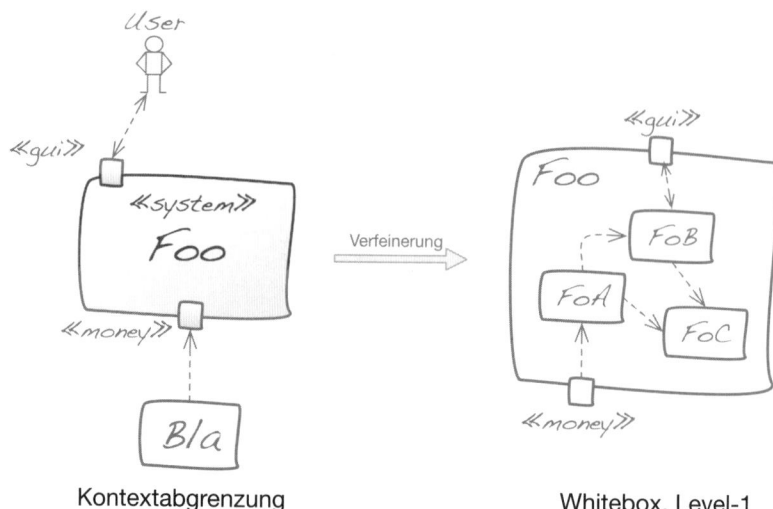

Kontextabgrenzung   Whitebox, Level-1

Bild IV.18 Konsistente Verfeinerung von Kontext zu Whitebox Level-1

Diese Ebene-1-Whitebox bleibt in Systemen oftmals über längere Zeit konstant, d. h., sie verursacht damit nur wenig Pflege- oder Änderungsaufwand.

Tipp IV-59: Beschreiben Sie zu jeder (wichtigen) Blackbox deren Verantwortung oder Zweck

Neben einem aussagekräftigen Namen ist eine kurze (!) Beschreibung der Verantwortung oder des Zwecks sicherlich einer der wichtigsten Bestandteile der Bausteinsicht. Namen selbst können Präzision oder Semantik suggerieren.

- Besonders klar und verständlich wird die Verantwortung einer Blackbox, wenn sie sich auf eine konkrete Anforderung bezieht.
- Beschreiben Sie, „*was*" diese Blackbox leistet. Vermeiden Sie Angaben zum „*wie*"!
- Insbesondere in detaillierten Ebenen der Bausteinsicht erfüllt eine Blackbox oft einen Teil der Verantwortung einer „höheren" Blackbox.
- Halten Sie diese Beschreibung kurz, ein oder zwei Sätze ohne viele Details. Wenn Sie mehrmals das Wort „und" in dieser Beschreibung verwenden, sollten Sie eine Verallgemeinerung oder Abstraktion suchen.

Tipp IV-60: Halten Sie das Innenleben von Blackboxes geheim

Blackboxes sind die Träger des Geheimnisprinzips: Um eine Blackbox zu benutzen, müssen Sie lediglich deren Verantwortung sowie die Ein-/Ausgabeschnittstelle kennen – weitere Details aus ihrem Inneren sind nicht erforderlich.

Diese „Geheimhaltung" bietet eine ganze Reihe von Vorteilen:

- Sie können das Innenleben verändern[5], ohne dass Nutzer (Clients, Consumer) dieser Blackbox darunter leiden.

---

[5] Vorausgesetzt, Sie verändern weder die Außenschnittstelle noch verschlechtern Sie die vereinbarten Qualitätseigenschaften der Blackbox, beispielsweise hinsichtlich Verfügbarkeit, Sicherheit oder Performance ...

- Sie können eventuell die Whitebox-Dokumentation des Innenlebens sparen! Damit redu-zieren Sie den Wartungsaufwand Ihrer Dokumentation.

- Möglicherweise ersparen Sie einigen Stakeholdern Details, die sie ohnehin nicht interes-siert hätten.

Im Extremfall beschreiben Sie in der Bausteinsicht Ihres Systems lediglich die Ebene-1 (siehe Tipp IV-58). Dann wird keiner der Top-Level-Bausteine weiter detailliert.

Tipp IV-61: Beschreiben Sie eine Blackbox als Tabelle mit der Sparversion des Blackbox-Template

Eine Blackbox bekommt in der arc42-Dokumentation einen eigenen Abschnitt, dessen Über-schrift lautet „Blackbox <Name-des-Bausteins>".

Zweck/Verantwortung	Kurze Beschreibung von Zweck/Verantwortung dieser Blackbox
Schnittstelle	Ein- und Ausgabeschnittstelle dieses Bausteins. Form und Detaillierung nach Bedarf
Details	(optional): Verweis auf die Whitebox dieses Bausteins (Details), am besten ein Hyperlink innerhalb Ihrer arc42-Dokumentation

Tipp IV-62: Beschreiben Sie eine Blackbox als Tabelle mit dem ausführlichen Blackbox-Template

Auch hier gilt wieder: Eine Blackbox bekommt in der arc42-Dokumentation einen eigenen Abschnitt, dessen Überschrift lautet „Blackbox <Name-des-Bausteins>".

Zweck/Verantwortung	Kurze Beschreibung von Zweck/Verantwortung dieser Blackbox
Eingangsschnittstelle	Eingabeschnittstelle dieses Bausteins; Form und Detaillierung nach Bedarf
Ausgangsschnittstelle	Ausgangsschnittstelle dieses Bausteins
Leistungsmerkmale	Erläutern Sie die spezifischen Qualitätseigenschaften dieses Bausteins, etwa Zeitverhalten, Speicherbedarf, Flexibilität.
Link zum Quellcode	Was müssen Entwickler wissen, um möglichst einfach den Quellcode dieses Bausteins zu finden? Nennen Sie z. B. den besten Einstiegspunkt, den Namen des Packages, Namespaces oder Moduls, die wichtigste(n) Klasse(n) oder Funktionen.
Risiken/offene Punkte	Das sollten möglichst wenige sein – aber erwähnen Sie offen und ehrlich, welche Risiken Sie in diesem Baustein kennen. Gut ist hier auch in Hyperlink auf Ihren Issue-Tracker …
Erfüllte Anforderungen	Hier können Sie Traceability-Informationen unterbringen.

Sie sollten nach Bedarf in Ihrer Dokumentation die sparsame und die ausführliche Version gemischt verwenden.

Tipp IV-63: Beschreiben Sie eine Blackbox als strukturierten Text

Anstelle von Tabellen können Sie Blackboxes auch als strukturierten Text beschreiben, bei dem die Elemente des Blackbox-Templates Gliederungspunkte oder Überschriften darstellen.

Schematisch sieht das dann wie folgt aus: ($Ü_i$ bedeutet Überschriftebene i)

$Ü_i$:   Blackbox <Name des Bausteins>

$Ü_{i+1}$: Zweck/Verantwortung

$Ü_{i+1}$: Schnittstelle

$Ü_{i+1}$: Details

$Ü_{i+1}$: Verweis auf Quellcode

Wir finden in vielen Fällen Tabellen einfacher und platzsparender.

Tipp IV-64: Begründen Sie jede Whitebox-Zerlegung

Jede Whitebox besteht aus mehreren Blackboxes sowie deren Beziehungen. Erklären Sie, warum es gerade *diese* Blackboxes und *diese* Beziehungen sind, liefern Sie eine Begründung für die *Schneidung* dieser Whitebox in kleinere Bausteine.

Die Begründung geben Sie in Form von Stichworten oder einem kurzen Text.

Tipp IV-65: Beschreiben Sie Whiteboxes mit dem Whitebox-Template in der Kurzversion

Nutzen Sie zur Beschreibung von Whiteboxes das folgende kurze Template:

Inhalt	Beispiel
Überschrift: Whitebox: <Name-der-Whitebox>	Whitebox „Foo"
Überblicksdiagramm	
Begründung für diese Zerlegung bzw. die gewählten Bausteine	Begründung: FoA sowie FoB sind aus funktionaler Sicht entstanden, FoC dient der Erreichung der geforderten Performance.
Tabelle der enthaltenen Blackboxes (mit Querverweisen auf deren Detailbeschreibung, sofern vorhanden)	Enthaltene Blackboxes: FoA: Berechnet die XY-Werte. Siehe <...> FoC: Lokaler Cache zur Steigerung der Leseperformance. Siehe Abschnitt <...>.

Tipp IV-66: Beschreiben Sie Whiteboxes mit Hilfe des ausführlichen Whitebox-Templates

Als Ergänzung der „sparsamen Whitebox" (siehe oben) können manchmal noch einige zusätzliche Informationen für Whiteboxes wichtig sein, die Sie im ausführlichen Whitebox-Template unterbringen können:

- Überschrift: Whitebox <Name der Whitebox>
- Überblicksdiagramm
- Begründung der gewählten Zerlegung, inklusive Erklärung verworfener Alternativen
- Enthaltene Blackboxes mit Querverweisen auf deren Detailbeschreibung
- Interne Schnittstellen mit Querverweisen auf deren Detailbeschreibung
- Darstellung technischer Schulden oder Risiken sowie offener Punkte dieses Bausteins

Tipp IV-67: Nutzen Sie als Whitebox-Spezifikation auch Notationen der Laufzeitsicht

Wenn Sie eine Blackbox nicht weiter zerlegen, trotzdem aber das Innenleben genauer spezifizieren wollen, so stehen Ihnen auch die Ausdrucksmittel der Laufzeitsicht zur Verfügung. Beschreiben Sie für diese Blätter der Bausteinzerlegung die jeweilige Whitebox in Form von

- Text (z. B. als Pseudocode für komplexe Algorithmen),
- Aktivitätsdiagrammen,
- Zustandsmodellen (mit entsprechenden Ereignissen und Aktionen)
- ...

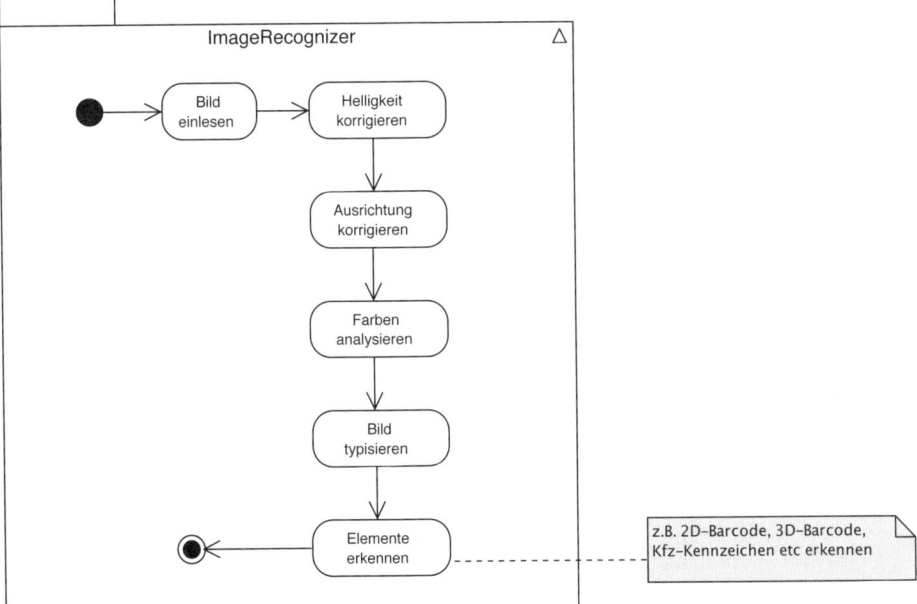

Bild IV.19 Aktivitätsdiagramm als Whitebox-Spezifikation

Tipp IV-68: Nutzen Sie Vererbung zur Beschreibung ähnlichen Verhaltens mehrerer Bausteine

Vererbung ist ein erprobtes Konzept, um Redundanz zu vermeiden. Spezifizieren Sie Gemeinsamkeiten in Oberklassen, aus denen Sie dann weitere Klassen ableiten.

Betrachten Sie folgendes Beispiel, in dem es um Bilderkennung geht. Grob vereinfacht dargestellt: Ein RecognizerJob erstellt aus dem Bildinhalt eine Liste von Zeichenketten, etwa im Bild enthaltene Kfz-Kennzeichen, Lebensmittel, Barcodes oder auch Personen.

Das allgemeine Vorgehen jedes RecognizerJob ist in der abstrakten Oberklasse vorgegeben, spezielle Ausprägungen (etwa für die Erkennung von 2D-Barcodes) sind in den Unterklassen spezialisiert. Wenn Sie die abstrakten Oberklassen (Recognizer Job, Barcode-Recognizer) vermeiden wollen (weil Sie ohne Vererbung arbeiten müssen oder wollen), so können die ähnlichen Abläufe von 2D BarCode Recognizer, 3D BarCode Recognizer und Image Recognizer auch in Abschnitt 8.x als Konzept herausfaktoriert werden.

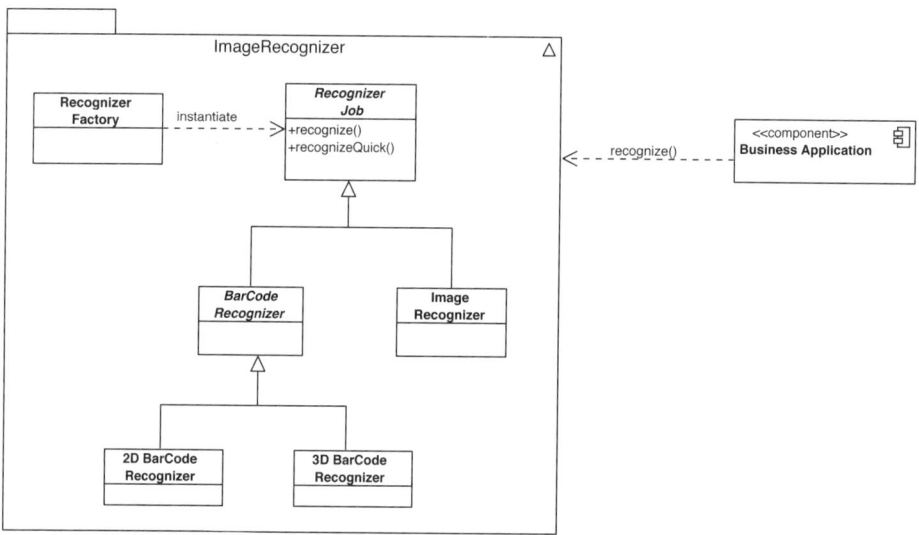

Bild IV.20 Vererbungshierarchie in der Whitebox-Spezifikation

Tipp IV-69: Lagern Sie die Spezifikation von ähnlichem Verhalten als Konzept aus, um redundante Beschreibungen zu vermeiden

Wenn Sie mehrere Bausteine haben, die sich an ähnliche Implementierungsregeln oder Konzepte halten müssen, klären Sie deren Gemeinsamkeiten als Konzept in Abschnitt 8.x.

Siehe auch Tipp IV-119.

Tipp IV-70: Zeigen Sie mehrere Ebenen der Bausteinsicht

Manchmal spielen Details tieferer Ebenen der Bausteinsicht eine wichtige Rolle für das Verständnis und die Entwicklung des Systems. In solchen Fällen sollten Sie die Verfeinerung von Ebene 1 bis hin zu den betreffenden Bausteinen darstellen.

In diesem Fall gilt eine wichtige Konsistenzbedingung: Sie sollten jeden Baustein in Detailebenen zu seinem „Ursprung" in Ebene 1 verfolgen können. Überspringen Sie keine Ebenen.

Mehrere Ebenen bedeuten einen erheblichen Erstellungs- und Pflegeaufwand – den Sie nur investieren sollten, wenn es für diese detaillierten Ebenen echten Bedarf gibt.

Tipp IV-71: Halten Sie die externen Schnittstellen in Kontext und Bausteinsicht konsistent

Ebene 1 der Bausteinsicht sollte bezüglich der (externen) Schnittstellen strikt konsistent zum fachlichen Kontext sein. Die Mindestanforderungen lauten:

- Sämtliche externen Schnittstellen von Ebene 1 sollten im fachlichen Kontext ebenfalls vorkommen. Ausnahme: Zusammenfassungen/Abstraktionen, siehe Hinweise zur Kontextabgrenzung. Das gilt sowohl für Nachbarsysteme (IT-Systeme) wie auch für Benutzerrollen.
- Die Namen der externen Schnittstellen bzw. der Nachbarsysteme in der Bausteinsicht entsprechen denen der Kontextabgrenzung.
- Falls Sie gerichtete Schnittstellen verwenden (also Datenquellen und Datensenken differenzieren), sollten Sie diese Richtungen in Kontext und Bausteinsicht identisch halten (d. h., eine Datenquelle im Kontext darf in der Bausteinsicht nicht zur Datensenke *mutieren*).

Tipp IV-72: Erklären Sie die Zuordnung von Quellcode zu Architekturbausteinen

Manchmal entspricht die Bausteinstruktur ziemlich gut der Paket- oder Dateistruktur vom Quellcode – aber keinesfalls immer.

Welchem Architekturbaustein Sie ein bestimmtes Stück Quellcode zuordnen, ist Ihre (systemspezifische) Entscheidung – und nicht unbedingt vom Verzeichnis, Package oder Namespace abhängig.

Nachfolgend ein Beispiel: In der Mitte von Bild IV.21 finden Sie einen Auszug aus einem Dateisystem. Links und rechts sehen Sie zwei Alternativen (A und B), wie Sie Architekturbausteine auf Basis dieser Dateien *schneiden* könnten: A_1 besteht aus den Bausteinen x.java und y.java, B_1 aus x.java, y.java und z.java.

Sie müssen das entscheiden! Versuchen Sie in jedem Fall, das Mapping zwischen Code und Bausteinen möglichst einfach zu halten. Im Idealfall sind Verzeichnisse und Bausteine identisch!

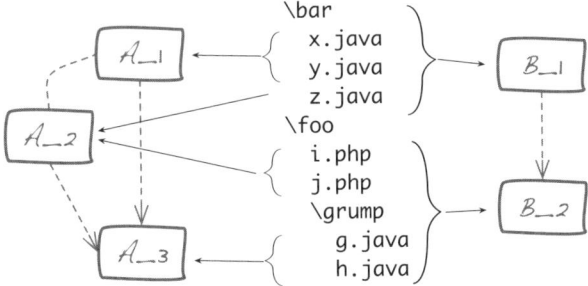

Bild IV.21 Mögliche Abbildungen Quellcode auf Architekturbausteine

Tipp IV-73: Beschreiben Sie, wo der Quellcode der Bausteine liegt

Falls Sie kein offensichtliches oder triviales Mapping von Quellcode auf Bausteine haben, sollte aus Ihrer Dokumentation klar hervorgehen, wo der Quellcode der einzelnen Bausteine zu finden ist.

- Falls Sie sich an Tipp IV-74 halten, müssen Sie lediglich das Wurzelverzeichnis angeben – weitere Details ergeben sich dann durch die Verzeichnisstruktur.
- Falls Ihr Quellcode in unterschiedlichen Repositories liegt, sollten Sie zumindest zu den Ebene-1-Bausteinen einen Verweis auf diese Verzeichnisse angeben.
- Alternativ können Sie zu jedem Baustein die Quellcodeverzeichnisse oder die zwei bis drei wichtigsten Klassen/Programme/Dateien aufzählen.

Vorsicht: Bitte zählen Sie auf gar keinen Fall sämtliche in einem Baustein enthaltenen Unterbausteine auf …

Tipp IV-74: Gestalten Sie die Zuordnung von Quellcode zu Architekturbausteinen gemäß der Ablage- oder Verzeichnisstruktur

Die einfachste Zuordnung von Code zu Bausteinen erhalten Sie, wenn die Ablage- oder Verzeichnisstruktur des Quellcodes unmittelbar den Architekturbausteinen entspricht. Ein Beispiel finden Sie in Bild IV.22: auf der rechten Seite die Verzeichnisstruktur mit den Oberverzeichnissen a, b und c sowie diversen Unterverzeichnissen. Links davon sehen Sie Architekturbausteine verschiedener Ebenen.

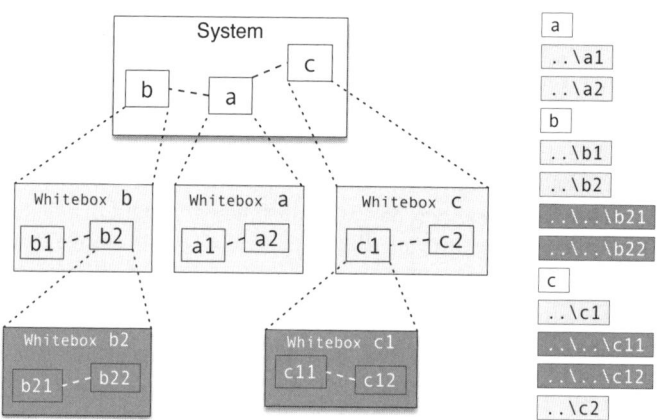

Bild IV.22 Einfache Abbildung von Quellcode auf Architekturbausteine

Tipp IV-75: Gestalten Sie die Zuordnung von Quellcode zu Architekturbausteinen gemäß der Modularisierung Ihrer Programmiersprache

Wenn Sie bei der Bildung von Architekturbausteinen die in Ihrer Programmiersprache vorgesehenen Konstrukte zur Modularisierung verwenden, ist die Zuordnung von Quellcode zu Bausteinen oft einfach.

In Bild IV.21 ist dieser Vorschlag auf der rechten Seite (B_1 und B_2) erfüllt, auf der linken Seite jedoch verletzt.

Für die Entwicklung von Java-Systemen gilt dann, dass Architekturbausteine den *packages* entsprechen sollten.

Tabelle IV.7 Modularisierungskonstrukte[6] von Programmiersprachen

Sprache	Modularisierungskonstrukt
Java	Packages sowie deren Zuordnung im Dateisystem
C#	Packages, Assemblies und Namespaces
Cobol	Modul, externes Unterprogramm
JavaScript	Ab ECMAScript2015: Modules
	Vorher: Functions
Python	Module (entsprechen Dateien) und Pakete (enthalten mehrere Module)

Anmerkung: Gerade in gewachsenen Systemen ist es jedoch oft sinnvoll, von dieser Regel abzuweichen, um eher inhaltlichen Zusammenhalt (Kohäsion) in Bausteinen auszudrücken.

Tipp IV-76: Stellen Sie sicher, dass jeglicher (!) Quellcode in der Bausteinsicht einen sinnvollen Platz bekommt

In der Bausteinsicht sollten Sie auf Vollständigkeit[7] achten und für jeglichen Bestandteil Ihres Quellcodes einen passenden Architekturbaustein vorsehen.

Infrastrukturcode (wie etwa Build-Systeme oder Codegeneratoren), die mit der fachlichen Aufgabe Ihres Systems nichts zu tun haben, könnten Sie allerdings auf die entsprechenden Konzepte (arc42-Abschnitt 8) *verbannen*. In Bild IV.23 finden Sie ein Beispiel: Der Codegenerator (schattiert, unten links) auf Ebene 1 der Bausteinsicht generiert den Baustein „Campaign Data Management".

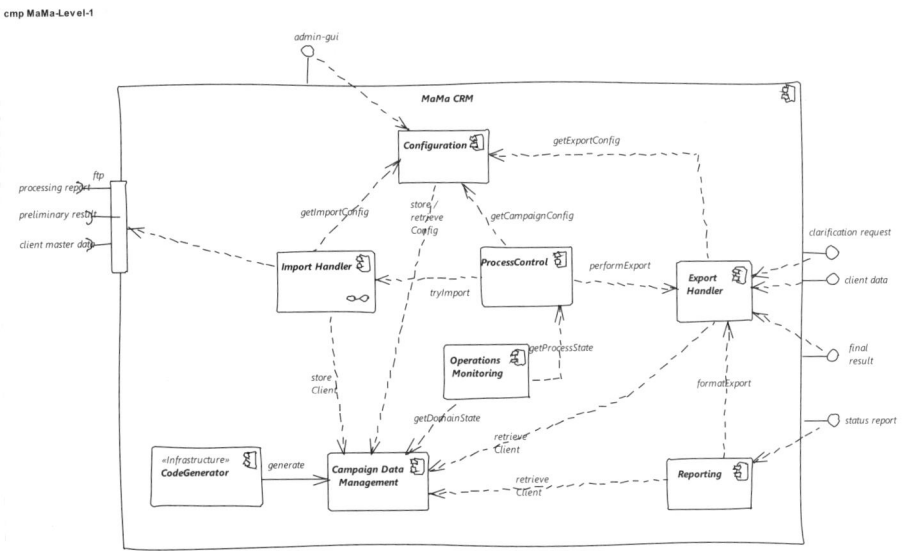

Bild IV.23 Infrastrukturcode in der Bausteinsicht

---

[6] Eine gute Übersicht über Modularisierung finden Sie unter https://en.wikipedia.org/wiki/Modular_programming

[7] Ansonsten möchten wir auf den Begriff „Vollständigkeit" lieber verzichten, weil das Streben nach *100%* oftmals zu teuer ist.

Tipp IV-77: Nehmen Sie in Ausnahmefällen auch Fremdsoftware (Bibliotheken, Libraries, Frameworks) in die Bausteinsicht auf

Manchmal kann es hilfreich für das Verständnis von Strukturen oder Abläufen sein, auch beteiligte Fremdsoftware (Middleware, Datenbanken, Bibliotheken, Frameworks, Utilities ...) in der Bausteinsicht explizit zu benennen. In Bild IV.24 sehen Sie den Baustein HtmlParser (unten links, mit dem Stereotyp «library»). Dieser Baustein ist für die Funktion des Systems[8] von zentraler Bedeutung – daher taucht er in der Bausteinsicht explizit auf.

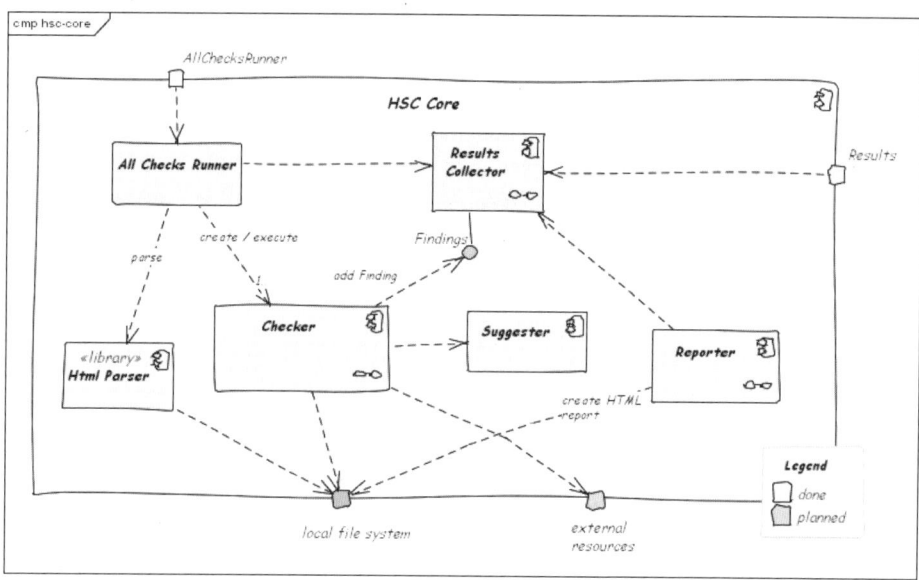

Bild IV.24 Fremde Bibliothek (HtmlParser) als Bestandteil der Bausteinsicht

Tipp IV-78: Beschreiben Sie interne Schnittstellen möglichst sparsam

Beschreiben Sie interne Schnittstellen mit möglichst geringem Aufwand: Sie haben Zugriff auf den Quellcode der Bausteine, d. h., Sie können im Zweifelsfall Details immer im Quellcode nachlesen oder überprüfen. Setzen Sie insbesondere grafische Mittel (z. B. UML) sehr sparsam und bewusst ein.

Betrachten Sie die (einfache) Situation: Der Baustein Foobar nutzt eine Schnittstelle namens cli eines Bausteins Blurp.

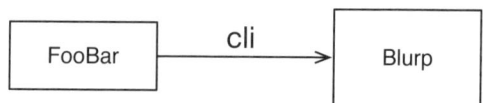

Sie können diese Schnittstelle auf unterschiedliche Arten näher erläutern – in steigendem Detaillierungsgrad, aber auch mit steigendem Arbeitsaufwand:

---

[8]   Das komplette Beispiel finden Sie in Kapitel II dieses Buchs.

Tabelle IV.8 Varianten der textuellen Schnittstellenbeschreibung

Variante	Dokumentation	Erläuterung
1	–	Sie beschreiben diesen Aufruf gar nicht, sondern verlassen sich darauf, dass der entsprechende Code gut verständlich ist.
2	CLI (command line interface), Aufruf der Funktion Blurp erfolgt über die Kommandozeile	Schnittstelle lediglich informell als Text erläutert, keine weiteren Details
3	Aufruf der Funktion Blurp mit folgenden möglichen Parametern: -f: Dateiname der Eingabedaten -t: Ausgabeformat, [pdf, html, xml, md, adoc, docx]	Ergänzung um Parameter
4	wie oben, zusätzlich: ■ Blurp kann maximal zehn solcher Aufrufe pro Minute verarbeiten. ■ Blurp kann ausschließlich sequenziell genutzt werden – parallele Aufrufe mehrerer FooBar-Clients führen zu Laufzeitfehlern.	

Tipp IV-79: Dokumentieren Sie Schnittstellen über Unit-Tests

Die Erstellung von Unit-Tests gehört für viele Entwickler mittlerweile zum normalen Arbeitsumfang. Wir möchten Ihnen einen zusätzlichen Verwendungszweck solcher Tests vorschlagen, nämlich die Dokumentation von Schnittstellen.

Betrachten Sie Tests als detaillierte (und sehr agile!) Dokumentation und erst in zweiter Linie als wirklichen Test[9].

Ein Unit-Test erklärt sehr konkret, welche Voraussetzungen (programmatisch) geschaffen werden müssen, um eine bestimmte Schnittstelle zu benutzen. Er zeigt auf, wie und in welchen Konstellationen Sie diese Schnittstelle verwenden können. Zusätzlich zeigen Tests in ihren assert-Statements das zu erwartende Ergebnis dieser Aufrufe.

Statt der textuellen Beschreibung aus Tabelle IV.8 könnten Sie eine oder mehrere Testmethoden als Dokumentation verwenden. Sofern Sie diese Tests direkt aus Ihrem Code-Repository in die Dokumentation integrieren, haben Sie zusätzlich die Aktualität dieser Dokumentation gewährleistet[10].

---

[9] Sie könnten Ihr System *behaviour driven (BDD)* entwickeln, dann funktioniert die Spezifikation des Systems gleichzeitig als automatisierter Test. Dafür können Sie aktuelle BDD Frameworks verwenden, beispielsweise Cucumber (https://cucumber.io/).

[10] In automatisierten Build-Systemen (z.B. auf Basis von maven oder gradle) können Sie die Generierung von Dokumentation von der erfolgreichen Durchführung der Tests abhängig machen und damit sogar die Aktualität (dieser Teile) der Dokumentation sicherstellen.

Hier ein Auszug aus der Dokumentation von joptSimple, einer kleinen Bibliothek für Command-Line-Parsing (https://pholser.github.io/jopt-simple/examples.html), als Vorbild für diesen Ratschlag.

Listing IV.1 Beispiel: Unit-Test zur Dokumentation einer Schnittstelle

```java
package joptsimple.examples;
import joptsimple.OptionParser;
import joptsimple.OptionSet;
import org.junit.Test;
import static org.junit.Assert.*;

public class ShortOptionsTest {
    @Test
    public void supportsShortOptions() {
        OptionParser parser = new OptionParser( "aB?*." );
        OptionSet options = parser.parse( "-a", "-B", "-?" );
        assertTrue( options.has( "a" ) );
        assertTrue( options.has( "B" ) );
        assertTrue( options.has( "?" ) );
        assertFalse( options.has( "." ) );
    }
}
```

Anmerkung: Sie sollten solchen Quellcode grundsätzlich automatisiert aus Ihrem Code-Repository inkludieren – und niemals per Copy and Paste in Ihre Dokumentation übernehmen. Das funktioniert mit textbasierter Dokumentation oder Wikis einfacher als mit konventioneller Textverarbeitung. Mehr dazu erfahren Sie in Kapitel VII (Werkzeuge).

Tipp IV-80: Dokumentieren Sie Schnittstellen über Laufzeitszenarien

Manche Schnittstellen benötigen mehrere einzelne Interaktionen zwischen den beteiligten Bausteinen, Handshakes oder fachliche/technische Protokolle. Diese Interaktionen können Sie in der Laufzeitsicht (siehe Kapitel IV.6) über Szenarien erklären. Aus der Dokumentation der beteiligten Bausteine sollten Sie dann auf die entsprechenden Laufzeitszenarien verweisen.

Tipp IV-81: Nutzen Sie Bausteinsicht Ebene 1 für „sonstige" Informationen

Auf der hohen Abstraktionsebene von Ebene 1 können Sie technische Informationen (wie etwa Programmiersprache) oder auch organisatorische Informationen (wie etwa „Teamzuständigkeiten" oder „Fertigstellung") darstellen, etwa über Farben, Schattierung, Gruppierungen oder sonstige grafische Mittel dokumentieren.

Falls Sie das machen, sollten Sie diese Arten von Informationen in einer Legende der Diagramme erklären. Bild IV.25 zeigt eine Legende mit Informationen über die Implementierungssprache einzelner Bausteine.

Anmerkung: Diesen Rat können Sie auch auf weitere Ebenen der Bausteinsicht ausdehnen, Sie sollten dabei aber an die Grundregel zur Sparsamkeit denken: Eventuell ist diese „sonstige" Information nur für kurze Zeit interessant – also lassen Sie das im Zweifel lieber weg.

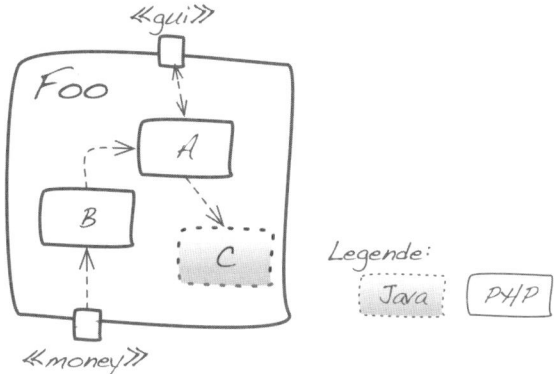

Bild IV.25 Legende erklärt „sonstige Informationen" einer Whitebox.

Tipp IV-82: Verfeinern Sie bei Bedarf mehrere Bausteine gemeinsam

Sie können mehrere Blackboxes einer Ebene auch gemeinsam in eine einzelne Whitebox verfeinern. Das kann hilfreich sein, wenn diese Bausteine intensiv zusammenarbeiten und komplexe gegenseitige Schnittstellen besitzen.

Schematisch finden Sie das in Bild IV.26: Auf der linken Seite sehen Sie eine Whitebox (Level-1), die zwei schattierte Bausteine Foo und Bar enthält. Diese beiden finden Sie auf der rechten Seite (Level-2) gemeinsam verfeinert. Ihre Schnittstellen aus Level-1 sind in Level-2 alle enthalten. Beziehungen aus Level-2 sind genauso gerichtet wie auch in Level-1. Die jeweilige „Herkunft" der verfeinerten Bausteine ist am Präfix der Namen erkennbar.

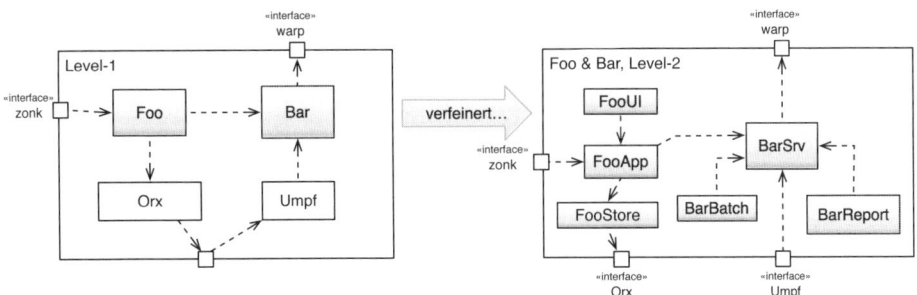

Bild IV.26 Verfeinerung mehrerer Blackboxes gemeinsam

Tipp IV-83: Sorgen Sie für die eindeutige Zuordnung
(wenn Sie Blackboxen gemeinsam verfeinern)

Falls Sie (wie im vorigen Hinweis vorgeschlagen) Bausteine gemeinsam verfeinern, sollten Sie in der verfeinerten Darstellung klar zum Ausdruck bringen, zu welchem „größeren" Baustein die verfeinerten Blackboxes gehören. Im obigen Beispiel (Bild IV.26, rechtes Diagramm) erkennen Sie das an der Benennung (FooUI, FooApp und FooStore gehören offensichtlich zu Foo, die drei Bausteine BarBatch, BarSrv und BarReport zu Bar).

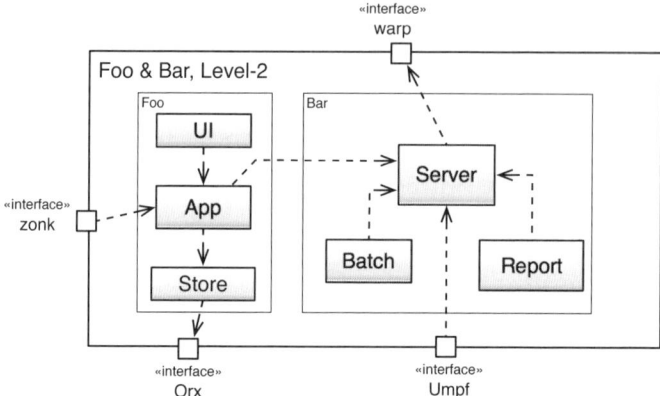

Bild IV.27 Gemeinsame „Herkunft" durch benannte Umrahmung

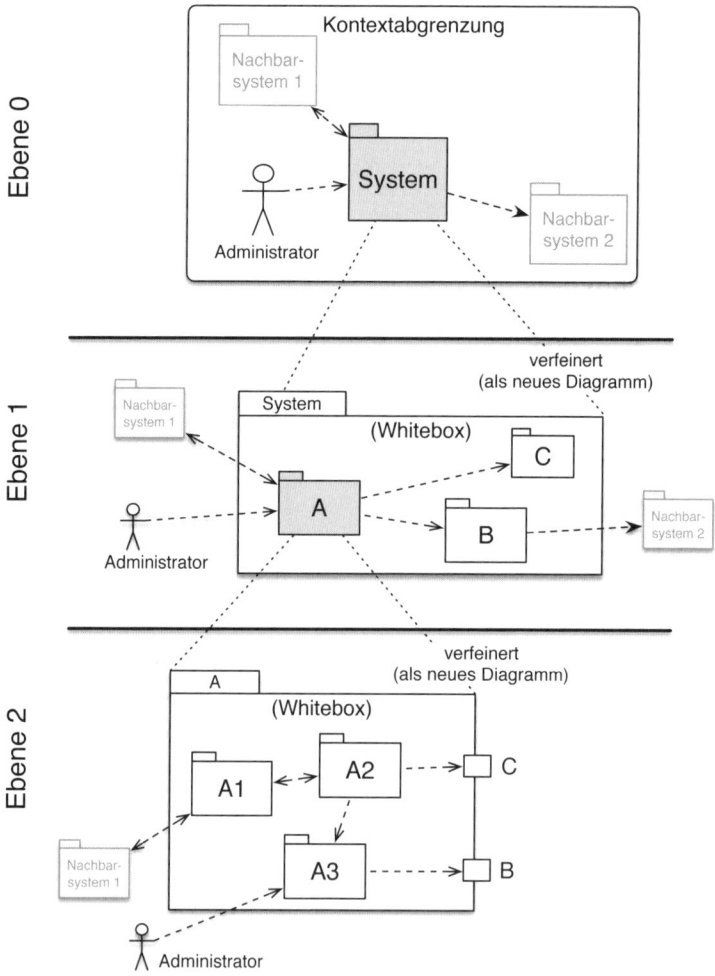

Bild IV.28 Partielle Verfeinerung in der Bausteinsicht

Alternative Möglichkeiten, diese Zugehörigkeit („Herkunft") zum Ausdruck zu bringen, sind:

- benannte Umrahmungen (siehe Bild IV.27),
- Farben/Schattierung,
- Erläuterung im Text.

Tipp IV-84: Verfeinern Sie nur einige Bausteine der Bausteinsicht

Die Whitebox-Diagramme bilden einen Baum mit der Kontextabgrenzung als Wurzel. Dieser Baum kann und sollte *partiell* sein, d. h. nur an einigen Zweigen in die Tiefe gehen.

Bild IV.28 zeigt eine solche partielle Verfeinerung: Das System wird auf Ebene 1 in die Bausteine A, B und C verfeinert, von denen nur A auf Ebene 2 weiter detailliert wird.

Tipp IV-85: Erklären Sie Konzepte statt Bausteine

Dieser Rat klingt im Zusammenhang mit der Bausteinsicht sicherlich befremdlich: Manchmal ist es einfacher oder hilfreicher, die grundlegenden Konzepte (andere Bezeichnungen sind Stile, Prinzipien, Stereotypen oder Muster) zu erklären, statt der einzelnen Bausteine. Falls Sie beispielsweise den Ansatz von Microservices verfolgen oder Ihr gesamtes System als Pipe-und-Filter-Kette aufgebaut haben, macht die Diskussion einzelner Bausteine vielleicht weniger Sinn als die Erklärung der konzeptionellen Grundlagen.

Wir bleiben allerdings bei Tipp IV-58 (Ebene 1 ist Ihr Freund) ...

■ 6 Laufzeitsicht

Inhalt

Diese Sicht erklärt konkrete Abläufe und Beziehungen zwischen Bausteinen, meist in unterschiedlichen Szenarien aus den folgenden Bereichen:

- wichtige Anwendungsfälle oder *Features*,
- Interaktionen an externen Schnittstellen,
- Betriebsszenarien (Inbetriebnahme, Start/Stopp, administrative Aufgaben),
- Fehler- oder Ausnahmeszenarien.

Motivation

Die Laufzeitsicht erklärt, *wie* die Bausteine Ihres Systems zur Laufzeit ihre jeweiligen Aufgaben erfüllen und wie Instanzen von Bausteinen zur Laufzeit miteinander kommunizieren. Nutzen Sie solche Szenarien in der Dokumentation hauptsächlich zur besseren Kommunikation mit Ihren Stakeholdern, die statische Modelle weniger verständlich finden.

Tipp IV-86: Ordnen Sie den Aktivitäten innerhalb von Szenarien immer Bausteine zu

Wichtig in der Beschreibung von Laufzeitszenarien ist die eindeutige Abbildung auf Bausteine aus der Bausteinsicht: Szenarien zeigen die Zusammenarbeit von Bausteinen bzw. deren Instanzen.

Dem gegenüber stehen *geforderte Abläufe* aus den Anforderungen an das System: Diese beschreiben grundsätzlich *benötigte* Abläufe, (in der Regel) ohne zu erklären, welche Systemteile die einzelnen Schritte dieser Abläufe realisieren. Die Zuordnung dieser geforderten Schritte auf Bausteine der Architektur gehört zu den Architektur- und Lösungsentscheidungen, die Sie für Ihr System bei Bedarf dokumentieren sollten.

Sie haben mehrere Optionen, diese Zuordnung darzustellen:

- Sequenzdiagramme (siehe unten) heben die betroffenen bzw. aktiven Bausteine klar heraus (siehe Tipp IV-91).
- Bei Aktivitätsdiagrammen können Sie die sogenannten *swimlanes* verwenden, um den Aktivitäten oder Schritten Bausteine zuzuordnen (siehe Tipp IV-93).
- In informellen Flussdiagrammen oder textuellen Beschreibungen müssen Sie die Zuordnung zu Bausteinen ausdrücklich benennen.

Tipp IV-87: Beschränken Sie die Laufzeitsicht auf wenige Szenarien

Beschränken Sie sich in der Laufzeitsicht auf besondere Abläufe, beispielsweise kritische, riskante oder für das Verständnis wesentliche Szenarien!

Tipp IV-88: Zeigen Sie in Szenarien schematische Abläufe

Der schematische Überblick über den Ablauf von Szenarien kann in vielen Fällen bereits ausreichen, um die Funktionsweise oder die Zusammenarbeit von Bausteinen zu erklären.

Gerade Entwickler suchen die Details von Interaktionen ohnehin lieber (und oft effizienter) im Quellcode.

In *schematischen* Abläufen beziehen Sie sich auf höhere Abstraktionsebenen, also beispielsweise auf Bausteine einer übergeordneten Whitebox.

Tipp IV-89: Zeigen Sie in der Laufzeitsicht konkrete (detaillierte) Abläufe

Die ursprüngliche Intention der UML-Sequenzdiagramme war die Darstellung von Interaktionen zwischen konkreten Instanzen. Auf dieser detaillierten Ebene sind Interaktionen sehr konkret: Statt von der Klasse „Person" zu sprechen, erläutern wir z. B. das spezielle Verhalten von „Homer Simpson".

Der Vorteil dieser Detaillierung liegt in der Gründlichkeit und Genauigkeit. Abläufe auf Instanzebene beschreiben das Verhalten des Systems maximal genau: Sie visualisieren damit einzelne Durchläufe des Quellcodes.

Allerdings hat diese Konkretisierung den Nachteil hoher Detaillierung und erzeugt damit größeren Aufwand bei der Erstellung und Pflege solcher Diagramme.

Tipp IV-90: Verwenden Sie Szenarien primär zum „Entdecken" von Bausteinen – weniger zur Dokumentation

Mit Abläufen können Sie die Aufgaben und Verantwortlichkeiten von Bausteinen klären und konkretisieren. Sie können mit der Visualisierung von Abläufen recht einfach ein gemeinsames Verständnis über Bausteine und Abläufe im Team erreichen.

Nutzen Sie dazu ein leichtgewichtiges Werkzeug – etwa Papier oder auch eine textuelle Beschreibung. Mit Modellierungswerkzeugen erzielen Sie zwar optisch schönere und formal korrekte Ergebnisse, aber um den Preis hoher bis sehr hoher Erstellungsaufwände (Details siehe Kapitel VII).

Tipp IV-91: Verwenden Sie Sequenzdiagramme zur Beschreibung von Abläufen

Sequenzdiagramme sind von ihrem Aufbau her leicht verständlich, werden aber bereits bei relativ einfachen Abläufen ziemlich groß. Sie sind aufwendig zu erstellen und zu pflegen – und zeigen daher leichte Tendenzen zur „Veraltung". Setzen Sie sie daher mit Vorsicht ein.

In Sequenzdiagrammen zeigen Sie ganz eindeutig die Zuordnung von Verantwortungen und Aufgaben zu Bausteinen des Systems, was wir als großen Vorteil dieser Diagrammart sehen.

Siehe auch Tipp IV-96.

Tipp IV-92: Dokumentieren Sie Auszüge von Szenarien (partielle Abläufe)

Wir haben viele Sequenzdiagramme analog Bild IV.29 gesehen: Szenarien, die über lange Strecken lediglich Daten propagieren, d. h. uninteressante Dinge tun.

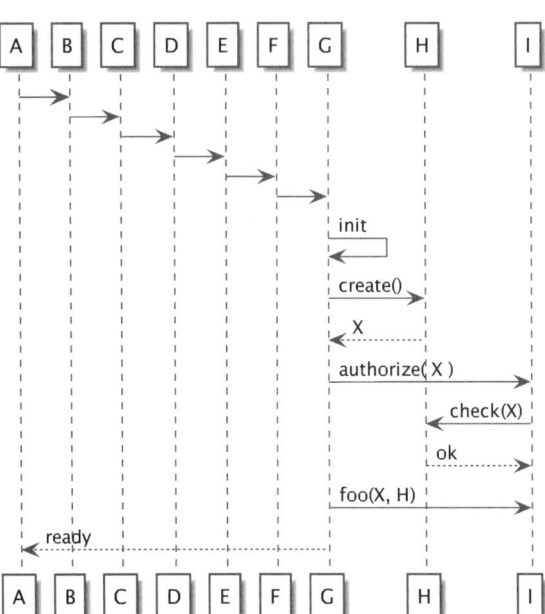

Bild IV.29 Zu langes Szenario mit hohem Anteil an „langweiligen" Teilen

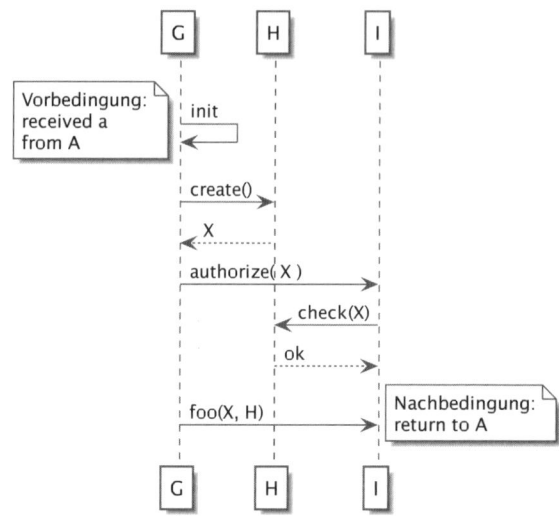

Bild IV.30 Partielles Szenario zwischen G, H und I

Beschreiben Sie Auszüge aus gesamten Abläufen: Beschränken Sie sich auf riskante, schwierige, komplexe oder interessante Teile. Beginnen Sie ruhig „mittendrin", kürzen Sie langweilige, einfache oder offensichtliche Teile der Szenarien lieber weg.

Vergleichen Sie Bild IV.29 und Bild IV.30: Letzteres ist bedeutend schlanker, enthält aber alle interessanten Interaktionen zwischen den Bausteinen G, H und I.

Tipp IV-93: Verwenden Sie Aktivitätsdiagramme mit Swimlanes zur Beschreibung von Abläufen

Swimlanes (Schwimmbahnen) sind der normale Weg, um in UML-Aktivitätsdiagrammen die beteiligten Aktionen zu Bausteinen zuzuordnen. Sie lassen sich auch mit Stift und Papier hervorragend verwenden.

Das Beispiel aus dem nebenstehenden Bild zeigt drei Swimlanes und zugeordnete Aktionen.

Tipp IV-94: Verwenden Sie Aktivitätsdiagramme mit Partitionen zur Beschreibung von Abläufen

Auch hier zeigt ein Beispiel, was wir meinen: Inhaltlich zeigt das nachfolgende Diagramm dasselbe Szenario wie schon Bild IV.31, jetzt aber mit Partitionen statt Swimlanes.

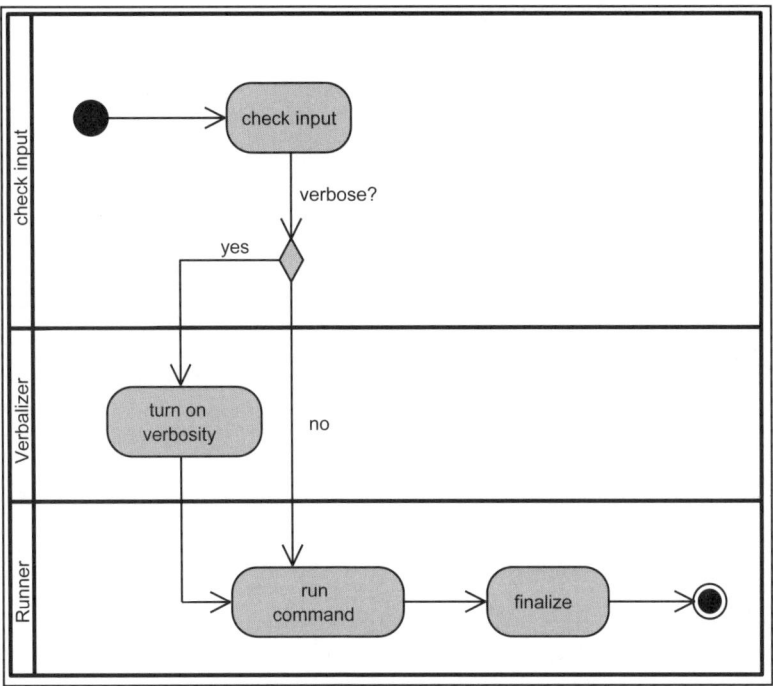

Bild IV.31 Aktivitätsdiagramm mit Swimlanes

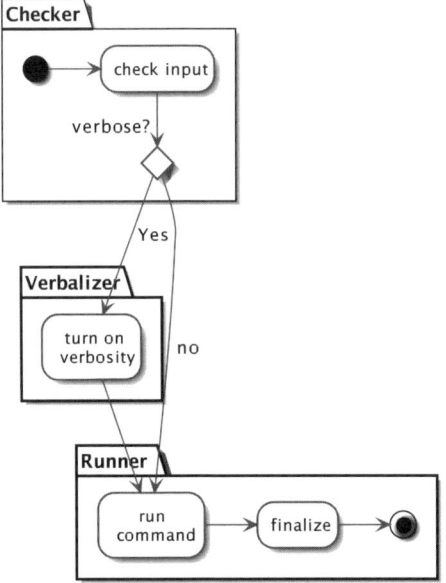

Bild IV.32 Aktivitätsdiagramm mit Partitionen

Tipp IV-95: Verwenden Sie eine textuelle Notation
zur Beschreibung von Laufzeitszenarien

Unser Vorschlag für Entwicklungsteams: Verwenden Sie PlantUML[11] (siehe Kapitel VI). Es bietet eine textuelle Syntax für Sequenz- oder Aktivitätsdiagramme – leicht verständlich und eine schlanke Option zur Diskussion und Visualisierung von Abläufen.

Listing IV.2 Beschreibung eines Sequenzdiagramms in PlantUML

```
@startuml
skinparam componentStyle uml2
actor Admin
participant "Import\nHandler" as IH
participant "ftp-in" as ftp
participant "Optical\nArchive" as OA
participant "Data\nManagement" as DM
participant "Error\nHandler" as EH

Admin -> IH: import( m )
IH -> Configuration: getMandatorCfg
IH -> ftp: readFile
ftp --> IH: file
IH -> OA : storeFile(file)
IH -> IH: setupFilterChain
IH -> IH: unzip(file)
IH -> IH: decrypt(uzFile)

alt parse file
loop all records
IH -> IH: parse record
IH -> DM : store client
else record error
IH -> EH: log record error
end
else file error
IH -> EH: log file error
end

@enduml
```

Das daraus generierte Diagramm finden Sie in Bild IV.33.

Dieser Quelltext ist für Entwickler sehr viel einfacher zu bearbeiten als ein Grafikformat oder gar ein UML-Diagramm eines Modellierungswerkzeugs. Sie können:

- mit dieser DSL sehr leicht diverse Varianten skizzieren und im Team über Vor- und Nachteile diskutieren,
- dieses Format ähnlich wie Quellcode behandeln, in die Versionsverwaltung stecken und mit Ihren bewährten diff/merge-Operationen im Team arbeiten.

---

[11] Siehe http://www.plantuml.com sowie Kapitel 7

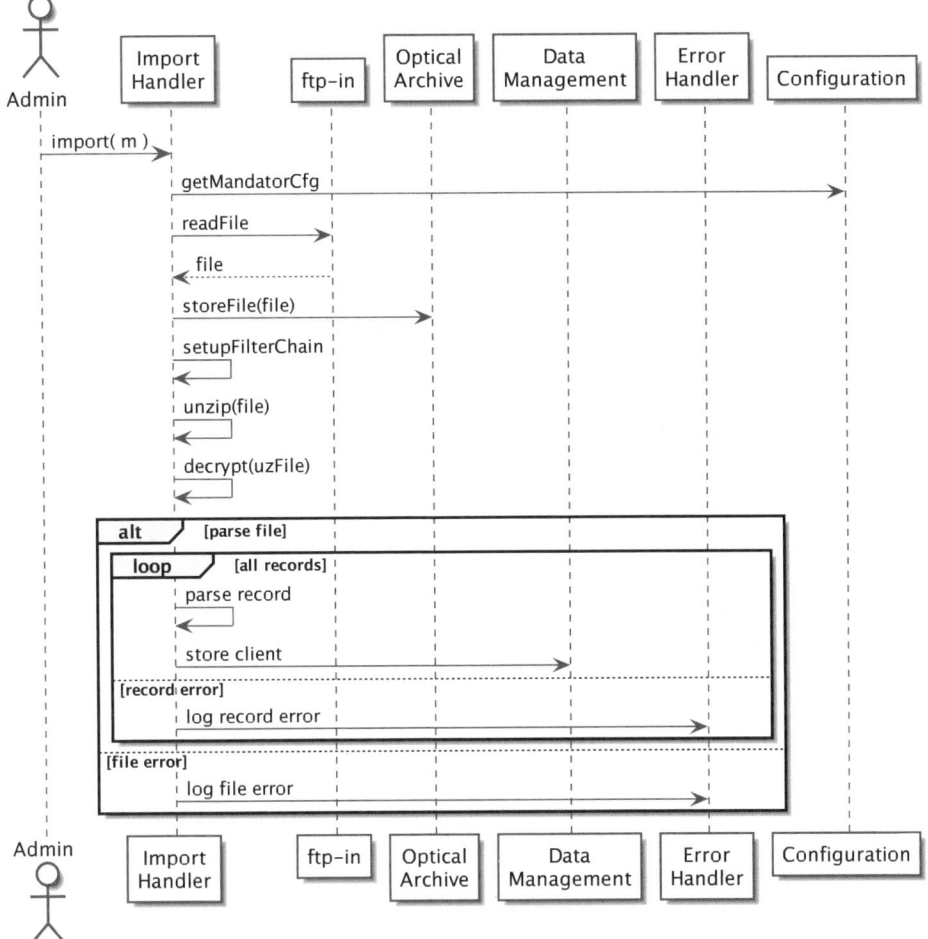

Bild IV.33 Von PlantUML generiertes Sequenzdiagramm

Wenn Sie diese Abläufe dann im Quellcode implementiert haben, können Sie in vielen Fällen diese Sequenzdiagramme wieder löschen und Ihre Dokumentation damit verschlanken.

Wir haben mit PlantUML insbesondere für überschaubare Abläufe (bis maximal 15 Interaktionen) gute Erfahrung in Projekten gesammelt. Die kurzen Erstellungszeiten von Diagrammen machten den fehlenden Einfluss auf Layout und Formatierung fast immer wett.

Tipp IV-96: Mischen Sie große und kleine Bausteine in einem Szenario

Anstatt in Szenarien atomare oder feingranulare Abläufe zu zeigen, sollten Sie unterschiedliche Detaillierungsniveaus verwenden. Damit können Sie auf wichtige Details fokussieren und Ihre Szenarien kompakter halten.

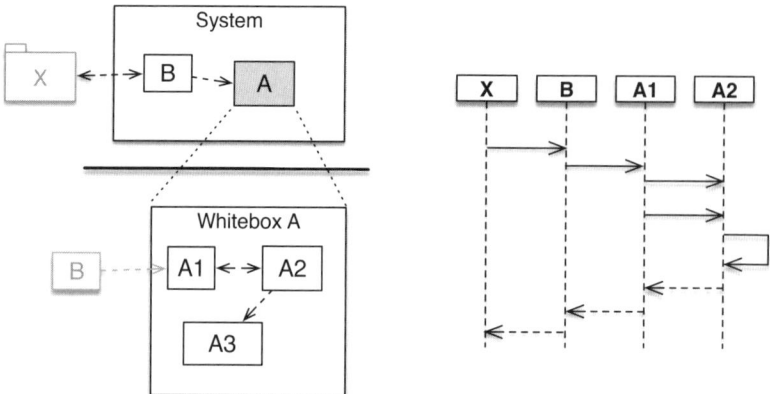

Bild IV.34 Unterschiedliche Detaillierungsgrade in einem Szenario

■ 7 Verteilungssicht

Inhalt

Diese Sicht dokumentiert die technische Infrastruktur, auf der Ihr System ausgeführt wird, mit Rechnern, Prozessoren, Kanälen und Netztopologie sowie sonstigen Bestandteilen. Nutzen Sie die Verteilungssicht insbesondere, wenn Ihre Software auf mehr als einem Rechner, Prozessor, Application-Server oder Container abläuft oder Sie Ihre Hardware sogar selbst konstruieren.

Motivation

Die zugrunde liegende Hardware beeinflusst die Struktur Ihres Systems und/oder querschnittliche Lösungskonzepte – daher müssen Sie diese Infrastruktur kennen.

Tipp IV-97: Zeigen Sie die technische Infrastruktur

Zeigen Sie, auf welcher Hardware (= technische Infrastruktur) Ihr System läuft.

Dazu gehören die Infrastrukturelemente (in UML *Knoten* genannt) und deren Verbindungen (UML: *Kanäle*).

Sie können dazu UML-Deployment-Diagramme verwenden (siehe unten), alternativ auch freie Grafiken wie in der folgenden Abbildung.

Falls Ihre Stakeholder solche grafischen Symbole wünschen:

- Beschränken Sie sich auf wenige Symbole (eine DIN-A4-Seite mit organisationsspezifischen Icons reicht meist aus),
- erklären Sie zentral deren Bedeutung,
- versuchen Sie, diese Diagramme an die Hardware-/Infrastrukturexperten zu delegieren.

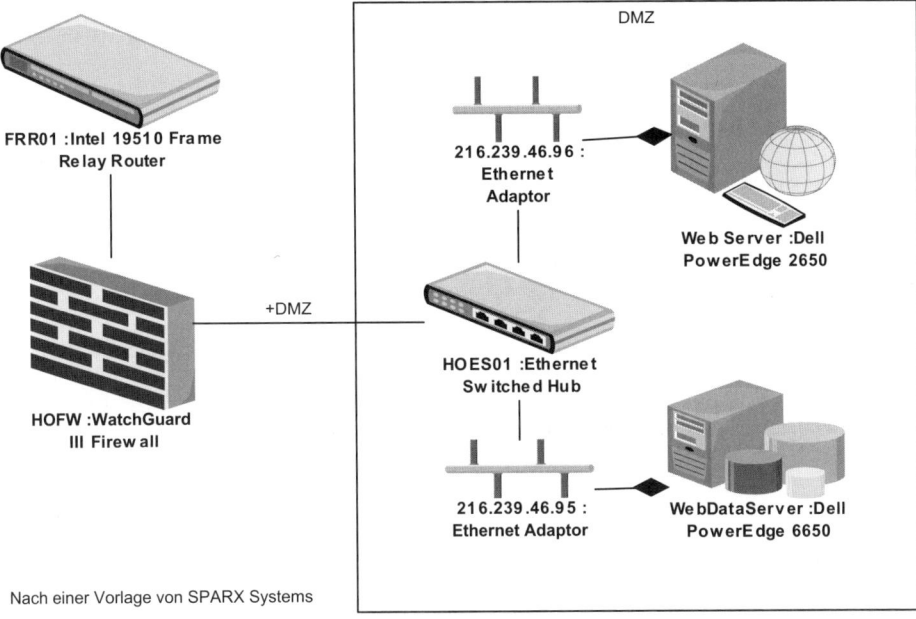

Bild IV.35 Infrastruktur mit grafischen Symbolen

Tipp IV-98: Dokumentieren und motivieren Sie Ihre Infrastrukturentscheidungen

Das Deployment-Diagramm hilft, die Infrastruktur im Überblick zu verstehen. Genau wie in der Bausteinsicht sollten jedoch „hinter" den Symbolen die Designentscheidungen beschrieben werden. Verwenden Sie z. B. als Knoten-Template folgende Einträge:

Tabelle IV.9 Knoten-Template

Knotenname	
Zweck / Verantwortung	Eine kurze (!) Beschreibung von Zweck oder Verantwortung dieses Knotens
Leistungs- merkmale	Bekannte Qualitätsmerkmale und Randbedingungen, wie z. B. Größe des Speichers, maximale Ausbaubarkeit, Rechenleistung, Störanfälligkeit, …
	Oder (wenn der Knoten noch nicht entschieden wurde): geforderte Eigenschaften, geforderter Durchsatz, geforderte Zuverlässigkeit, maximale Kosten, …
Zugeordnete Bausteine	Eine Liste von Bausteinen, die auf diesem Knoten deployed werden sollen
Offene Punkte	

Tipp IV-99: Zeigen Sie die verschiedenen Ablaufumgebungen

Falls Ihr System in unterschiedlichen Umgebungen abläuft, beispielsweise Entwicklung, Test und Produktion/Wirkbetrieb, sollten Sie entweder diese Umgebungen explizit aufzeigen oder zumindest deren relevante Unterschiede darstellen.

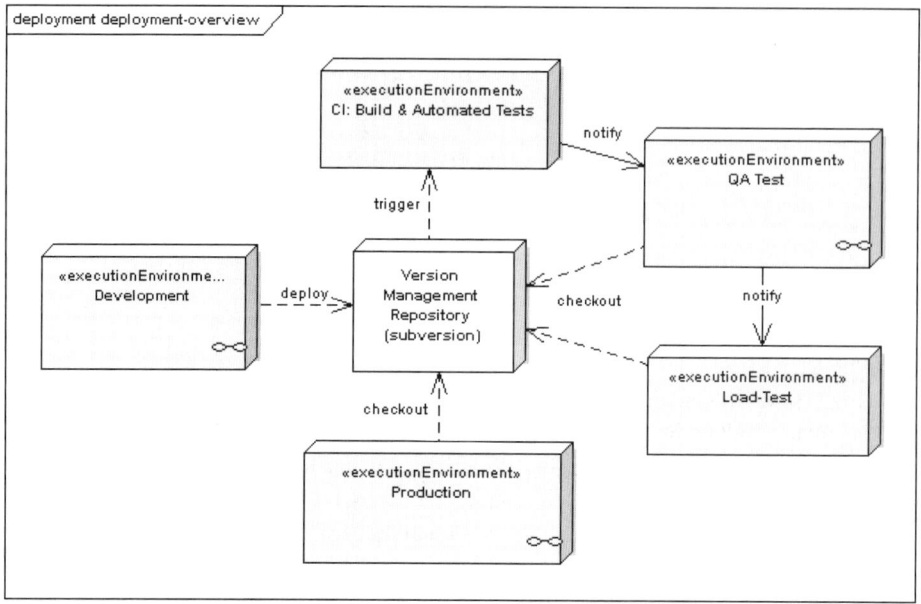

Bild IV.36 Top-Level-Verteilungssicht: Umgebungen

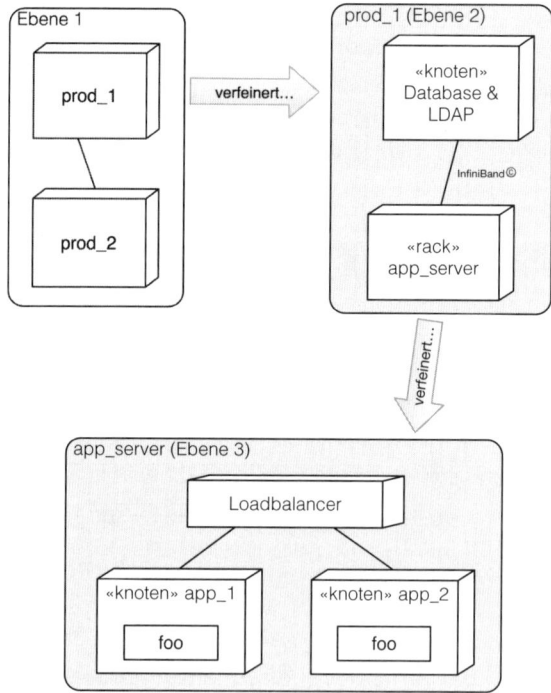

Bild IV.37 Verteilungssicht als Hierarchie

Dazu können Sie die Verteilungssicht hierarchisch (d. h. in mehreren Ebenen) zeigen. Als Beispiel haben wir in Bild IV.36 einige Ausführungsumgebungen mit dem Stereotyp «exectionEnvironment» gekennzeichnet. Das Brillen-Symbol (bei Development, QA-Test sowie Production) deutet an, dass es zu den betreffenden Knoten noch eine Verfeinerung gibt (im Beispiel nicht dargestellt).

Tipp IV-100: Zeigen Sie die Verteilungssicht als Hierarchie

Wie schon die Bausteinsicht können Sie die Verteilungssicht hierarchisch in Ebenen zeigen, was insbesondere bei stark heterogenen oder verteilten Systemen hilfreich sein kann.

Tipp IV-101: Zeigen Sie das Mapping von Bausteinen auf Hardware

Falls Ihr System unterschiedliche Rechner oder Knoten benötigt oder auf unterschiedlichen Knoten abläuft, sollten Sie die Zuordnung von Bausteinen auf diese Hardware erklären.

Stellen Sie das Mapping der Bausteine aus der Bausteinsicht (oder präziser: der *Artefakte*, die aus den Bausteinen entstehen) auf die Elemente der Infrastruktur dar. Das könnte in schwierigen Fällen ein $m:n$-Mapping sein, bei dem es verschiedene Varianten von Deployment-Artefakten gibt. Bitte erklären oder begründen Sie diese Varianten.

In der nachfolgenden Abbildung sehen Sie drei verschiedene Varianten, wie die drei Architekturbausteine A, B und C auf Hardware verteilt werden könnten.

Dieses Mapping können Sie sowohl grafisch wie auch tabellarisch beschreiben (siehe folgende Tipps). Falls Ihr Deployment automatisiert abläuft, könnten Sie diese Mechanismen auch als Konzept in arc42-Abschnitt 8 beschreiben.

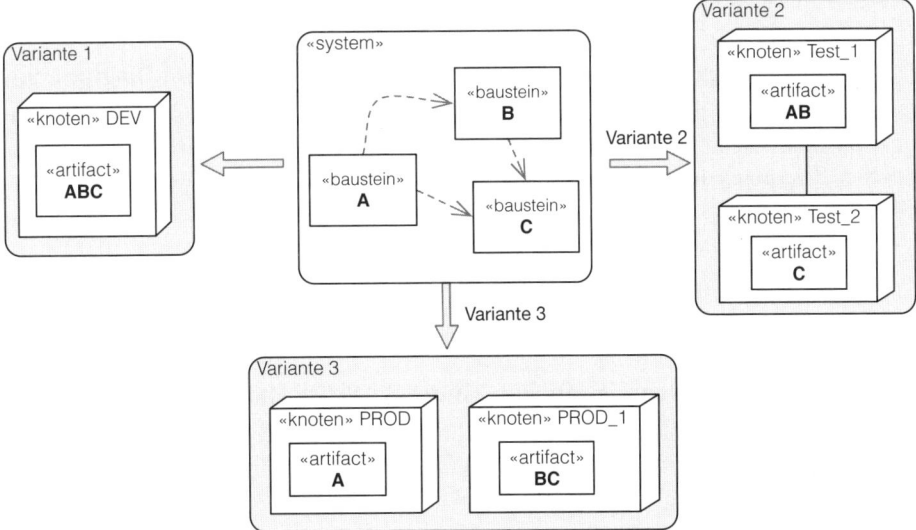

Bild IV.38 Verschiedene Möglichkeiten des Deployments von Bausteinen

Tipp IV-102: Verwenden Sie UML-Deployment-Diagramme für die Software-Hardware-Zuordnung

In Deployment-Diagrammen können Sie sowohl die Struktur der beteiligten Hardware wie auch die Zuordnung von Softwarebausteinen zeigen.

Ein Beispiel finden Sie in Bild IV.39.

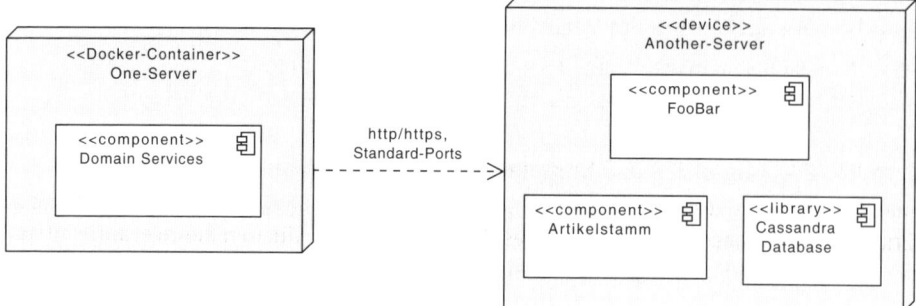

Bild IV.39 Beispiel Deployment-Diagramm

Tipp IV-103: Nutzen Sie Bausteine statt Artefakte in Deployment-Diagrammen

Bild IV.38 und Bild IV.39 unterscheiden sich in der Verwendung der genutzten Symbole: In Ersterem verwenden wir den zusätzlichen Stereotyp «artifact», in Letzterem die Bausteine der Bausteinsicht.

Einfacher ist es, auf den zusätzlichen Stereotyp zu verzichten und im Deployment-Diagramm direkt die Bausteine aus der Bausteinsicht zu benutzen. Aus unserer Sicht ist das in den meisten Fällen ausreichend präzise.

Tipp IV-104: Nutzen Sie Artefakte statt Bausteine in Deployment-Diagrammen

In Bild IV.38 haben Sie drei Varianten des Deployments eines Systems in drei verschiedene Umgebungen gesehen. Dort verwenden wir Artefakte (Stereotyp «artifact»), um auszudrücken, dass Bausteine auf unterschiedliche Art „zusammengebaut" werden.

Verwenden Sie diesen Stereotyp, falls Sie Bausteine in Varianten für verschiedene Deployments vorbereiten (kompilieren, linken, paketieren, konfigurieren etc.).

Sie müssen dann allerdings noch erklären, wie sich Ihre Artefakte aus Bausteinen zusammensetzen (siehe nächsten Tipp).

Tipp IV-105: Verwenden Sie Tabellen für die Software-Hardware-Zuordnung

Alternativ zum grafischen Mapping können Sie die Zuordnung von Software zu Hardware sehr einfach in Tabellen beschreiben. Die Bilder zeigen die Infrastruktur und die Tabelle gibt das Mapping von Bausteinen (bzw. Artefakten) zu Knoten der Infrastruktur an. Als Beispiel verwenden wir den Sachverhalt aus Bild IV.38.

In echten Systemen sollten Sie Ihre Bausteine besser benennen, als wir das hier getan haben ☺.

Manchmal brauchen Sie zusätzlich Mapping-Tabellen für die Datenflüsse bzw. Messages, Calls, ... auf die Kanäle der Infrastruktur (siehe Beispiel in Tabelle IV.4).

Tabelle IV.10 Beispiel für tabellarische Zuordnung Hardware/Software

Knoten	Artefakt	Bausteine
DEV	ABC	A, B, C
Test_1	AB	A
Test_2	C	C
PROD	A	A
PROD_1	BC	B, C

Tipp IV-106: Erklären Sie die Bedeutung Ihrer Knoten

Manche Knoten in Ihrer Infrastruktur werden besondere Bedeutung für Ihr System besitzen. Erklären Sie in diesen Fällen, warum es diese Knoten gibt, für wen sie relevant sind und welche speziellen Eigenschaften sie besitzen.

Tipp IV-107: Erklären Sie, was für den Produktivbetrieb sonst noch erforderlich ist

Die Installation eines Systems in einer Zielumgebung besteht neben dem Kopieren der kompilierten Bausteine oftmals auch noch aus diversen administrativen Aufgaben, beispielsweise:

- Anlegen von Verzeichnissen und User-Accounts im Betriebssystem, Vergabe der notwendigen Zugriffsrechte,
- Erzeugen und Konfigurieren von Datenbanken, Einrichtung und Rechtevergabe zugehöriger Accounts,
- Migration eventuell vorhandener Datenbestände,
- Einrichtung und Konfiguration von Netzwerken, Routern, IP-Adressen, Firewalls und zugehörigen Firewall-Regeln, VPN-Tunneln,
- Einrichtung und Konfiguration benötigter Middleware (z. B. Webserver, Message-Bus, Directory-Service o. Ä.),
- Einrichtung notwendiger Sicherheitsmaßnahmen (z. B. Zertifikate, kryptografische Schlüssel, Festplattenverschlüsselung).

Ja, wir wollen Ihnen Angst machen: Diese Liste geht noch weiter und Sie möchten das sicherlich für Ihr System weitgehend automatisieren.

Wir empfehlen Ihnen, auf die entsprechenden (und hoffentlich wohl dokumentierten) Skripte[12] zu verweisen oder die wesentlichen notwendigen Schritte in Stichworten zu beschreiben.

Tipp IV-108: Überlassen Sie die Infrastruktur Ihren Hardwareexperten

Falls Sie sich primär um die Software kümmern und in Ihrer Organisation für Hardware und Betrieb eigene Personen existieren, so überlassen Sie denen die Dokumentation der technischen Infrastruktur.

---

[12] Falls Sie jetzt an Chef, Puppet, Vagrant, Docker und andere hilfreiche Dinge denken: großartig. Falls Sie von denen noch niemals gehört haben: Die „DevOps"-Bewegung hilft, die Schmerzen beim Deployment von Systemen zu reduzieren.

Übernehmen Sie in Ihre Architekturdokumentation nur diejenigen Informationen oder Diagramme, die das Entwicklungsteam benötigt oder die Grundlage von wichtigen Architekturentscheidungen sind.

■ 8 Querschnittliche Konzepte

Inhalt

Übergreifende, prinzipielle Regelungen und Entscheidungen, die an mehreren Stellen (= *querschnittlich*) im System relevant sind.

Solche Entscheidungen oder Festlegungen betreffen oft mehrere Bausteine. Dazu können vielerlei Themen gehören, beispielsweise:

- fachliche Modelle,
- Regeln für den konkreten Einsatz von Technologien,
- Implementierungsregeln,
- eingesetzte Architektur- oder Entwurfsmuster sowie
- prinzipielle Festlegungen übergreifender Art.

Konzepte können Hintergrundinformationen oder für das Verständnis notwendige Erläuterungen beinhalten.

Motivation

Konzepte bilden die Grundlage für Konsistenz (konzeptionelle Integrität) in der Entwicklung und damit ein wesentliches Fundament für die innere Qualität Ihrer Systeme.

Manche dieser Themen lassen sich nur schwer als Baustein in der Architektur unterbringen (z. B. das Thema „Sicherheit". Hier ist der Platz im Template, wo Sie Konzepte zu derartigen Themen geschlossen behandeln können.

Tipp IV-109: Beschränken Sie die Dokumentation Ihrer Konzepte auf die wichtigsten Themen

In arc42 schlagen wir mehr als 20 solche wiederkehrenden Themen wie Persistenz, Transaktionsbehandlung, Ausnahmebehandlung, Internationalisierung und Sicherheit vor – eine für konkrete Systeme viel zu lange Liste.

Daher sollten Sie zuerst priorisieren: Wählen Sie aus der langen arc42-Liste diejenigen Themen aus, die Sie überhaupt festlegen wollen oder müssen.

Anschließend arbeiten Sie diese Konzepte aus: Erstellen Sie beispielsweise eine Referenzimplementierung oder dokumentieren Sie Konzepte mit Quellcode, erläuternden Texten oder auch Diagrammen.

Tipp IV-110: Erklären Sie bei Konzepten, „wie es geht"

In einem arc42-Konzept sollten Sie konkrete Lösungsansätze oder Lösungsmuster beschreiben. Begründen Sie, wie diese Lösungen im Quellcode angewendet oder umgesetzt werden sollen. Verweisen Sie ruhig auf Teile des Quellcodes (oder inkludieren Sie Teile in die Dokumentation).

Tipp IV-111: Halten Sie Grundlagen oder Hintergrundinformationen knapp

Erklären Sie Hintergrundinformationen nur dann, wenn diese:

- für das Verständnis der Lösungen unbedingt erforderlich sind oder
- relevante Begriffe erläutern, die ansonsten missverstanden werden könnten.

Ansonsten sollten Sie auf Hintergründe oder Grundlagen lieber verweisen, statt diese selbst zu beschreiben.

Im Beispiel von Kapitel II haben wir den Aufbau von URIs als Konzept erklärt (in Abschnitt II.8.2). Viele Webentwickler werden diese Grundlagen kennen – aber in der Dokumentation dieses Systems wollten wir auch weniger web-affine Personen abholen.

Tipp IV-112: Erklären Sie fachliche Modelle

Fachliche Modelle (Daten, Abläufe, Services, Werkzeuge, Materialien) werden sich fast immer in Implementierungen von Bausteinen wiederfinden – das klingt zuerst nach Bausteinsicht: Andererseits werden Sie fachliche Bausteine (z. B. Entitäten, fachliche Datentypen oder fachliche Services) möglicherweise an vielen Stellen der Bausteinsicht *verwenden*, möchten Sie aber redundanzfrei an einer zentralen Stelle *erklären*.

Dazu bietet sich der Konzeptteil von arc42 an: Erklären Sie fachliche Strukturen in arc42-Abschnitt 8.1.

Tipp IV-113: Kombinieren Sie fachliche Modelle mit dem Glossar

Die fachlichen Begriffe und deren Zusammenhänge (siehe voriger Tipp) gehören zu den wichtigsten Teilen Ihrer Architekturdokumentation: Sie sind das Fundament für gemeinsames (fachliches) Verständnis im gesamten Entwicklungsteam und für weitere betroffene Stakeholder.

Sie können fachliche Modelle gut mit dem Glossar (arc42-Abschnitt 12) kombinieren: In den querschnittlichen Konzepten erklären Sie Zusammenhänge, die Definitionen verlagern Sie auf das Glossar. Das funktioniert besonders gut mit Werkzeugen, die Querverweise gut unterstützen.

Im Beispiel aus Kapitel II haben wir die Begriffe des fachlichen Modells als Tabelle beim fachlichen Modell erklärt.

Tipp IV-114: Zeigen Sie das Domänenmodell

Falls Sie bei Entwurf und Entwicklung der Methode des Domain-Driven Design (DDD, siehe [Evans-04]) folgen, entwickeln Sie ein statisch und dynamisch aussagekräftiges Modell Ihrer Fachdomäne, bestehend aus Entitäten, Aggregaten, Services und weiteren DDD-Mustern. Diese bilden die Grundlage der spezifischen Terminologie Ihres Systems, in DDD als *ubiquitous language* (übergreifende Sprache) bezeichnet. Zeigen Sie dieses Modell als Diagramm.

Es gibt einige Alternativen fachlicher Modellierung dazu:

▪ Fachliches Datenmodell, d. h. Beschränkung auf die statischen Aspekte der Fachdomäne

▪ Fachliches Ablaufmodell: Welcher Stakeholder übernimmt welche Aufgaben, welche Werkzeuge benötigt sie/er dazu?

▪ Datenflussmodell: Von welchen fachlichen Prozessen/Aufgaben werden welche Daten verarbeitet?

Tipp IV-115: Erstellen Sie mindestens ein fachliches Datenmodell

Falls Sie kein komplettes Domänenmodell (mit statischen und dynamischen Aspekten) entwerfen können, kann ein fachliches Datenmodell als Fundament der Entwicklung dienen. Es bietet einen Überblick über die grundlegenden Daten(strukturen) des Systems und deren fachlich relevante Beziehungen und Regeln.

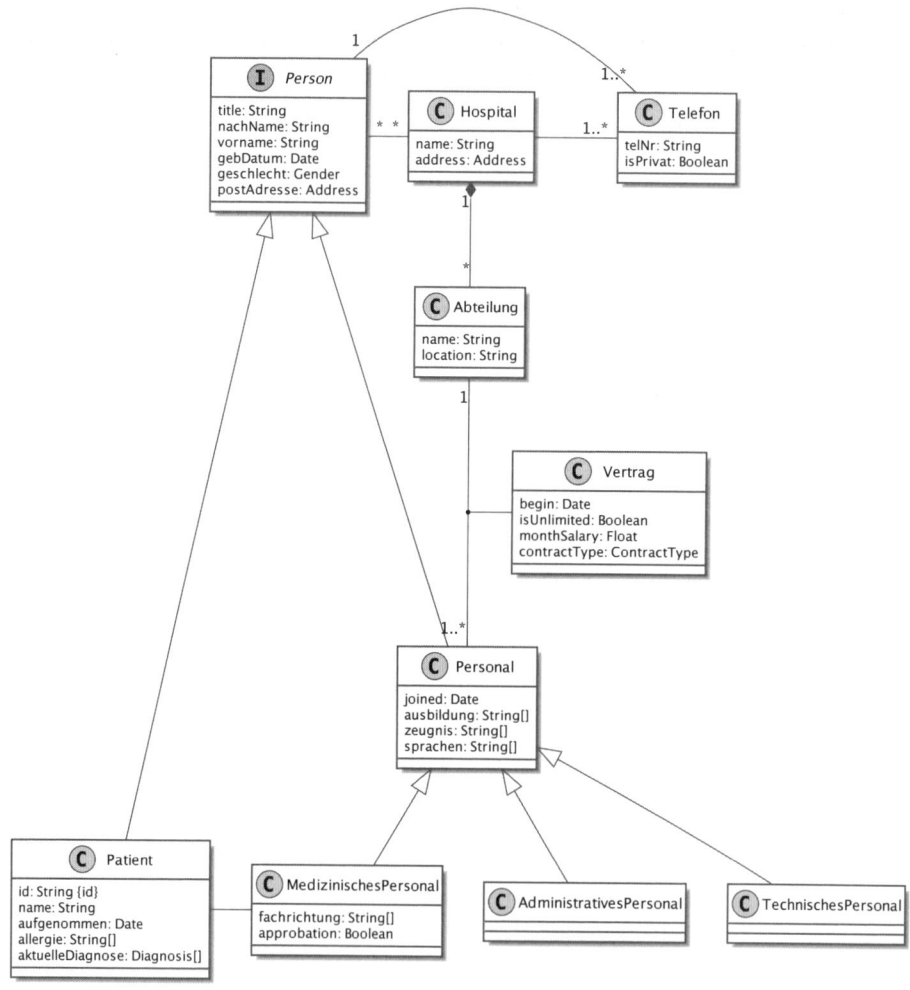

Bild IV.40 Einfaches Beispiel[13] für ein Entity-Modell („Datenmodell")

---

[13] Nach einer Idee von http://www.uml-diagrams.org/

Tipp IV-116: Dokumentieren Sie Konzepte durch Auszüge von Quellcode

„Lang ist der Weg durch Lehren, kurz und wirksam durch Beispiele."
Seneca

Konsumenten Ihrer Konzepte werden oftmals Entwickler sein und die möchten möglichst konkret wissen: „Wie geht das?" Beantworten Sie diese Frage durch Beispiele, am besten mit Quellcode:

- Unit-Tests bieten sich an, weil notwendige Voraussetzungen (setup) sowie Zusicherungen (assert) klar erkennbar sind.
- Im Idealfall inkludieren[14] Sie diesen Quellcode direkt aus Ihrer Versionsverwaltung, damit die Dokumentation stets getesteten und aktuellen Code enthält.
- Falls dieser Automatismus in Ihrer Werkzeugkette nicht funktioniert, verweisen Sie auf relevante Teile des Codes (etwa durch Angabe von Klassen-/Methodennamen).
- Wenn Sie unbedingt Code manuell in die Dokumentation übernehmen möchten, beschränken Sie sich auf Auszüge. Bitte kopieren Sie keine umfangreichen Codefragmente per Copy and Paste in Ihre Dokumentation.

Tipp IV-117: Dokumentieren Sie Konzepte nach dem 4-Quadranten-Modell[15]

Stefan Zörner ([Zörner-15]) empfiehlt das 4-Quadranten-Modell zur Dokumentation von Konzepten. Es umfasst vier Abschnitte (einer pro Quadrant), um unterschiedliche Informationsbedürfnisse zu adressieren (siehe die folgende Abbildung).

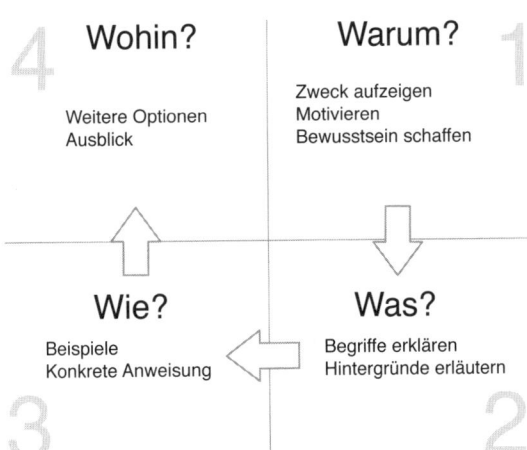

---

[14] In Kapitel VII zeigen wir am Beispiel AsciiDoc, wie solche `includes` funktionieren können.
[15] In der Theorie unter dem Namen 4MAT-System bekannt. Siehe http://www.aboutlearning.com/what-is-4mat

Quadrant	Bedeutung und Inhalt	Mögliche Überschriften in Ihrer Dokumentation
1. Warum?	Worum geht es? Warum ist das Thema relevant?	Motivation, Aufgabenstellung
2. Was?	Für welche Teile/Aspekte des Systems gilt das Konzept? Nennen Sie Einflussfaktoren, die bei der Gestaltung dieses Konzepts wichtig waren. Erklären Sie die Grundzüge der Lösung im Überblick. Literaturhinweise oder Quellenangaben gehören ebenfalls hierhin.	Lösung, Lösungsansatz, Hintergrund
3. Wie?	Beschreiben Sie das Konzept detailliert, geben Sie konkrete Lösungshinweise, eventuell Quellcode, Beispiele oder sogar ein Tutorial.	Beispiele, Anwendung, Schritt-für-Schritt, Umsetzung, konkreter Einsatz
4. Wohin?	Geben Sie einen Ausblick auf mögliche Erweiterungen oder Hinweise, wo dieses Konzept noch einsetzbar wäre.	Nächste Schritte, Erweiterungen, Ausblick

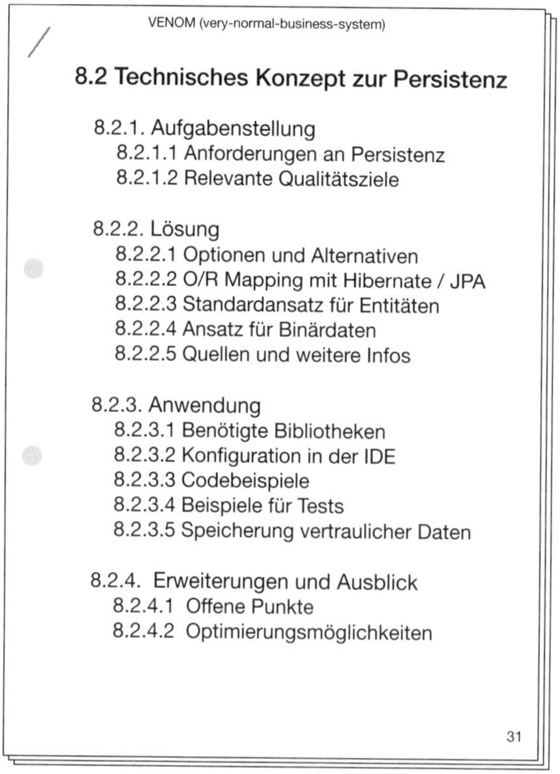

VENOM (very-normal-business-system)

8.2 Technisches Konzept zur Persistenz

8.2.1. Aufgabenstellung
    8.2.1.1 Anforderungen an Persistenz
    8.2.1.2 Relevante Qualitätsziele

8.2.2. Lösung
    8.2.2.1 Optionen und Alternativen
    8.2.2.2 O/R Mapping mit Hibernate / JPA
    8.2.2.3 Standardansatz für Entitäten
    8.2.2.4 Ansatz für Binärdaten
    8.2.2.5 Quellen und weitere Infos

8.2.3. Anwendung
    8.2.3.1 Benötigte Bibliotheken
    8.2.3.2 Konfiguration in der IDE
    8.2.3.3 Codebeispiele
    8.2.3.4 Beispiele für Tests
    8.2.3.5 Speicherung vertraulicher Daten

8.2.4. Erweiterungen und Ausblick
    8.2.4.1 Offene Punkte
    8.2.4.2 Optimierungsmöglichkeiten

31

Bild IV.41 Exemplarische Gliederung eines technischen Konzepts[16]

---

[16] Bild IV.41 ist angelehnt an ein Vorbild aus [Zörner-15].

Tipp IV-118: Dokumentieren Sie Entwurfsentscheidungen statt Konzepte

Konzepte könnten Sie als Entwurfsentscheidungen (arc42-Abschnitt 9) auffassen und damit Dokumentationsaufwand sparen. Faustregel:

```
if (Umfangreiche Erklärung wirklich_notwendig)
    then Konzept
    else Entscheidung.
```

Falls es darum geht, Entwicklungsteams bestimmte Aspekte des Systems zu erklären, kann vorbildhafter Quellcode Teile der Dokumentation ersetzen (siehe oben).

Schon an anderer Stelle (siehe Tipp IV-79) haben wir den Wert automatisierter Tests zur Dokumentation erwähnt. Das kann gleichermaßen auch für manche Konzepte gelten.

Tipp IV-119: Kennzeichnen Sie die *Anwendung* von Konzepten in der Bausteinsicht als Stereotypen

Wenn Sie in arc42-Abschnitt 8 beispielsweise erläutern, wie Ihr System die REST-basierte Kommunikation zwischen Subsystemen implementiert, dann können Sie in der Bausteinsicht alle Stellen markieren, in denen dieses Konzept verwendet (genutzt, angewendet) wird. Dazu bieten sich Stereotypen an.

In Bild IV.42 sind die Schnittstellen zwischen den Bausteinen A, B und C sowie den Ports des gesamten Bausteins Foo über die Stereotypen «java» und «rest» markiert. Im Konzepteabschnitt sollte dann zu diesen Stereotypen die zugehörige Erläuterung stehen.

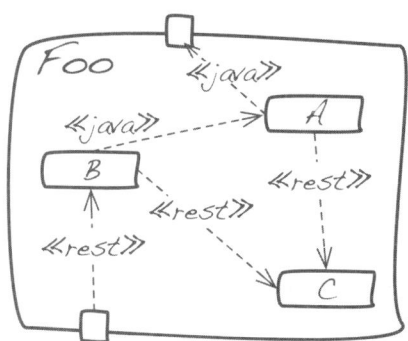

Bild IV.42 Stereotypen kennzeichnen die Anwendung von Konzepten.

Tipp IV-120: Verwenden Sie die Themenvorschläge aus arc42 als Checkliste für Ihre Konzepte

In arc42 finden Sie eine ganze Reihe von Themenvorschlägen zu typischen Konzepten – benutzen Sie dies als Checkliste. Für Ihr System werden nur einige davon relevant sein.

Tabelle IV.11 Themenvorschläge für Konzepte

Persistenz	Benutzungsoberfläche	Ergonomie
Ablaufsteuerung	Transaktionsbehandlung	Sessionbehandlung
Sicherheit	Kommunikation und Integration	Verteilung
Plausibilisierung & Validierung	Ausnahme-/Fehlerbehandlung	Management und Administration
Logging, Protokollierung, Tracing	Geschäftsregeln	Konfigurierbarkeit
Parallelisierung und Threading	Internationalisierung	Migration (von Daten)
Test und Testbarkeit	Skalierung und Clustering	Hochverfügbarkeit
Codegenerierung	Stapel-/Batchverarbeitung	Reporting
Drucken	Archivierung	Buildmanagement

■ 9 Entwurfsentscheidungen

Inhalt

Dieser Abschnitt enthält wichtige, große, teure, riskante oder spezielle Entwurfs- oder Architekturentscheidungen inklusive der jeweiligen *Begründungen*.

Mit „Entscheidungen" meinen wir hier die Auswahl einer von mehreren *Alternativen* unter vorgegebenen *Kriterien*.

Motivation

Sie sollten die wichtigen Entscheidungen verstehen und *nachvollziehen* können.

Tipp IV-121: Halten Sie Kriterien für wichtige Entscheidungen fest

Sie (oder beteiligte Stakeholder) treffen architekturrelevante Entscheidungen in der Regel auf Basis verschiedener Kriterien. Kriterien wiederum können unterschiedlich wichtig sein.

Fragen Sie bei allen betroffenen Stakeholdern nach deren spezifischen Kriterien für wichtige Entscheidungen: Häufig gibt es neben den rein technischen noch organisatorische, formale, wirtschaftliche oder auch juristische Kriterien.

Die Wichtigkeiten können Sie als numerische Gewichte oder kategorisch angeben.

Nachfolgend finden Sie zwei (hypothetische) Mengen von Entscheidungskriterien.

Anmerkung: Beim eigentlichen Treffen der Entscheidungen könnte Ihnen die Pugh-Matrix helfen, die Kriterien und Alternativen systematisch miteinander in Bezug setzt. Details finden Sie unter http://www.decision-making-confidence.com/pugh-matrix.html.

Tabelle IV.12 Beispiel für Entscheidungskriterien (Auswahl Webframework)

ID	Kriterium	Wichtigkeit
K1	Funktionalität: AJAX-Support, Validierungsregeln, i18n	MUSS
K2	Hohe Entwicklungsgeschwindigkeit	
K3	OpenSource-Lizenz, entweder Apache 2.0, MIT oder CreativeCommons Sharealike 4.0	MUSS
K4	Aktive Entwickler-Community (alternativ: renommierter Produkthersteller)	Mittel

Tabelle IV.13 Beispiel für Entscheidungskriterien (Implementierung komplexer Geschäftsregeln für die Risikobewertung bei Kreditvergaben)

ID	Kriterium	Gewicht
K1	Integrationsfähigkeit mit Java-Anwendungen (ohne Verwendung von Java-Native Wrapper, JNI)	100
K2	Hoher Durchsatz (Ausführung von > 150 Regel/Sekunde)	100
K3	Lizenz- bzw. Wartungskosten maximal 3000 €/Jahr	50
K4	Modularisierungskonzept für Regeln	70
K5	Fachbereich ist nach kurzer Einarbeitung in der Lage, Regeln eigenständig anzupassen	20
K6	Regeln lassen sich auf Basis von Objekten/Klassen des Quellcodes formulieren (d. h. Domain-Entities können in Regeln geprüft bzw. manipuliert werden)	40

Tipp IV-122: Begründen Sie Entscheidungen

Das „Warum" einer Entscheidung hilft zum Verständnis oftmals mehr als das reine „Was". Geben Sie daher Begründungen an, zeigen Sie die Herleitung Ihrer Entscheidungen.

Dazu können Sie Ihre expliziten Entscheidungskriterien (siehe vorheriger Tipp) verwenden.

Gründe sind wichtig, um zu späteren Zeitpunkten die Entscheidung nachvollziehen zu können bzw. zu verstehen, welche Kriterien zu dieser Entscheidung geführt haben.

Beispiele solcher Begründungen finden Sie weiter unten, als Mindmap bzw. als Tabelle.

Tipp IV-123: Dokumentieren Sie Entscheidungen als Mindmap

Zur Dokumentation von Entscheidungen gefallen uns sowohl Mindmaps als auch Tabellen (siehe nächster Tipp) gut.

Mindmaps:

- sind optisch ansprechender als reiner Text oder eine Tabelle,
- geben Ihnen die Möglichkeit, auch Querbeziehungen zwischen einzelnen Zweigen darzustellen,
- eignen sich insbesondere für einfachere, kleine Entscheidungen, bei denen Stichworte zur Dokumentation ausreichen.

Nachfolgend finden Sie eine Entscheidung als Mindmap dokumentiert.

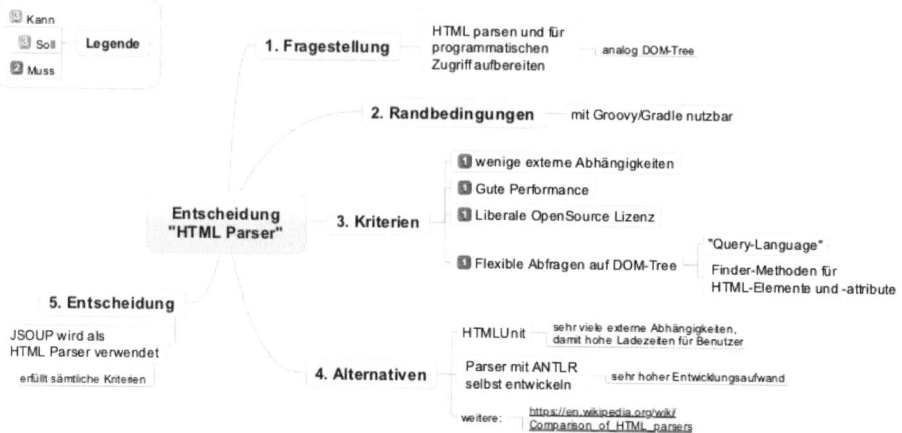

Bild IV.43 Entscheidung „HTML-Parser" als Mindmap

Tipp IV-124: Dokumentieren Sie Entscheidungen als Tabelle

Auch Tabellen eignen sich hervorragend, um Entscheidungen zu dokumentieren. Gegenüber Mindmaps (siehe vorheriger Punkt) bieten sie sich für ausführliche oder große Entscheidungen an, die eine etwas umfangreichere Begründung benötigen.

Tabellen:

- können Sie sehr einfach erstellen,

- bleiben auch bei längeren Kriterienlisten oder umfangreichen Begründungen übersichtlich.

Nachfolgend finden Sie eine Entscheidung als Tabelle dokumentiert.

Tabelle IV.14 Entscheidung „HTML-Parser" als Tabelle

Fragestellung	HTML (aus Dateien oder Strings) parsen und für programmatischen Zugriff (à la DOM-Tree) aufbereiten
Kriterien	• wenig/keine externen Abhängigkeiten • gute Performance (> 100 kB/Sek.) • liberale Open-Source-Lizenz • Finder-Methoden für HTML-Elemente und -Attribute • flexible Abfragen möglich • (alle identisch gewichtet)
Alternativen	• Jsoup • HTMLUnit: viele Abhängigkeiten, langsam, für anderen Anwendungszweck entwickelt • Parser mit ANTLR selbst entwickeln: hoher Aufwand
Entscheidung	Jsoup erfüllt sämtliche Kriterien.

Tipp IV-125: Dokumentieren Sie Entscheidungen als *Architecture Decision Record* (ADR)

Michael Nygard hat schon 2011 vorgeschlagen, wichtige Architekturentscheidungen in Pattern-Form festzuhalten[17]:

- Titel: kurzer Satz, nur Substantive
- Kontext: Welche Kräfte wirken, was/wer nimmt Einfluss auf die Entscheidung?
- Entscheidung: Beschreiben Sie die Entscheidung in vollständigen Sätzen.
- Status: Vorgeschlagen, Angenommen, Abgelehnt, Deprecated, Veraltet ...
- Konsequenzen: positive und negative Folgen der Entscheidung

Sie können diese ADR-Form sehr gut als Tabelle beschreiben. Manchmal tun mir die fehlenden Entscheidungskriterien etwas weh – vielleicht bin ich empfindlich ...

Tipp IV-126: Dokumentieren Sie verworfene Alternativen

Führen Sie in Stichworten diejenigen Alternativen auf, die Sie verworfen haben. Ergänzen Sie insbesondere Hinweise, aus welchen Gründen Sie sich gegen diese entschieden haben.

Tipp IV-127: Dokumentieren Sie die Entscheidung informell als Blog

Im normalen Entwicklungsalltag fallen vielerlei Entscheidungen an, die Sie *nicht* in der Architekturdokumentation aufheben möchten. Wir fanden einen Blog (RSS-Feed) gut, um die eher kleinen Entscheidungen im Team zu publizieren – und mit dem Feed ja ebenfalls zu archivieren.

■ 10 Qualitätsszenarien

> **Inhalt**
>
> Explizite Qualitätsziele als Qualitätsbaum mit Szenarien: Der arc42-Abschnitt 10 (Qualitätsszenarien) ist ein Sammelbecken für alle bekannten Qualitätsziele, die Sie nicht in den arc42-Abschnitt 1.2 aufnehmen möchten oder können. Dazu zählen beispielsweise Qualitätsziele geringerer Priorität oder solche, deren (Nicht)Einhaltung/Erreichung geringe Risiken aufweist.
>
> **Motivation**
>
> Bereits in Kapitel IV.1.2 haben wir auf die Notwendigkeit expliziter Qualitätsziele oder -anforderungen hingewiesen.

---

[17] (siehe http://thinkrelevance.com/blog/2011/11/15/documenting-architecture-decisions)

Tipp IV-128: Halten Sie die Einführung (arc42-Abschnitt 1) kurz

Hier in ar42-Abschnitt 10 können Sie ausführlich und umfangreich alle bekannten Qualitätsanforderungen beschreiben. In der Einführung (arc42-Abschnitt 1) wurde ja Sparsamkeit und Kürze angeraten ...

Wir haben an Systemen gearbeitet, bei denen viele Dutzend, teilweise mehr als Hundert Qualitätsszenarien relevant waren. Für solche Fälle bietet sich dieser arc42-Abschnitt 10 an.

Tipp IV-129: Zeigen Sie Ihren spezifischen Qualitätsbaum

In arc42-Abschnitt 1.2 haben wir Ihnen (sparsam) dazu geraten, die Hitparade der drei bis fünf wichtigsten Qualitätsziele/-szenarien mit Prioritäten tabellarisch darzustellen.

Hier gehen wir weiter: Stellen Sie (grafisch!) Ihre wichtigsten Qualitätsziele als Baum oder Mindmap dar und ordnen Sie Ihre Szenarien in diesen Baum ein[18].

Ein solcher Baum bietet einen guten Überblick und kann auf einen Blick zeigen, wo Schwerpunkte liegen. In einer Liste mehrerer Dutzend Szenarien ist dies kaum möglich.

Tipp IV-130: Zeigen Sie den Qualitätsbaum als Mindmap

In Mindmaps können Sie Ihre Q-Ziele und -Szenarien hierarchisch anordnen und über Querverweise miteinander in Beziehung setzen. Auf vielen Betriebssystemen sind dafür bedienerfreundliche Werkzeuge verfügbar. Siehe auch Kapitel VI.7 (Mindmapping-Werkzeuge).

Ein Beispiel finden Sie in Bild IV.44: Beachten Sie darin die Querverweise auf die betreffenden Szenarien (als S01, S02 unterhalb der Zweige notiert). Die kleinen +-Zeichen neben den Hauptzweigen deuten an, dass es noch weitere Unterpunkte gibt (aus visuellen Gründen hier im Beispiel weggelassen).

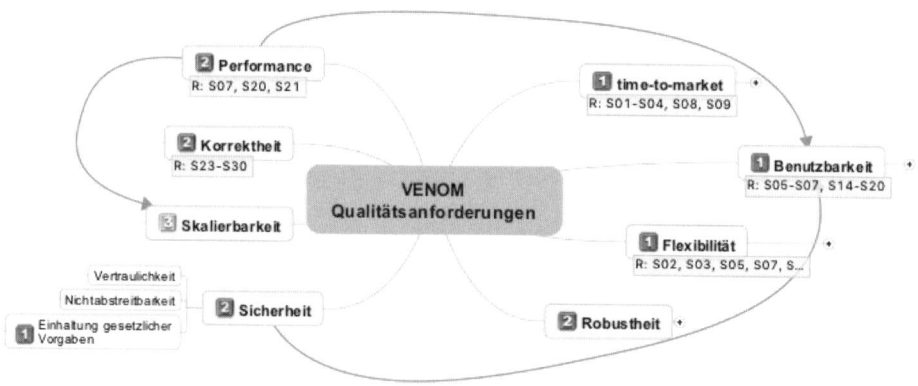

Bild IV.44 Qualitätsbaum als Mindmap

---

[18] Das Resultat ist als *Quality-* oder *Utility-Tree* in der Literatur bekannt, siehe [Clements+11] oder [Zörner-15].

Tipp IV-131: Benutzen Sie den Qualitätsbaum als Checkliste

Die Übersichtlichkeit eines (grafischen) Baums oder Mindmaps können Sie nutzen, um mögliche Lücken in den Qualitätsanforderungen zu finden:

Beginnen Sie mit dem ISO-25010-Qualitätsbaum (den finden Sie in Bild IV.5) und ordnen Sie die Szenarien in diesem Baum ein. Falls anschließend einzelne Hauptzweige noch leer sind, kann das ein Indikator für vergessene Qualitätsanforderungen sein.

Im Beispiel von Bild IV.45 gibt es für die Top-Level-Merkmale „Security" (Sicherheit) und „Transferability" (Übertragbarkeit) keine Unterziele bzw. Szenarien. Ihre Stakeholder müssten in diesem Fall entscheiden, ob diese Themen nicht relevant sind oder die entsprechenden Szenarien schlichtweg noch fehlen ...

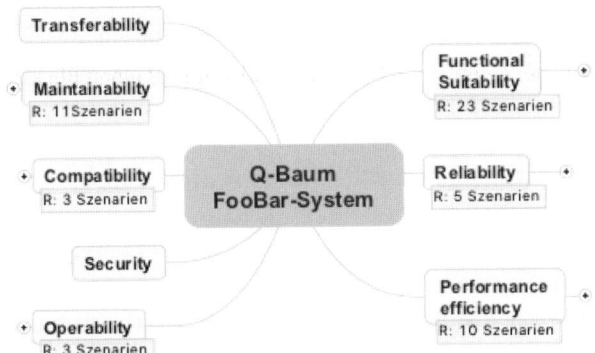

Bild IV.45 Beispiel: Vergessene Qualitätsziele?

Tipp IV-132: Berücksichtigen Sie Anwendungsszenarien

Viele Qualitätsanforderungen werden sich auf die Anwendung des Systems beziehen: Manche Autoren nennen das die *externe* oder *extern sichtbare* Qualität. Dabei geht es um Qualitätsmerkmale wie beispielsweise Funktionalität, Verarbeitungsgeschwindigkeit, Korrektheit von Berechnungen, Robustheit bei Fehleingaben oder in Krisensituationen oder auch Sicherheit.

Anwendungsszenarien beschreiben, wie sich das System bei der Nutzung durch menschliche Anwender oder via elektronischer Schnittstellen verhält. Solche Szenarien werden Sie fast automatisch finden.

Beispiele:

- Die Ausführung der Aktion XYZ an der grafischen Oberfläche dauert maximal eine Sekunde.
- Nach dem erfolgreichen Login bekommt ein Benutzer unmittelbar die Übersichtsdarstellung aller bisherigen Buchungen angezeigt.
- Administratoren des Systems können mit maximal fünf Klicks die GUI zur Änderung der Benutzerrechte erreichen.

Tipp IV-133: Berücksichtigen Sie Änderungsszenarien

Neben den Anwendungsszenarien sollten Sie auch Änderungen am System oder an dessen Infrastruktur berücksichtigen. Hierunter fallen insbesondere Erweiterungen oder Änderungen der benötigten Funktionalität oder auch Anpassungen an geänderte Qualitätsanforderungen (etwa: Service-Level Agreements, SLAs).

Hierunter fallen insbesondere die für Softwarearchitekten wichtigen Merkmale der Wartbarkeit, Änderbarkeit und Flexibilität.

Beispiele:

- Die Integration eines neuen externen Bezahldienstes ist mit maximal fünf PT Entwicklungsaufwand möglich.
- Das Datenformat des jährlichen Buchungsreports kann innerhalb von 80 Arbeitsstunden auf das jeweils gültige gesetzliche Format angepasst werden.
- Das System muss auf den Datenbanksystemen DB2, Oracle sowie MySQL ohne Änderungen einsetzbar sein.
- Aktualisierungen des Build-Systems und der Continuous-Integration-Infrastruktur haben keinerlei Einfluss auf das System.

Tipp IV-134: Berücksichtigen Sie Stress- und Fehlerszenarien

Sie kennen Murphys Gesetz[19]? Dinge werden versagen, Fehler werden auftreten. Dokumentieren Sie, welche Arten oder Kategorien von Fehlern Ihr System behandeln muss bzw. behandelt.

Beispiele:

- Das System erkennt den Ausfall des (externen) Bezahldienstes und informiert alle aktuell angemeldeten Benutzer zum frühestmöglichen Zeitpunkt.
- Im Falle nicht behandelbarer Anwendungsfehler (z. B. kritische Exceptions) löst das System Logging-Events aus. Diese Events enthalten keine kundenbezogenen Daten der Datenschutzklassen 1 (personenbezogene Daten) oder höher.

Tipp IV-135: Nutzen Sie diese Qualitätsszenarien zur systematischen Architekturbewertung

Verwenden Sie die Gegenüberstellung von Qualitätsanforderungen und Lösungsmaßnahmen als Grundlage der systematischen Architektur- und Systembewertung. Darstellungen wie beispielsweise Tabelle IV.6 helfen auch externen Auditoren oder Bewertungsteams dabei, das System qualitativ zu bewerten.

---

[19] https://de.wikipedia.org/wiki/Murphys_Gesetz

■ 11 Risiken und technische Schulden

Inhalt

Die Übersicht der bekannten Risiken und technischen Schulden enthält neben den Architektur- und Implementierungsrisiken auch solche der technischen Infrastruktur, der Projektorganisation oder auch der fachlichen Grundlagen des Systems. .

Motivation

Sie sollten die Risiken Ihres Systems kennen, damit Sie zukünftige Probleme adressieren können. Weiterhin möchten Sie als Softwarearchitekt Ihre Management-Stakeholder (etwa Projektleiter, Product-Owner, Produktverantwortliche) beim Risikomanagement unterstützen.

Tipp IV-136: Suchen Sie Risiken mit unterschiedlichen Stakeholdern

Suchen Sie in der Breite nach Risiken: Diskutieren Sie Risiken mindestens mit dem Projekt- oder Linienmanagement (die es auch in agilen Projekten meistens gibt), dem Entwicklungsteam, den Hardware- und Betriebsexperten sowie weiteren Stakeholdern.

Tipp IV-137: Suchen Sie an externen Schnittstellen nach Risiken

Manche externen Schnittstellen bergen große Risiken für die Qualitätsziele Ihres Systems, beispielsweise hinsichtlich Verfügbarkeit, Robustheit oder Sicherheit (siehe Tipp IV-32).

Tipp IV-138: Identifizieren Sie Risiken durch qualitative Architekturbewertung

Manche Risiken ergeben sich aus dem Vergleich der Architektur bzw. deren Implementierung mit den Qualitätszielen (siehe arc42-Abschnitt 10 sowie die Kurzfassung aus arc42-Abschnitt 1.2).

Siehe auch Tipp IV-135.

Tipp IV-139: Untersuchen Sie Prozesse auf mögliche Risiken

Manche Risiken könnten in Prozessen liegen, die mit dem System zusammenhängen. Beispiele:

- *Anforderungsprozesse:* Kommen Anforderungen beispielsweise nur auf verschlungenen Pfaden bei Ihnen an, könnte das ein Risiko darstellen.

- *Release- oder Betriebsprozesse:* Ist es organisatorisch oder technisch aufwendig, das System in den Betrieb zu übernehmen (oder auf der Zielhardware ans Laufen zu bringen) – auch da könnten Risiken liegen.

■ 12 Glossar

> **Inhalt**
>
> Die wesentlichen fachlichen und technischen Begriffe, die Stakeholder im Zusammenhang mit dem System verwenden, etwas genauer formuliert: klare Definitionen, so dass alle Beteiligten
>
> (1) diese Begriffe identisch verstehen und
>
> (2) vermeiden, mehrere Begriffe für die gleiche Sache zu haben.
>
> **Motivation**
>
> Das Glossar ist eine Ausprägung unseres Ratschlags *„besser explizit als implizit"* – weil es Begriffen explizit Bedeutung zuordnet. Diese Begriffe sind fundamental wichtig zur Kommunikation mit den Stakeholdern.

Tipp IV-140: Nehmen Sie das Glossar ernst

Nehmen Sie die (hohe) Bedeutung dieses Abschnitts der arc42-Dokumentation ernst! Während der Projektarbeit *scheinen* diese Begriffe oft selbstverständlich – mit Ausnahme für neue Mitarbeiter oder externe Partner – insbesondere falls diese Personen erst später dazukommen.

Falls Sie uns nicht glauben: Lassen Sie Ihre Teamkollegen mal die wichtigsten drei Fachbegriffe in ein bis zwei Sätzen definieren. Falls Sie gravierende Unterschiede finden, hatten wir wohl Recht ☺.

Ein Glossar kann entfallen, wenn Sie anderweitig über ein gepflegtes Projektglossar verfügen (aber auch NUR dann!).

Tipp IV-141: Beschreiben Sie das Glossar als Tabelle

Beschreiben Sie das Glossar als alphabetisch sortierte Tabelle mit den wichtigsten Begriffen, die in Entwurf oder Implementierung verwendet wurden. Alternativ ist auch ein fachliches Modell (zweidimensionales Lexikon) möglich, das neben den Begriffen ebenso deren inhaltliche Zusammenhänge aufzeigt. Das Glossar weist eine wesentliche Überdeckung mit der *„ubiquitous language"* aus dem Domain-Driven-Design auf – siehe arc42-Abschnitt 8 (Konzepte).

Tipp IV-142: Halten Sie das Glossar kompakt

Halten Sie die Anzahl der hier erklärten Begriffe im Rahmen: Für viele Systeme haben wir mit zehn bis 30 Begriffen genug Einführung geben können. Sie wollen keine Enzyklopädie schreiben ☺.

Tipp IV-143: Das Glossar enthält relevante Begriffe, keine Trivia

Nehmen Sie ins Glossar *spezifische* Begriffe des Systems und des fachlichen oder technischen Umfelds auf.

Dass die Abkürzung „UML" für Unified Modeling Language steht, brauchen Sie wahrscheinlich nicht im Glossar zu erklären. Dass Java eine Programmiersprache ist – ebenfalls nicht relevant.

Tipp IV-144: Lassen Sie Ihren Product-Owner das Glossar verantworten

In agilen Projekten könnte ein *Product-Owner* das Glossar verantworten und pflegen, in eher klassischen Projekten dürfen das Projektleitung oder fachlich Verantwortliche übernehmen.

V arc42 im Alltag

In diesem Kapitel finden Sie Tipps für den Umgang mit arc42 im Arbeitsalltag:

- Guter Start mit arc42: Sie erhalten Tipps für den Einsatz und die Einführung von arc42 in Ihrem Entwicklungsteam. Dinge, auf die Sie bei Ihrer Dokumentation in jedem Fall achten sollten.
- arc42 für bestehende Systeme: Sie haben ein System, aber schlechte Dokumentation? Hier finden Sie Wege zur Abhilfe.
- arc42 auf der grünen Wiese: Sie dürfen ein neues System bauen – und möchten von Anfang an arc42 verwenden.
- arc42 für agile Projekte: Agilität und angemessene Dokumentation passen gut zusammen.
- arc42 für sehr große Systeme: So skalieren Sie arc42 auf viele Teams oder besonders umfangreiche Systeme.

Ziel der arc42-Dokumentation ist die Schaffung nutzbringender, langfristig wertvoller architektur- und entwicklungsrelevanter Informationen über ein IT-System. arc42 hilft Ihnen dabei, unabhängig von Ihrem Entwicklungsvorgehen und der Art Ihres Systems.

Ziel ist es hingegen *nicht*, das arc42 Template möglichst komplett oder vollständig zu bearbeiten.

Allem voran gelten die zentralen Tipps aus Kapitel III: Dokumentieren Sie sparsam und an konkreten Bedürfnissen Ihrer Stakeholder orientiert.

Weiterhin möchten wir Sie daran erinnern, in einer für Sie und Ihr System passenden Reihenfolge zu arbeiten – üblicherweise *nicht* in der Reihenfolge der arc42-Abschnitte. Anders ausgedrückt: Die arc42-Abschnitte geben Ihnen *keine* Arbeitsreihenfolge vor!

■ V.1 Guter Start mit arc42

Wir möchten hier noch mal an Tipp III-1 erinnern, der *eine verantwortliche Person* (Doku-Gärtner) vorschlägt. Diese Person darf im Team Dokumentationsaufträge vergeben oder solche ins Backlog aufnehmen. Sie soll *nicht* sämtliche Inhalte erstellen! In Tipp III-7 hatten wir das so formuliert:

> *Die eine verantwortliche Person (der Doku-Gärtner aus Tipp III-1) sollte ... arc42 ... gemeinsam mit dem Team angemessen mit Inhalt füllen.*

Tipp V-1: Klären Sie explizit die Zielgruppen der Dokumentation

Erarbeiten Sie, am besten gemeinsam mit Ihrem Management[1], eine Übersicht der relevanten Stakeholder des Systems – das ist der Ihnen bereits bekannte arc42-Abschnitt 1.2 (Stakeholder).

Bitte klären Sie explizit mit diesen Zielgruppen deren konkrete Informationsbedürfnisse bezüglich der Architektur und ihrer Dokumentation.

Siehe dazu auch Tipp III-3 (über frühzeitiges Feedback zur Angemessenheit).

Tipp V-2: Verwenden Sie bestehende Beispiele als Starthilfe

Es gibt mittlerweile einige öffentlich verfügbare arc42-Beispiele für unterschiedliche Systeme.

- eCommerce (VENOM): https://github.com/aim42/venom-example
- Datenmigration, enthalten in [Starke-15]
- Mehrere Beispiele gesammelt als e-Book unter https://leanpub.com/arc42byexample/c/aktion42

Tipp V-3: Löschen Sie Teile, die Sie nicht benötigen

Passen Sie Ihre Dokumentation den Bedürfnissen an, indem Sie nicht benötigte Teile oder Abschnitte löschen, sich also das Template spezifisch zurechtschneidern (*tailoring*).

Achtung: Damit ändern Sie möglicherweise die Gesamtstruktur Ihrer Dokumentation, d. h. auch die Nummerierung der arc42-Abschnitte. Das kann den Wiedererkennungseffekt zwischen verschiedenen Systemen etwas beeinträchtigen.

Tipp V-4: Ergänzen Sie Abschnitte, die Ihnen in arc42 fehlen

Es könnte sein, dass Sie umgekehrt zum vorstehenden Tipp erweitern müssen: Vielleicht fehlen in arc42 für Ihren spezifischen Einsatzzweck einige Informationen oder sie sind nicht angemessen priorisiert.

Wir haben folgende Anpassungen als hilfreich erlebt bzw. durch Nutzer davon erfahren:

- Fachliche Modelle (z. B. fachliche Daten- oder Entity-Modelle) als Top-Level, parallel (und zusätzlich) zur Bausteinsicht. Falls Sie sehr datenorientiert arbeiten (müssen) oder in

---

[1] Dazu zählen wir beispielsweise die Projektleitung, aber auch Product-Owner, Produkt- oder Systemverantwortliche etc.

Ihrer Domäne besonders große oder komplexe Datenstrukturen vorkommen, könnten Sie durch einen solchen Top-Level-Abschnitt über fachlichen Strukturen deren Wichtigkeit herausstellen bzw. den Fokus von Stakeholdern darauf lenken.

- Bildschirm- oder User-Interface-Layout als eigene Sicht, ebenfalls als einen neuen Top-Level-Abschnitt, falls Sie wichtige Entscheidungen oder Konzepte aus solchen (grafischen, Layout-, Typografie- oder anderen visuellen) Themen ableiten. Kann ebenfalls hilfreich sein, wenn Sie beispielsweise ein Maskenlayout intensiv mit Stakeholdern diskutieren und abstimmen müssen.

- (Technische) Datenmodelle: Falls Ihre Organisation sehr *datenlastig* arbeitet, könnte ein eigenständiger Abschnitt über das Datenmodell in der Dokumentation Ihres Systems helfen. Normalerweise gehören diese Infos in die Bausteinsicht oder die Konzepte.

- Informationen für Entwickler (Developer-Guide), sofern Sie keine eigenständige Dokumentation dafür haben. Wir empfehlen allerdings, diese Infos separat zu halten.

Tipp V-5: Kennzeichnen Sie Teile, die Sie momentan nicht benötigen

Für Systeme mit höheren Ansprüchen an formale Dokumentation sollten Sie im arc42 Template die nicht benötigten oder aktuell weniger wichtigen Bereiche kennzeichnen (anstatt sie zu löschen, wie wir das in Tipp V-3 vorgeschlagen). Fügen Sie dazu in die jeweiligen arc42-Abschnitte entsprechende Hinweise ein, etwa in der folgenden Form:

- «zurzeit nicht benötigt» oder

- «erst ab Version 2.2 benötigt»,

- «absichtlich freigelassen, siehe XYZ», wobei XYZ ein Verweis auf eine entsprechende Erläuterung sein sollte.

Tipp V-6: Bereiten Sie ein arc42 „Repository" für das Team vor

Das Team soll laufende Software entwickeln und sich nicht mit dem Aufsetzen von Dokumentationswerkzeugen aufhalten. Treten Sie in Vorleistung und bereiten Sie alles vor, was das Team zum effizienten Erstellen und Pflegen von arc42-Dokumentation benötigt. Die konkrete Ausgestaltung dieses Tipps hängt von Ihrer Werkzeugkette ab (siehe Kapitel VI).

Mit „Repository" meinen wir alle Medien oder Werkzeuge, in denen Ihr Team Dokumentation erstellt oder pflegt – je zentralisierter und einheitlicher, desto besser.

Sie könnten Folgendes erledigen:

- Legen Sie einen Wiki-Space für die projektbezogenen (kurzfristigen) Informationen an. Ein Teil davon sollte analog arc42 strukturiert sein.

- Legen Sie ein vorstrukturiertes Modell für Ihr UML-/Modellierungswerkzeug an.

- Legen Sie ein Dokument für arc42 an, entweder in der Textverarbeitung Ihrer Wahl oder als Markdown/AsciiDoc.

Füllen Sie ein solches Repository mit den Inhalten, die Ihnen bei Projektstart bereits bekannt sind oder die beteiligte Personen unbedingt kennen müssen.

In Tipp III-7 haben wir Ihnen vorgeschlagen, Projekt- und Systemdokumentation zu trennen – das sieht dann aus wie in Bild V.1 (das Sie in Kapitel III bereit schon mal gesehen haben ...).

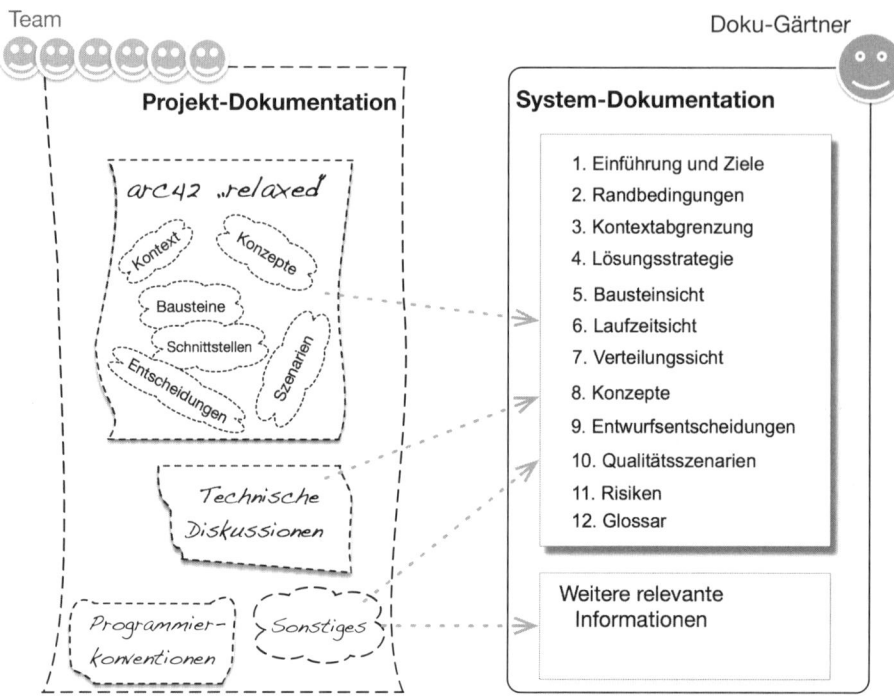

Bild V.1 Projekt- und Systemdokumentation

Tipp V-7: Bereiten Sie eine *Sandbox* für Dokumentation vor

Bereiten Sie ein Demosystem vor, an dem das Team die Dokumentationswerkzeuge risikolos ausprobieren kann. Ein kleines Spielprojekt genügt.

Insbesondere für grafische Modellierungswerkzeuge ist diese *Sandbox* wichtig: Deren Bedienung ist oftmals kompliziert und wenig intuitiv. Entwickler bedienen solche Tools eher selten – umso wichtiger, dass sie ein kleines System zum Ausprobieren zur Verfügung haben.

Tipp V-8: Arbeiten Sie aus verschiedenen Perspektiven

Wechseln Sie bewusst von Zeit zu Zeit Ihre Perspektive in Entwicklung und Dokumentation. Hier einige Beispiele für einen Perspektivenwechsel, die Ihnen sowohl bei Ihrer Dokumentation also auch für Ihre Entwürfe/Implementierungen helfen werden:

- Wechsel zwischen Strukturen (arc42-Abschnitte 5, 6, 7) und technischen Konzepten (Abschnitte 8.x) – beide müssen einander ergänzen und zueinander passen.
- Wechsel zwischen Black- und Whiteboxes in der Bausteinsicht: Sowohl die Außen- wie auch die Innensicht müssen Sie für viele Ihrer Architekturbausteine im Blick behalten.
- Wechsel zwischen Domäne und Technik. Ersteres hilft Ihnen, das *richtige System* zu bauen, Letzteres dabei, dies *richtig zu tun*.

Tipp V-9: Dokumentation gehört in die Versionsverwaltung

Denken Sie beim Aufsetzen Ihrer Werkzeuge immer an die Anbindung an die Versionsverwaltung (Ausnahme: Wiki). Dokumentation ohne Änderungshistorie und ohne zuverlässiges Backup geht nicht!

Dieser Ratschlag mag trivial erscheinen – aber wir erleben immer noch Organisationen, die (Word-)Dokumente auf Netzlaufwerken über die Vergabe von Dateinamen versionieren ...

Auch binäre Dokumentation (Grafiken, Office-Dokumente) sollten Sie grundsätzlich versionieren.

Tipp V-10: Führen Sie kurze und thematisch begrenzte Reviews der Dokumentation durch

Sorgen Sie für eine gute und angemessene Dokumentation, indem Sie frühzeitig mit Reviews beginnen. Voraussetzung: Sie kennen die Ziele und Anforderungen der beteiligten Stakeholder (siehe Tipp V-1).

Zeigen Sie ausgewählten Stakeholdern ausgewählte Teile der Dokumentation. Stellen Sie diesen Personen möglichst *spezifische* Fragen dazu, etwa:

- Welche zusätzliche Informationen zu dieser Schnittstelle benötigen Sie?
- Welche Teile dieses Diagramms sind für Sie ok, welche nicht?
- Welche Änderungen schlagen Sie vor?

Stellen Sie *offene* Fragen, d. h. Fragen, auf die befragte Personen mit einer Erläuterung antworten müssen.

Arbeiten Sie Verbesserungsvorschläge zeitnah ein und fragen Sie erneut. ☺

Tipp V-11: Behandeln Sie Dokumentation genauso wie Entwicklung

Behandeln Sie Dokumentationsaufgaben genauso wie Entwicklungsaufgaben: Fehlende Teile der Dokumentation sollten Sie mit denselben Mitteln und Werkzeugen planen und managen wie fehlende Features oder Softwarefehler.

Nehmen Sie beispielsweise das Feedback von Reviews (Tipp V-10) ins Backlog oder den Issue-Tracker auf. Selbst wenn Sie oder das Team diese Aufgaben nicht unmittelbar erledigen können, behalten Sie stets den Überblick über die offenen Punkte der Dokumentation.

Tipp V-12: Dokumentieren Sie *kontinuierlich*, begleitend zur Entwicklung

Falls Sie schon jemals die Dokumentation ans Ende eines Projekts verschoben haben, wissen Sie, was in diesen Fällen praktisch immer geschieht: Sie wird niemals erstellt.

Aus unserer Sicht müssen Sie kontinuierlich dokumentieren, jeden Tag ein (klein) wenig. Wir haben bereits mit 15 bis 20 Minuten täglich fokussierter Dokumentationsarbeit sehr gute Erfolge erzielt.

Die feste Struktur von arc42 sowie das vorbereitete Repository (siehe Tipp V-6) helfen dabei, auch kurze Zeitfenster sehr effektiv (zielorientiert) nutzen zu können.

Tipp V-13: Dokumentieren Sie grundsätzlich *timeboxed*

Timeboxes sind ein bewährtes methodisches Mittel zur Fokussierung und Zielerreichung. Sie helfen dabei, sich auf Wesentliches zu konzentrieren. Daher sollten Sie sich bei jeder Art von Dokumentation vorab ein Zeitfenster (Timebox) definieren, innerhalb dessen Sie die betreffenden Inhalte erstellen.

Solche Zeitfenster sollten mindestens 15 Minuten lang sein und selten länger als vier Stunden. Nur wenn umfangreiche Dokumentationsaufgaben anstehen, sollten Sie noch längere Zeiten einplanen (siehe auch Tipp V-15).

Verwenden Sie zu Beginn jeder Timebox etwas Zeit auf Planung und Priorisierung. Beantworten Sie für sich selbst folgende Fragen:

1. Was ist aus aktueller Sicht das Wichtigste, das ich dokumentieren muss?
2. Welche Ausdrucksmittel habe ich dafür zur Verfügung? Welche Alternativen gibt es?
3. Für welche Stakeholder oder zu welchem Zweck erstelle ich diese Dokumentation? Falls Ihnen hierzu nichts Vernünftiges einfällt, könnten Sie diese Timebox besser zum Entwickeln oder Testen verwenden ...

Tipp V-14: Formulieren Sie „das System {hat|macht|ist|leistet ...}"

Sie werden manchmal Spezifikationen schreiben, in denen Sie ein zukünftiges System charakterisieren oder sogar Anforderungen an dieses System beschreiben.

Da läge es nahe, Formulierungen wie „das System sollte ..." zu verwenden, um rein sprachlich auf die Zukunft hinzuweisen.

Dann allerdings müssten Sie diese Sätze anpassen oder neu schreiben, wenn Sie die Spezifikation in eine Dokumentation überführen. Diese Mehrarbeit können Sie sich sparen:

Formulieren Sie grundsätzlich in der Form „Das System hat/macht/ist/leistet", statt Möglichkeits- oder Zukunftsformen wie „soll, muss, wird" zu verwenden.

■ V.2 arc42 für bestehende Systeme

Die weitaus meiste Zeit verbringen wir in der Softwareentwicklung mit Änderungen und Erweiterungen an bestehenden Systemen – und nicht mit der sogenannten „grünen Wiese", auf der wir (manchmal) ganz frisch beginnen und ein System von Grund auf neu entwerfen können (siehe Abschnitt V.3).

arc42 eignet sich hervorragend für die Weiterentwicklung und Pflege bestehender Systeme. Sie können mit arc42 in kurzer Zeit sehr zielgerichtet Ihr System auch im Nachhinein dokumentieren.

Ihr Vorgehen hängt wesentlich von Ihrer Ausgangssituation ab: Haben Sie gar nichts oder zu viel? Haben Sie inhomogene Informationen unterschiedlicher Qualität oder haben Sie Bedarf an bestimmten Stellen/zu bestimmten Themen?

Tipp V-15: Erstellen Sie Nachdokumentation iterativ in kurzen Timeboxes

Falls Sie gar keine verwendbare Dokumentation haben, können Sie, je nach Systemgröße und Kritikalität, mit drei bis fünf Personen (dem Doku-Team) und zwei bis vier Stunden Zeit schon zu einer brauchbaren Übersicht kommen.

Ja – Sie lesen richtig: Beschränken Sie die Zeit initial auf eine *kurze* Timebox: Investieren Sie Stunden statt Wochen.

Bereiten Sie ein Flipchart mit der arc42-Struktur vor und legen Sie Stifte, Papier und Haftnotizen bereit. Dann gehen Sie mit dem Doku-Team wie folgt vor:

- drei Minuten Brainstorming:
  - Welche Stakeholder haben wir für die Dokumentation und welche Arten von Informationen benötigen sie?
  - Was brauchen die Stakeholder mindestens?
  - Was davon haben wir schon bzw. können es verwenden?
- zehn Minuten Brainstorming entlang den arc42-Abschnitten:
  - Was sind die wichtigsten Informationen, die wir (Architekten, Entwickler ...) unbedingt behalten müssen?
  - Was davon haben wir schon bzw. können es verwenden?
- Tragen Sie die Ergebnisse zusammen: Auf dem Flipchart notieren Sie
  - links in jedem arc42-Abschnitt, welche Stakeholder hierzu welche Informationen benötigen,
  - rechts vermerken Sie, ob und wo es diese oder ähnliche Informationen bereits gibt.

Im Bild V.2 sehen Sie ein Beispiel: Zum Kontext gibt es demnach Infos im Wiki, jedoch zur Baustein-, Laufzeit- und Verteilungssicht existiert bislang nichts. Die Konzepte sind im Wiki und Subversion abgedeckt ...

Aus dieser Gegenüberstellung (was benötigen wir, was haben wir schon) können Sie in der restlichen Zeit im Doku-Team Mini-Timeboxes für einzelne Dokumentationsaufgaben vergeben und gezielt die bestehenden Dokumentationslücken auffüllen.

Bei Bedarf kann der Doku-Gärtner (siehe Tipp III-1) im Nachgang Informationen besser oder schöner aufbereiten, skizzenhafte Diagramme in ein UML-Werkzeug überführen oder Stichworte ausformulieren. Wichtig ist, dass Sie im Doku-Team initial erarbeiten, wo die Unterschiede zwischen „brauchen wir" und „haben wir" liegen.

Beachten Sie: Eine erste Iteration der Dokumentation erhebt keinen Anspruch auf Perfektion oder Vollständigkeit. Sie können damit Feedback einsammeln und gezielt verbessern oder verfeinern. Den jeweils investierten Aufwand haben Sie (bzw. das Doku-Team) dabei selbst in der Hand.

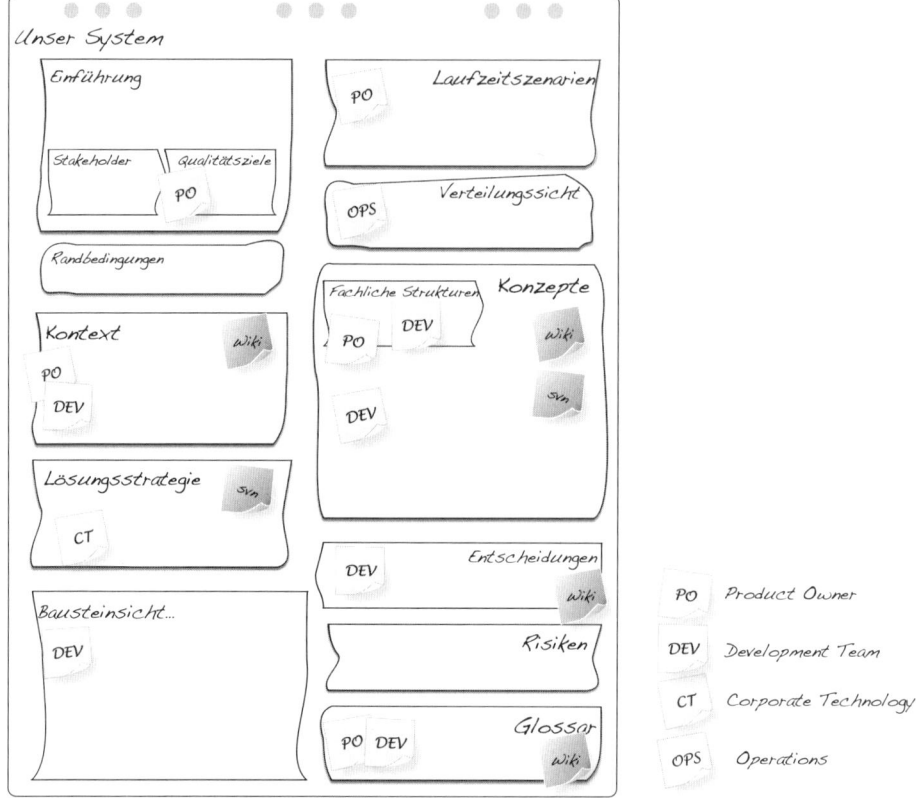

Bild V.2 Flipchart während einer Timebox zur Nachdokumentation

Tipp V-16: Erstellen Sie Nachdokumentation vor der Weiterentwicklung

Falls die iterative Nachdokumentation aus Tipp V-15 für Sie nicht durchführbar ist, können Sie auch a-priori arbeiten. Investieren Sie jeweils kurze Zeit in die Vorabklärung der folgenden Themen:

- Bausteinsicht Level 1, Struktur des Quellcodes auf oberster Ebene (arc42-Abschnitt 5.1),
- Lösungsstrategie, wesentliche technische oder strukturelle Entscheidungen (arc42-Abschnitt 4),
- Konzepte, wichtige Querschnittsthemen, Prinzipien oder Implementierungsregeln (arc42-Abschnitt 8),
- Qualitätsziele (arc42 Abschnitt 1.2) sowie die dafür getroffenen Entscheidungen oder Maßnahmen (Lösungsstrategie, Konzepte),
- Kontext des Systems mit den externen Schnittstellen (arc42-Abschnitt 3).

Auch hier gilt wieder: Verfeinern oder detaillieren Sie iterativ auf Basis von Feedback.

Tipp V-17: Dokumentieren Sie nur die Teile, die Sie ohnehin anpacken müssen

Wenn Sie zehn Prozent eines Systems anpacken, weil Sie Korrekturen, Änderungen oder Erweiterungen machen müssen, so müssen Sie darüber hinaus noch diverse weitere Stellen des Systems verstehen. Verstehen ist aufwendiger als korrigieren. Nutzen Sie die Chance, zu dem Zeitpunkt, wo Sie es verstanden haben, genau diesen Teil zu dokumentieren.

Wenn Sie z. B. einen Baustein auf Ebene 2 ändern, so dokumentieren Sie genau diesen einen Baustein (mit Verantwortung und Schnittstelle). Sorgen Sie für ein wenig „Drumherum": Betten Sie den Ebene-2-Baustein in einen Ebene-1-Baustein ein – ohne dabei die Ebene 1 vollständig beschreiben zu wollen. Skizzieren Sie auch die für den geänderten Baustein benötigten Schnittstellen im Kontextdiagramm. Zeigen Sie Mut zur Lücke. Alle anderen Bausteine von Ebene 1 und alle anderen Schnittstellen im Kontext sind zu diesem Zeitpunkt einfach nicht dokumentiert.

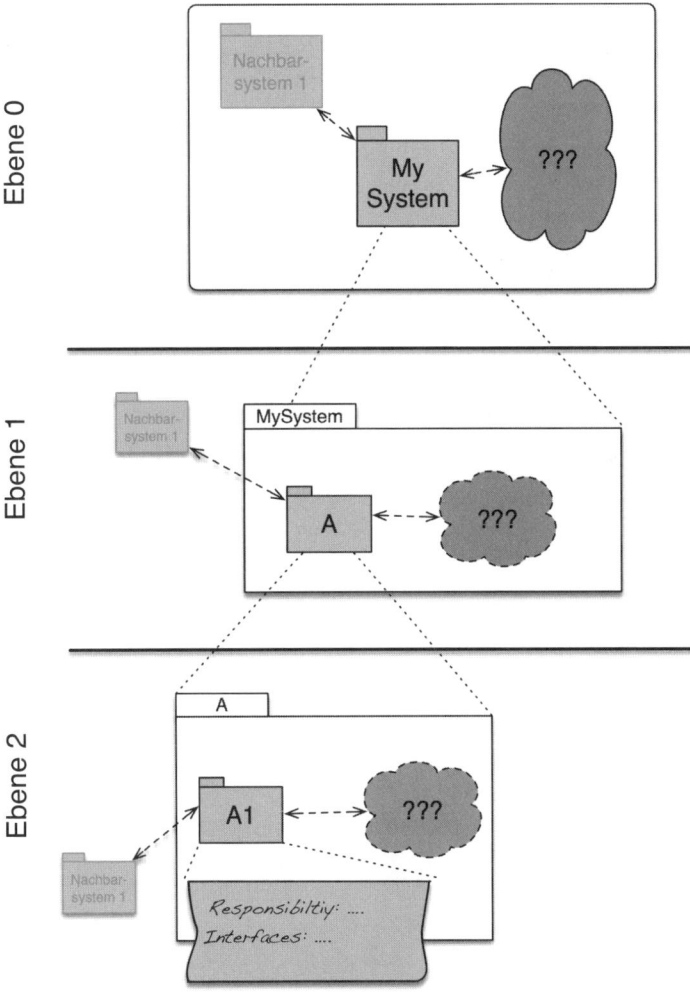

Bild V.3 Partielle „Just-in-Time"-Nachdokumentation

Sie werden staunen, wie gut Ihre Architekturdokumentation nach einigen Iterationen geworden ist.

Tipp V-18: Machen Sie andere Dokumente möglichst rasch überflüssig

Die größte Gefahr bei der Nachdokumentation besteht in Dokumenten, die vorhanden, aber nicht (mehr) korrekt in Bezug auf Ihr System sind. Sorgen Sie dafür, dass diese Dokumente möglichst rasch verschwinden. Kopieren Sie die brauchbaren, aber vielleicht nicht ganz korrekten Teile aus diesen Dokumenten in Ihr korrektes arc42-Repository-Skelett an die richtige Stelle. Kennzeichnen Sie diese Kopie jedoch als „noch nicht aufgeräumt" oder „Vorsicht Baustelle" (z. B. durch farbigen Hintergrund, durch anderen Font, ...). Jetzt hängt die Dokumentation zwar unaufgeräumt, aber wenigstens an der richtigen Stelle im zentralen Repository. Der nächste, der an der Ecke vorbeikommt, beginnt mit dem Aufräumen. Und Sie sorgen dafür, dass das alte Dokument von niemandem mehr gefunden und konfliktbehaftet weitergenutzt werden kann.

Tipp V-19: Beseitigen Sie die Dokumentenflut

In zu vielen Unternehmen sehen wir keinen Mangel an Architekturdokumentation, sondern das Gegenteil: zu viel davon! Jedoch von unterschiedlichen Autoren und für unterschiedliche Zielgruppen. Allerdings liest und bearbeitet – wenn überhaupt – jede Person nur jeweils „ihre" Dokumente und ignoriert alle anderen – oder kennt diese nicht einmal. Tipp V-18 im Großen angewandt bedeutet, diese Vielzahl an Dokumenten möglichst rasch an einer Stelle in ein geordnetes Repository zusammenzuführen. Die Auffindbarkeit an *einer* Stelle ist dabei wichtiger als die inhaltliche Konsistenz und Korrekturen. Die Konsistenz der Teile können Sie über die Zeit kontinuierlich verbessern.

Tipp V-20: Legen Sie die bekannten Probleme und Risiken offen

Sammeln Sie in arc42-Abschnitt 11 (Risiken und technische Schulden) neben den Risiken auch die bekannten Probleme als Grundlage zukünftiger Verbesserungen am System und an dessen Dokumentation.

Siehe dazu http://aim42.org.

■ V.3 Mit arc42 auf der grünen Wiese

Bei der Neuentwicklung von Systemen werden Sie die Dokumentation mehr als begleitende Unterstützung im Team verwenden denn als Informationsquelle. Sie ermöglichen durch die Dokumentation eine *explizite* Kommunikation (im Gegensatz zu impliziten Annahmen) und bereiten die Stakeholder auf mögliche Folgeaufgaben vor.

Wir möchten Ihnen vier bewährte Möglichkeiten zum Start vorschlagen. Je nach Ihrer Ausgangssituation sollten Sie alle vier (in beliebiger Reihenfolge, iterativ, inkrementell) sehr früh bei der Systementwicklung angehen.

Tipp V-21: Beginnen Sie mit der Fachdomäne

Folgen Sie den Vorschlägen von [Evans-04] und modellieren Sie fachliche Entities und Services. Dies ist ein Bottom-up-Ansatz zur Schaffung der Bausteinsicht. Aber beide Arten von Bausteinen werden Sie sicherlich brauchen.

Finden Sie Ihre fachlichen Entities und deren Beziehungen, denn diese sind in vielen Branchen der stabilste Teil der Architektur. Die Dinge, die Sie in Ihrem Umfeld bearbeiten, ändern sich sehr langsam und evolutionär. Deshalb sollten das Entity-Modell (als ER-Diagramm oder als UML-Klassendiagramm) auf jeden Fall Bestandteil Ihrer Architekturdokumentation sein:

- Üblicherweise stehen die fachlichen Modelle in arc42-Abschnitt 8.1 (fachliche Modelle).
- Alternativ packen Sie fachliche Modelle auf eine tiefere Ebene der Bausteinsicht.

Siehe dazu Tipps IV-112 bis IV-115.

Ähnliches gilt für fachliche Services. Zentrale Geschäftsprozesse oder fachliche Abläufe bilden gute Kandidaten für Service-Bausteine.

Tipp V-22: Beginnen Sie mit den Qualitätsanforderungen

Sie sollten frühzeitig an die gewünschten Qualitäten Ihres Systems denken, insbesondere, wenn Sie – wie so oft in unserer Erfahrung – keinerlei Qualitätsanforderungen in den Anforderungsdokumenten vorfinden.

Sobald Sie zu den wesentlichen Qualitätszielen einige charakteristische Qualitätsszenarien erarbeitet haben (Abschnitt 1.2 des Templates bzw. ausführlicher in Abschnitt 10), sammeln Sie im Brainstorming mit dem Team mögliche Maßnahmen zu deren Erreichung. Wie Tipp 4-51 erläutert hat, ist Abschnitt 4 (Lösungskonzept) ein guter Aufbewahrungsort für Qualitätsziele mit Maßnahmen.

Tipp V-23: Beginnen Sie mit dem Kontext und den externen Schnittstellen

Wir können es nicht oft genug betonen: „It's always the goddamned interfaces." Machen Sie sich also sehr früh sehr gute Gedanken zur Abgrenzung Ihres Systems gegen andere Systeme. Beginnen Sie am ersten Tag mit Abschnitt 3 des Templates und pflegen Sie den Kontext iterativ weiter.

Siehe dazu Tipps IV-29 bis IV-49.

Tipp V-24: Beginnen Sie mit der Lösungsstrategie

Ein kurzes Brainstorming der maßgeblichen Stakeholder führt meistens sehr rasch zu grundsätzlichen Ideen, wie und mit welchen Technologien eine Lösung geschaffen werden kann. Halten Sie diese Ideen in Abschnitt 4 des arc42-Templates fest. Fassen Sie sich dabei allerdings kurz und verweisen Sie für ausführliche Konzepte auf Abschnitt 8.

Alle oben genannten Tipps für den Anfang lassen sich bei kleinen und mittleren Projekten in wenigen Stunden bzw. Tagen skizzieren, bei größeren Projekten innerhalb von ein bis zwei Wochen – immer vorausgesetzt, dass maßgebliche Stakeholder daran beteiligt sind.

■ V.4 arc42 für agile Projekte

Wir haben bereits eine Menge Ratschläge für agiles Vorgehen und leichtgewichtige Dokumentation gegeben. Falls es organisatorisch oder rechtlich möglich ist, plädieren wir für
Sparsamkeit, Kürze und Fokus.

Tipp V-25: Nehmen Sie Dokumentation auch in agilen Projekten ernst

Auch in agil durchgeführten Projekten bzw. für agil entwickelte Systeme kann und wird Dokumentation hilfreich und teilweise notwendig werden. Auch in einem gut funktionierenden
agilen Team werden ab und zu Personen wechseln, auch agile Teamplayer vergessen Details.

Gute und langfristig erfolgreiche agile Teams arbeiten diszipliniert und ordentlich. Innere
Qualität besitzt einen hohen Stellenwert, Code und Dokumentation werden angemessen
sauber gehalten.

Über Angemessenheit haben Sie schon an mehreren Stellen in diesem Buch gelesen – beachten
Sie insbesondere Tipp III-3 (Angemessenheit) bzw. Tipp III-6 (Anforderungen vor Prinzipien).

Tipp V-26: Machen Sie Dokumentation zum Bestandteil der Definition-of-Done

Die Definition-of-Done (DoD) ist eine teamspezifische Vereinbarung, wann Aufgaben als
„fertig" erklärt werden dürfen. Es ist ein bewährtes Vorgehen aus agilen Methoden, insbesondere SCRUM:

Die DoD besteht aus einer einfachen Liste von Aufgaben und Artefakten, die vorzeig- und
nachweisbaren Wert zum System beitragen, also *Wertschätzung* seitens der betroffenen
Stakeholder erzeugen.

Teams einigen sich zu Beginn ihrer Zusammenarbeit auf eine spezifische DoD.

Überzeugen Sie Ihr Team, die für das System und die Stakeholder notwendigen oder hilfrei-
chen Bestandteile von Dokumentation in diese Definition-of-Done aufzunehmen.

Tipp V-27: Dokumentieren Sie iterativ-inkrementell

Dokumentieren Sie ganz bewusst iterativ-inkrementell: Beginnen Sie mit sehr wenig Inhalt
und beschaffen Sie sich Feedback von den beteiligten Stakeholdern. Erst auf Basis dieser
Rückmeldungen ergänzen oder erweitern Sie Ihre arc42-Dokumentation. Somit stellen Sie
sicher, dass Sie sparsam und angemessen dokumentieren (siehe die grundlegenden Tipps
III-2 und III-3).

Siehe dazu auch Tipp V-10, Tipp V-11, Tipp V-12 sowie Tipp V-13.

Tipp V-28: Nutzen Sie Wände statt Rechner

Insbesondere, während ein Team an einem System arbeitet, ist es nützlich, wichtige Über-
blicksgrafiken dauernd vor Augen zu haben. Drucken Sie den Kontext und die obersten zwei
bis drei Ebenen der Bausteinsicht auf DIN-A4-Blätter aus und heften Sie diese hierarchisch
geordnet an eine Wand im Projektraum (falls Sie so etwas haben). Wenn Sie das nicht dürfen,
besorgen Sie sich ein bis zwei Pinnwände, die Sie zu Meetings in beliebige Räume schieben
können.

In der Gruppe diskutiert es sich viel leichter mit einem Stift vor der Wand als in Filesystemen. Tragen Sie periodisch (z. B. wöchentlich) die Änderungen an der Wand in Ihr Repository nach. Ersetzen Sie bei Bedarf vielbekritzelte Bilder durch neue Ausdrucke. Das kostet keinen nennenswerten Aufwand.

Für Teile des Systems, deren Struktur noch heftig diskutiert wird, eignen sich Tafeln mit verschiebbaren Merkzetteln (*Stattys*[2]) für die Bausteine und abwischbare Stifte zum Zeichnen der Beziehungen.

Tipp V-29: Ermöglichen Sie verteilten Teams kooperatives Arbeiten

Die einfachsten Werkzeuge sind Papier und Wandtafeln (Flipcharts und Whiteboards) – allerdings helfen diese primär zur Entwicklung von Ideen statt zur Dokumentation.

Mit solchen *low ceremony*-Werkzeugen können Sie hervorragend Ihre Projekte und Aufgaben planen – aber für die Dokumentation sollten Sie zusätzliche Werkzeuge vorsehen. Tools wie Google-Docs, Dropbox-Paper[3] u. Ä. erlauben verteilt arbeitenden Teams den gleichzeitigen Zugriff zur parallelen Entwicklung von Ideen. Wo und wie auch immer Sie Ihr zentrales, aufgeräumtes Architektur-Repository etabliert haben: Für die Arbeit in der Sandbox sind Kooperationstools sehr hilfreich.

■ V.5 arc42 für sehr große Systeme

An sehr großen Systemen arbeiten oftmals auch sehr viele Personen parallel. Konsistente und gleichzeitig angemessen sparsame Dokumentation solcher Systeme bringt eine Menge organisatorischer und auch technischer Herausforderungen mit sich. Unseren wesentlichen Rat haben wir in Tipp V-30 zusammengefasst: Modularisieren Sie die Dokumentation. Allerdings gelten für große Systeme auch strengere Anforderungen an Ihre Werkzeuge (siehe Kapitel VI).

Tipp V-30: Modularisieren Sie umfangreiche Dokumentation

Lösen Sie Gemeinsamkeiten des gesamten Systems in der Dokumentation heraus. Erstellen Sie eigenständige Dokumentationen für die Sub- oder Teilsysteme.

Verbinden Sie spezielle und gemeinsame Teile durch Hyperlinks, so dass Konsumenten leicht navigieren können.

Voraussetzung hierfür ist eine Werkzeugkette, die Modularisierung und Verknüpfungen gut unterstützt, etwa: Wikis (Kapitel VI.4) oder Markup-Sprachen wie AsciiDoc (siehe Kapitel VI.3). Konventionelle Textverarbeitungen unterstützen dies nur unzureichend!

---

[2] Stattys (http://www.stattys.com/) haften elektrostatisch ohne Kleber – wir lieben sie für alle Arten (agiler) Architekturarbeit. Auf http://arc42.de gibt's ab und zu welche davon zu gewinnen. ☺

[3] https://www.dropbox.com/paper

Ein Beispiel für diese Modularisierung finden Sie in Bild V.4: Das gesamte System besteht aus drei Subsystemen. Die Dokumentation des Gesamtsystems enthält Ziele, zentrale Entscheidungen, die Ebene 1 der Bausteinsicht sowie zentrale Konzepte.

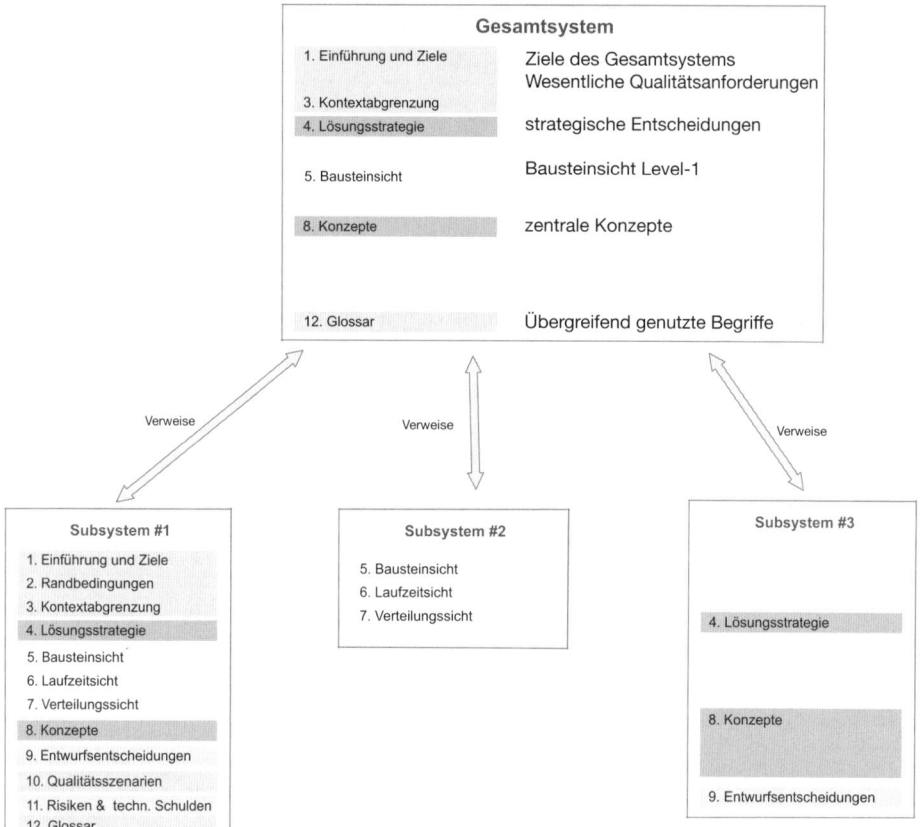

Bild V.4 arc42 für große Systeme

An diesem Beispiel erkennen Sie, dass unterschiedliche Subsysteme ganz unterschiedliche Dokumentation benötigen können: Für Subsystem#3 beispielsweise werden lediglich die Lösungsstrategie und einige Konzepte erklärt, während es bei Subsystem #2 auf die Sichten ankommt.

Tipp V-31: Extrahieren Sie Ziele, Kontext und Konzepte

Die globalen Systemziele sowie der Gesamtkontext eines großen Systems werden in den meisten Fällen auch für die enthaltenen Subsysteme relevant sein – daher sollten Sie diese beiden Informationen in jedem Fall extrahieren.

Übergreifend genutzte oder eingesetzte Konzepte können Sie extrahieren, um in der Dokumentation der Subsysteme Aufwand zu sparen.

Tipp V-32: Bestimmen Sie eine verantwortliche Person für die Gesamtdokumentation

Wenn Sie unserem Rat zur Modularisierung folgen, sollten Sie eine Person für das „Große Ganze" verantwortlich machen, also unseren Tipp III-1 auf die Gesamtdokumentation ausdehnen.

Insbesondere sollten Sie jemanden bestimmen, der die extrahierten Teile (siehe vorhergehender Tipp) verantwortet bzw. bearbeitet!

Tipp V-33: Vereinheitlichen Sie die Dokumentationswerkzeuge der Subsysteme

Falls Sie eine geschlossene Dokumentation des gesamten Systems benötigen, sollten Sie die für die Dokumentation genutzten Werkzeuge aller Teams so weit wie möglich vereinheitlichen.

Unsere Vorschläge, geordnet nach steigendem organisatorischen Aufwand:

1. Wiki (Kapitel VI.4) oder textbasierte Dokumentation (Markup-Sprache, siehe Kapitel VI.3) mit einem Grafikwerkzeug für Diagramme. Gute Teamfähigkeit.
2. Wiki (Kapitel VI.4) oder textbasierte Dokumentation (Markup-Sprache, siehe Kapitel VI.3) mit einem Modellierungswerkzeug für Diagramme
3. Grafisches Modellierungswerkzeug (Kapitel VI.2)
4. Konventionelle Textverarbeitung (Kapitel VI.5) mit Grafik- oder Modellierungswerkzeug

Tipp V-34: Überlassen Sie die Dokumentation der IT-Landschaft den Enterprise-IT-Architekten

Falls Ihre Organisation die Rolle von Enterprise- oder Unternehmens-IT-Architektur besetzt, sollten Sie diesen Menschen die Dokumentation der IT-Landschaft überlassen.

Zu deren Aufgaben gehören unter anderem die IT-Strategie und die „Landschaftsplanung", dabei ist Ihr System wahrscheinlich nur eines unter vielen.

Stimmen Sie mit den Enterprise-IT-Architekten ab,

- welche Schnittstellen Ihr System innerhalb der gesamten Landschaft bedient oder konsumiert,
- wie der Betrieb Ihres Systems in den übrigen IT-Betrieb eingebunden ist,
- wer welche Art von Architekturdokumentation erstellt und pflegt.

Wir haben mehrfach gute Erfahrung damit gemacht, arc42 auch zur Kommunikation mit den Enterprise-IT-Architekten zu verwenden. Teilweise hat die Enterprise-IT-Architektur sogar Teile der Gesamtlandschaft daraufhin mit arc42-Mitteln dokumentiert (siehe Tipp V-30, Tipp V-31 und Tipp V-33). Teilweise setzen Enterprise-Architekten jedoch ihre eigenen Lieblingswerkzeuge (z. B. Planning-IT, iteraplan, ADOit, ...) und damit verbundene Methoden und Notationen ein.

Tipp V-35: Nutzen Sie „natürliche" Bruchstellen für die Organisation von Architekturdokumenten

Wenn Ihr Gesamtsystem die IT-Landschaft eines Unternehmens ist, so zeigen Sie die oberen ein bis drei Ebenen Bausteinsicht bis zu einem Detaillierungsgrad, in dem einzelne Bausteine eigenständige (und eigenständig verantwortete) Applikationen darstellen. Die oberste Zerlegung entspricht vielleicht den Ressorts (Abteilungen, Bereichen) im Unternehmen. In jedem Ressort finden Sie Applikationsfamilien auf Ebene 2 und darin dann die Einzelapplikationen.

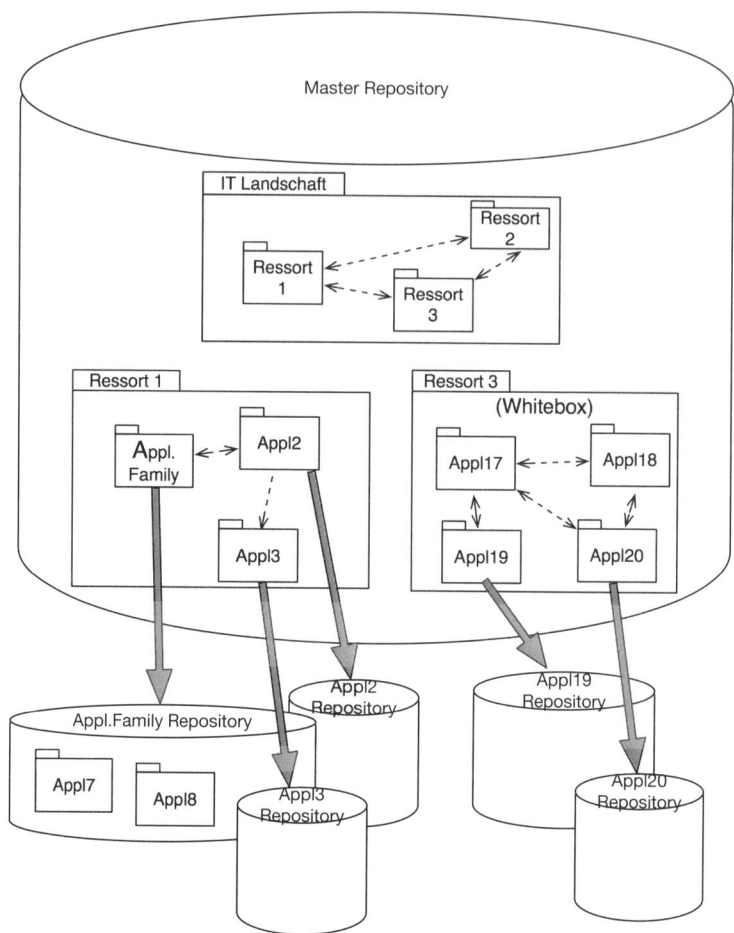

Bild V.5 Dokumentation der Enterprise-Architektur

Jede Applikationsfamilie oder jede Einzelapplikation können Sie in ein separates arc42-Repository auslagern. Machen Sie für jedes Repository eine Person verantwortlich. Wenn die Applikationsfamilien aus verschiedenen Technologiebereichen stammen (z. B. Mainframe, Java, Embedded), so sind unterschiedliche Dokumentationstechniken und -Tools möglich.

Folgende Indikatoren für die Auftrennung von Systemen haben wir beobachtet:

▪ Technologie: Mainframe-Systeme sind u. a. anders dokumentiert als neue Java-Applikationen.

▪ Historisch gewachsen: „Das waren schon immer getrennte Verantwortungsbereiche, deshalb gibt es dafür separate Dokumentation."

▪ Organisatorische Trennungen: Andere Abteilungen oder Geschäftsbereiche sind für die Systeme zuständig und pflegen sie eigenständig. Die Organisation hat übergeordnete Produktbereiche oder Applikationsfamilien festgelegt.

Auftrennung zwischen internen und externen (Teil-)Systemen. Da externe Systeme teils als Gewerke vergeben werden, wird dafür eventuell. auch eigenständige Dokumentation geliefert.

VI

Werkzeuge für arc42

In der Praxis benötigen Sie konkrete Werkzeuge, um mit arc42 Ihre Systeme dokumentieren zu können. Wir möchten Ihnen hier einige solche Werkzeuge bzw. Werkzeugkategorien vorstellen, mit denen wir praktische Erfahrung sammeln konnten.

Diese Vorstellung erhebt **keinen** Anspruch auf Vollständigkeit. In Ihrer konkreten Situation könnten Werkzeuge geeignet sein, die wir hier nicht erwähnen.

Wir stellen Werkzeuge vor, die wir in der Praxis kennengelernt haben. Es gibt noch andere – aber wir möchten nicht über Produkte schreiben, mit denen wir keine eigene Erfahrung sammeln konnten.

Weiterhin soll diese Zusammenstellung in keiner Weise Werbung für oder gegen einzelne Werkzeuge oder Hersteller sein. Die hier genannten Hinweise können spezifisch für bestimmte Versionen der Werkzeuge sein oder nur in bestimmten technischen Umgebungen funktionieren – wir können und möchten keine Gewähr für den Einsatz dieser Werkzeuge mit arc42 übernehmen. ∎

Eine Zusammenfassung unserer Ratschläge finden Sie am Ende dieses Kapitels in Abschnitt VI.8. Dort fassen wir zusammen, welche Kombinationen von Werkzeugen sich unserer Ansicht nach für welche Arten von Systemen eignen.

Lassen Sie uns mit einigen Anforderungen an Werkzeuge beginnen.

■ VI.1 Anforderungen an Werkzeuge

Die Anforderungen an Werkzeuge und Werkzeugketten zur technischen Dokumentation hängen unserer Erfahrung nach stark vom Umfeld Ihrer Organisation ab: Ob eine feste Werkzeugkette als Unternehmensstandard feststeht oder Sie sich im Projekt die jeweils geeigneten Tools selbst aussuchen können, ob Sie kommerzielle Werkzeuge einsetzen können oder bei kostenfreien bleiben müssen.

Wir erläutern zuerst einige Anforderungen an Werkzeuge beziehungsweise eine Werkzeugkette zur Architekturdokumentation, ehe wir dann einzelne Vertreter (subjektiv!) bezüglich dieser Anforderungen einordnen und arc42-orientierte Hinweise zu deren Einsatz geben.

Tabelle VI.1 Anforderungen an Werkzeugkette

ID	Anforderung	Ziele
W-01	Strukturierung bzw. Modularisierung von Dokumentation	Arbeitsteilige Erstellung von Dokumentation
		Einfache Erstellung stakeholder-spezifischer Ergebnisse
W-02	Team- und Mehrbenutzerfähigkeit	Arbeitsteilige Erstellung und Pflege
W-03	Einfache Benutzung ohne aufwendige Einarbeitung	Hohe Akzeptanz
W-04	Effiziente Erstellung und Bearbeitung von Tabellen	Erläuterung von Diagrammen und vielen weiteren Details von arc42
W-05	Rechte- und Rollenkonzept	
W-06	Automatisierbar	Automatische Erstellung spezifischer Dokumente oder Extrakte, etwa für bestimmte Stakeholder-Gruppen
W-07	Anbindung an eine Versionsverwaltung wie Git, Subversion oder TFS	Robustheit, Wiederherstellbarkeit
W-08	Änderungsverfolgung und Möglichkeit der Konflikt-lösung, gezieltes Annehmen oder Ablehnen einzel-ner Änderungen, analog zu Merge bei Quellcode	Teamarbeit und Einarbeitung von Feedback
W-09	Für Modellierungswerkzeuge: flexible Modellierung, d. h. Möglichkeit zur Erstellung *halbfertiger* oder informeller Modelle	
W-10	Effiziente Erstellung und Bearbeitung von Querver-weisen, die bei Änderungen am Text automatisch aktualisiert werden, über Modul- oder Dateigrenzen hinweg funktionieren	Benutzerfreundlichkeit der Dokumentation. Einfache Navigierbarkeit
W-11	Volltextsuche innerhalb von Dokumentation und Modellen	Benutzerfreundlichkeit der Dokumentation. Einfache Navigierbarkeit
W-12	Robust und ausfallsicher	
W-13	Erzeugung universeller Ausgabeformate, wie HTML oder PDF	Unterstützung verschiedener Stakeholder

Tipp VI-1: Benutzen Sie eine homogene Werkzeugkette mit klar definiertem Ablageort

Sie sollten innerhalb Ihres Teams eine homogene Werkzeugkette etablieren, d. h. sämtliche Autoren von Architekturdokumentation verwenden dieselben Werkzeuge.

Alle Inhalte der technischen Dokumentation sollten an einer definierten Stelle (dem Repository) liegen, so dass alle Beteiligten darauf schnell und einfach Zugriff haben.

Mit Repository meinen wir primär einen zentralen Ablageort für alle Informationen (Texte, Diagramme, Tabellen etc.), nicht zwingend eine Versionsverwaltung (obwohl wir das wirklich gut fänden, siehe Tipp V-9). Erinnern Sie sich bitte an die Schrank-Metapher von arc42, die wir Ihnen in Kapitel I vorgestellt haben.

Tipp VI-2: Benutzen Sie möglichst *einfache* Werkzeuge zur Dokumentation

Streben Sie bei Werkzeugen nach Einfachheit: Eine niedrige Einstiegshürde für die beteiligten Autoren ist unserer Ansicht nach meistens wichtiger als ein großer Funktionsumfang der Werkzeuge.

Dieser Rat kollidiert mit dem Streben mancher Toolhersteller nach möglichst zahlreichen Features.

Bei leistungsfähigen und umfangreichen Dokumentations- oder Modellierungswerkzeugen müssen Sie mit einer signifikanten Einarbeitungszeit rechnen. Gerade in großen Teams finden wir es geschickter, nur einzelne Personen im Umgang mit sämtlichen Dokumentationswerkzeugen auszubilden.

Tipp VI-3: *Alle* Beteiligten sollten Text und Tabellen der Dokumentation erstellen und ändern können

Alle (!) Personen im Entwicklungsteam sollten die Texte und Tabellen der technischen Dokumentation erstellen und ändern können. Daher benötigen alle Personen ständigen und möglichst einfachen Zugriff auf die zugehörigen Werkzeuge.

Dieser Tipp gehört mit Tipp VI-4 zusammen.

Tipp VI-4: Statten Sie nur *einige* Personen mit grafischen Dokumentationswerkzeugen aus

Grundsätzlich sind Grafikwerkzeuge (sowohl Modellierungs- wie auch Zeichenwerkzeuge) schwieriger zu bedienen als reine Texteditoren. Daher müssen sich, insbesondere in großen Teams (> 20 Personen), nur *einige* Personen (wir nennen die hier mal „Doku-Agenten") mit den Feinheiten der grafischen Dokumentationswerkzeuge auskennen.

Einige Konkretisierungen dieses Tipps:

- Nur einige der beteiligten Entwickler benötigen eine permanente Lizenz des Modellierungswerkzeugs.
- Nur einige Personen benötigen *ständigen* Zugriff auf Grafikwerkzeuge.
- Grafik- oder Modellierungswerkzeuge können auf einem Server installiert sein, den Interessenten bei Bedarf nutzen können (z. B. per Remote-Desktop).

Diese Doku-Agenten stehen dem gesamten Team als Berater oder Coaches in Fragen der Dokumentation zur Verfügung.

■ VI.2 Modellierungswerkzeuge

UML oder nicht?

Erstellung und Pflege von UML-Modellen benötigt mit jedem der uns bekannten (grafischen) Werkzeuge eine Menge Zeit. Alle diese Werkzeuge erfordern signifikant Einarbeitungszeit, was in Entwicklungsteams oftmals die Akzeptanz von UML generell erschwert.

- Für UML sprechen die standardisierte Bedeutung von Diagrammen und Symbolen, die weite Verbreitung sowie die Verfügbarkeit leistungsfähiger Werkzeuge.
- Gegen UML sprechen der Sprachumfang, die Vielzahl von Diagrammarten, die Komplexität des Metamodells sowie die oftmals schwierige Bedienbarkeit der Modellierungswerkzeuge.

Gibt es für UML Alternativen?

Tabelle VI.2 Alternativen zu UML

Methode	Beschreibung	Einschätzung
FMC	Fundamental Modeling Concepts, siehe [FMC]. Definiert eigene Notation für statische Modelle (Blockdiagramme), nutzt Petrinetze für dynamische Modelle Sehr geringe Verbreitung, praktisch keine Beispiele verfügbar (außer einem studentischen Projekt zur Dokumentation des Apache Webservers)	Vom Ansatz sehr gut, wegen der geringen Verbreitung und fehlenden Tools nicht geeignet
SysML	System Modeling Language. Basiert auf der UML und ist ebenfalls durch die OMG standardisiert Mit einigen der gängigen UML-Werkzeuge darstellbar Gegenüber der UML leicht eingeschränkte Anzahl Diagramme, jedoch auch neue Diagrammarten; adressiert ausdrücklich auch Hardware-/Software-systeme	Wie auch UML recht komplex; wenig verbreitet, nur von wenigen UML-Tools unterstützt Nur geeignet, falls Sie langfristig genügend Know-how zu SysML im Team haben
BPMN	Business Process Model and Notation. Grafische Modellierungssprache zur Beschreibung von Geschäftsprozessen und Arbeitsabläufen; keine Diagramme für statische Modelle (d. h. keine Unterstützung von Bausteinsichten)	Zu eingeschränkter Fokus auf dynamische Modelle, in Ausnahmefällen (hoher Anteil an Prozessen) geeignet bzw. in Kombination mit anderen Notationen
ERD	Entity-Relationship-Diagramme. Ausschließlich für statische Modelle von Daten und Datenstrukturen; keine Konstrukte zur Abstraktion oder Hierarchiebildung	Für Datenmodelle geeignet
Informelle Modelle	Informelle Notation („Visio™/Powerpoint™"). Sie selbst definieren Syntax und Semantik von Diagrammen.	Riskant: wegen fehlender Semantik von Diagrammen zu viel Spielraum für Interpretationen Sehr flexibel, einfach anwendbar

Tipp VI-5: Verwenden Sie eine Teilmenge der UML zur Modellierung

UML selbst bietet unserer Ansicht nach zu viele Möglichkeiten und eine zu große Zahl von Diagrammarten. Beschränken Sie sich bei der Modellierung daher auf einen Auszug:

- Komponentendiagramme für die Kontext- sowie Bausteinsicht, bei Bedarf für Teile der Konzepte,
- Sequenzdiagramme für Laufzeitszenarien bzw. Interaktionen an externen Schnittstellen,
- Deployment-Diagramme für technische Infrastruktur,
- Klassendiagramme für detaillierte fachliche Strukturen, etwa Entity- oder Datenmodelle.

Diese kleine Teilmenge der UML ist einfach zu benutzen und ausreichend mächtig für ein breites Spektrum von IT-Systemen.

Tipp VI-6: Achten Sie mehr auf Verständlichkeit als auf UML-Konformität

Wir sind der Meinung, dass Verständlichkeit von Diagrammen in den meisten Fällen wichtiger ist als strikte UML-Konformität. Mischen Sie bei Bedarf Elemente unterschiedlicher Diagrammtypen – beispielsweise dürfte ein Aktor auch mal im Deployment-Diagramm auftauchen, um eine Zuständigkeit auszudrücken.

Dieser Tipp gilt *nicht*, wenn Sie aus Ihren Modellen Code generieren und daher Exaktheit und UML-Konformität benötigen.

Tipp VI-7: Wenn Sie schon informell modellieren, erklären Sie Ihr Metamodell

Falls Sie auf UML oder andere formal definierte Modellierungssprachen verzichten: Bitte erklären Sie genau die Bedeutung aller Symbole in Ihren Modellen.

Fügen Sie dann grundsätzlich eine Legende in Ihre Diagramme ein, die alle (!) genutzten Symbole erklärt.

Der Verzicht auf eine vordefinierte Semantik (wie UML sie liefert) ist riskant: Kästen und Pfeile können Ihre Stakeholder beliebig interpretieren, sofern Sie keine eindeutige Legende mitliefern.

Zwar klingt UML für viele Entwickler wie ein Relikt aus der düsteren Zeit ohne Smartphones und REST-Schnittstellen, andererseits sollten alle Entwickler die Vorteile eindeutiger Semantik erkennen und schätzen ...

Im Zweifelsfall können Sie Ihrem Team sicherlich in kurzer Zeit die einfachsten UML-Symbole und deren Bedeutung erklären. Wir finden UML deutlich besser als schwammige, informelle *Bildchen* voller impliziter Annahmen und ohne explizite Bedeutung.

VI.2.1 Grafische Modellierungswerkzeuge

Der Grundgedanke der Hersteller (gerade bei den kommerziellen Werkzeugen) lautet in der Regel: „Sämtliche Informationen gehören ins Modell" – sowohl grafische als auch textuelle.

Viele der uns bekannten Vertreter dieser Kategorie besitzen daher einen immensen Funktionsumfang, der über das Erstellen grafischer Modelle deutlich hinausgeht.

Gernots Meinung: Aus meiner Sicht widerspricht das in vielen Fällen dem pragmatischen Ansatz von arc42. Daher empfehle ich eine gemischte Werkzeugkette, die Stärken unterschiedlicher Tools kombiniert: Diagramme erstellen und pflegen Sie mit einem Modellierungswerkzeug, aber die Gesamtstruktur von arc42, bestehend aus Texten, Tabellen und Querverweisen, halten Sie in einem Wiki oder Textwerkzeug.

Die Anforderungen W-03 (Benutzerfreundlichkeit) sowie W-04 (Tabellen) verletzen alle uns bekannten Modellierungswerkzeuge deutlich.

W-02 (Teamfähigkeit) müssen Sie manchmal über erweiterte Lizenzmodelle zusätzlich zum Werkzeug erwerben.

W-08 (Änderungsverfolgung und Merge) funktioniert aus unserer Sicht in der Praxis nicht wirklich, trotz gegenteiliger Aussagen diverser Hersteller. Daher müssen Sie hier mit organisatorischen Regeln und technischen Maßnahmen (etwa: zwingende Nutzung der Versionsverwaltung für Dokumentation) für Ordnung sorgen.

Grundsätzlich erfüllen die bekannteren Vertreter viele der übrigen genannten Anforderungen – auf weitere Abweichungen gehen wir bei den konkreten Werkzeugen näher ein.

Tipp VI-8: Benutzen Sie Modellierungswerkzeuge nur für die grafischen Teile von arc42

Wenn Sie kleine bis mittelgroße Systeme bearbeiten und eher geringe Anforderungen an Formalismen haben: Nutzen Sie Modellierungswerkzeuge nur für Diagramme, also Kontext-, Baustein-, Laufzeit- und Verteilungssicht, fachliche Modelle sowie erläuternde Diagramme für die querschnittlichen Konzepte. Modellierungswerkzeuge sind genau dafür optimiert, Erstellung und Pflege von Texten und Tabellen sind aus unserer Sicht in Modellierungswerkzeugen umständlich und aufwendig.

Exportieren (d. h. kopieren) Sie die entsprechenden Diagramme in den textuellen Teil Ihrer Dokumentation, also beispielsweise ins Wiki oder in die Textverarbeitung.

Tipp VI-9: Bei formalen Anforderungen: Pflegen Sie Ihre gesamte Architekturdokumentation in einem Modellierungswerkzeug

Wenn Sie sehr große Systeme bearbeiten und/oder sehr hohe formale Anforderungen erfüllen müssen (im Gegensatz zu den Voraussetzungen von Tipp VI-8), dann verwenden Sie durchgängig ein Modellierungswerkzeug für Ihre gesamte technische Dokumentation.

Dazu folgende Ratschläge:

- Benennen Sie eine für dieses Werkzeug verantwortliche Person[1].
- Sorgen Sie für eine Versionierung Ihrer Modelle sowie für technische Möglichkeiten bei der Konfliktlösung.
- Automatisieren Sie die Erzeugung stakeholderspezifischer Dokumente oder Formate.
- Integrieren Sie das Modellierungswerkzeug mit Ihrem Issue-Tracker und der Anforderungsdokumentation.
- Das Entwicklungsteam benötigt Zeit für die Einarbeitung in das Werkzeug und die gewählte Dokumentationsmethodik.

Anmerkung: Dieses Vorgehen erfordert relativ hohen Aufwand bei der Einrichtung und Betreuung des Modellierungswerkzeugs und lohnt sich für kleinere bis mittlere Systeme unserer Einschätzung nach nicht.

VI.2.2 Enterprise-Architect™ (Sparx Systems)

Enterprise-Architect (EA) ist ein weit verbreitetes kommerzielles Modellierungswerkzeug für Microsoft-Windows[2].

W-02 (Teamfähigkeit): Enterprise-Architect legt Modelldaten in einer einzigen (Access-Datenbank) Datei ab, die grundsätzlich von mehreren Nutzern parallel verwendbar ist. Modelldaten kann EA optional in einer relationalen Datenbank oder in ausgewählten Versionsverwaltungen (u. a. TFS, CVS und Subversion) speichern. Andererseits gibt es eine Reihe wichtiger Zusatzinformationen zu Modellen (z. B. Report-Definitionen, Glossareinträge, systemspezifische Einstellungen der Benutzeroberfläche), die nicht in der erwähnten EAP-Datei landen, sondern eigens gespeichert bzw. manuell exportiert werden müssen. Gerade beim Export von Modellen in docx-Format ist das in der Praxis sehr aufwendig und fehlerträchtig.

W-07 (Versionsverwaltung): Selbst in aktuellen Versionen kann EA nicht mit verteilten Versionsverwaltungssystemen wie Git oder Mercurial umgehen. Die Subversion-Anbindung ist zwar robust, aber für Entwickler sehr gewöhnungsbedürftig: Erstens sperrt EA alle ausgecheckten Modelle, zweitens hat EA sämtliche Subversion-Befehle in der grafischen Oberfläche umbenannt.

Unserer Einschätzung nach ist der EA insbesondere für die grafischen Teile von arc42 ein gut geeignetes Werkzeug, sowohl für kleine als auch sehr große Teams.

Homepage: http://sparxsystems.com/

Tipp VI-10: Verwenden Sie den *hand-drawn*-Modus von Enterprise-Architect

Was auf den ersten Blick aussieht wie ein triviales Detail entpuppt sich in der Praxis als hilfreiches Kommunikationsinstrument: Der EA kann Diagramme (per Option im Kontextmenü, siehe Bild VI.1) im sogenannten *hand-drawn*-Modus darstellen: Diese sehen dann (fast) so aus wie mit der Hand gezeichnet.

---

[1] Natürlich mit einer angemessenen Vertretungsregelung.
[2] Mit Virtualisierung (z.B. Crossover) auch für Linux und Mac-OS.

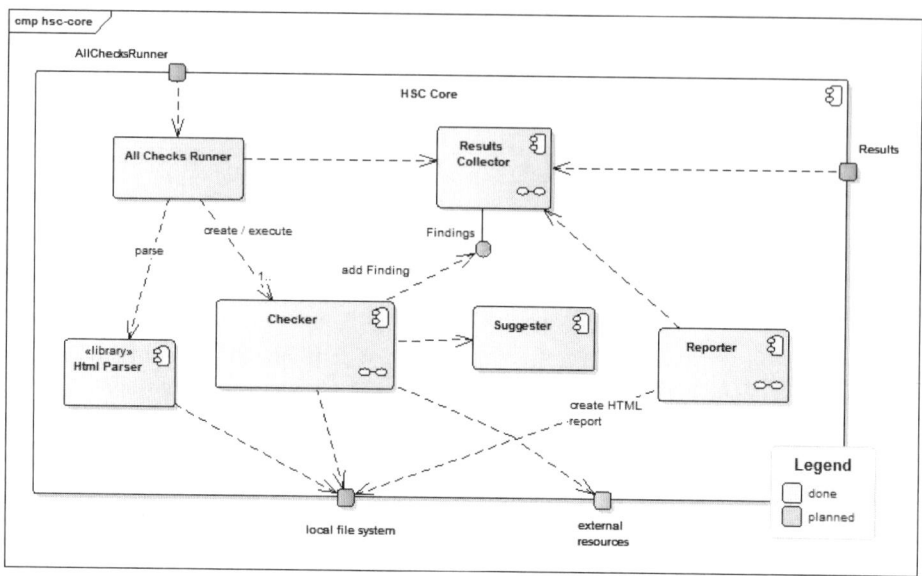

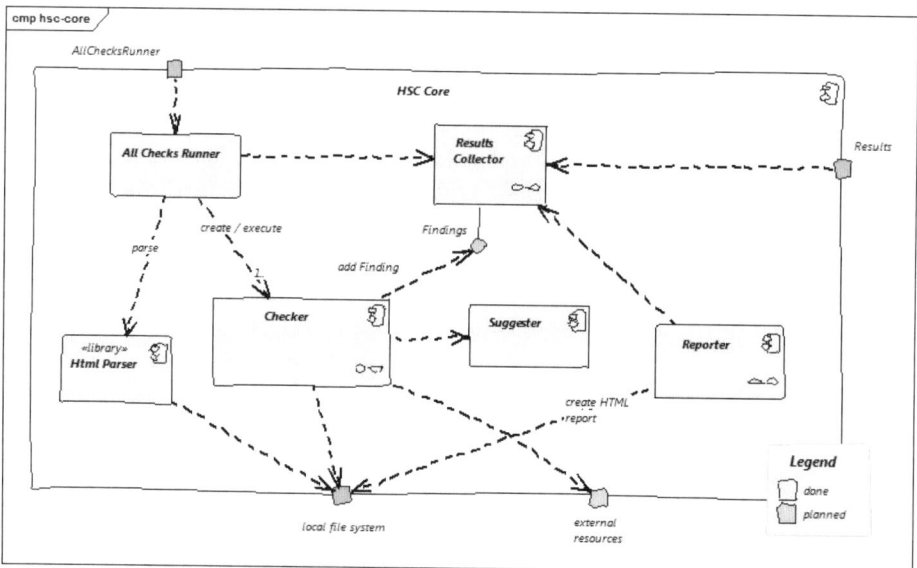

Bild VI.1 Beispiel: EA Hand-Drawn-Modus

Für Diskussionen und Feedback hat dieser grafische Unterschied starke Bedeutung: Sauber gezeichnete Diagramme vermitteln unbewusst den Eindruck von „ich bin fertig – rühr' mich nicht an ...", während der gelockerte Diagrammstil zu Feedback und Korrekturen einlädt.

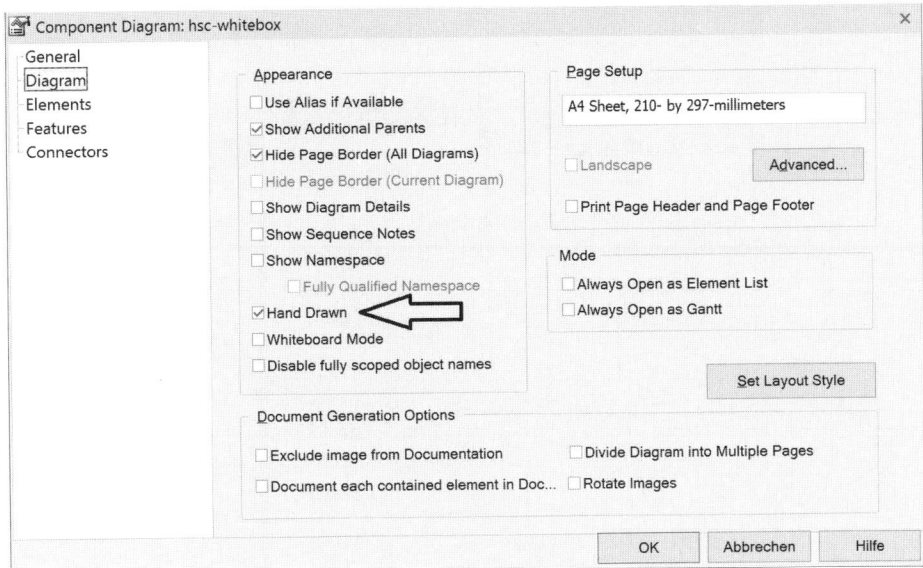

Bild VI.2 Hand-Drawn-Modus für Diagramm ein-/ausschalten

Tipp VI-11: Automatisieren Sie den Export von Diagrammen aus Enterprise-Architect

Automatisieren Sie den Export der Diagramme (ein entsprechendes VisualBasic-Skript ist bei arc42 verfügbar). Manueller Export ist aufwendig und fehleranfällig.

Tipp VI-12: Verzichten Sie auf die Dokumentengenerierung von Enterprise-Architect

Verzichten Sie darauf, aus dem EA ein arc42-Dokument zu generieren: Die Definition entsprechender Reports ist zeitaufwendig und fragil. Verwenden Sie andere Werkzeuge, wenn Sie *schön formatierte* Dokumente benötigen, beispielsweise ein Wiki in Kombination mit EA.

Tipp VI-13: Legen Sie Schnittstellen (Interfaces) als Modellelemente an

Falls Sie in Ihren Modellen intensiven Gebrauch von Schnittstellen (Interfaces) machen und dabei benötigte und angebotene (required und provided) Schnittstellen differenzieren, dann sollten Sie im EA diese Schnittstellen vorab als Modellelemente anlegen und sie nicht einfach als grafische Symbole in Ihre Diagramme ziehen.

Der „Add Element"-Dialog steckt etwas verborgen im Kontextmenü von statischen Modellen. Sie können damit Schnittstellen im Modell anlegen, die Sie danach sowohl als required wie auch als provided Interface wiederverwenden können (siehe Bild VI.4). Dazu ziehen Sie (1) ein Exposed-Interface auf die betroffene Komponente (im Bild: Provider) und wählen im Dialog (2) dann das gewünschte Interface aus (3).

Sie sollten nicht einfach ein Interface aus der Werkzeugleiste in ein Diagramm ziehen – dadurch wird nämlich jedes Mal eine neue Schnittstelle angelegt. Sie können die zwar identisch benennen, es sind aber für EA unterschiedliche!

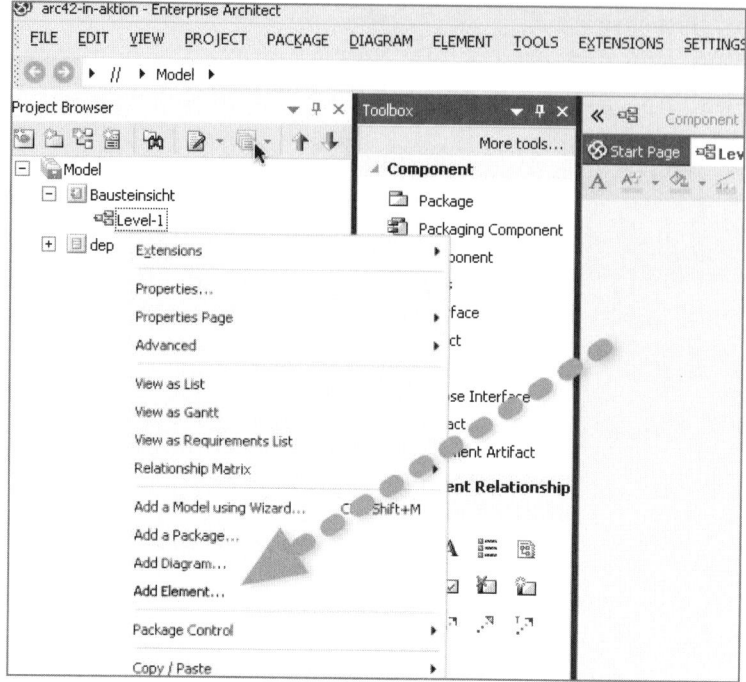

Bild VI.3 Modellelement für Schnittstellen einfügen

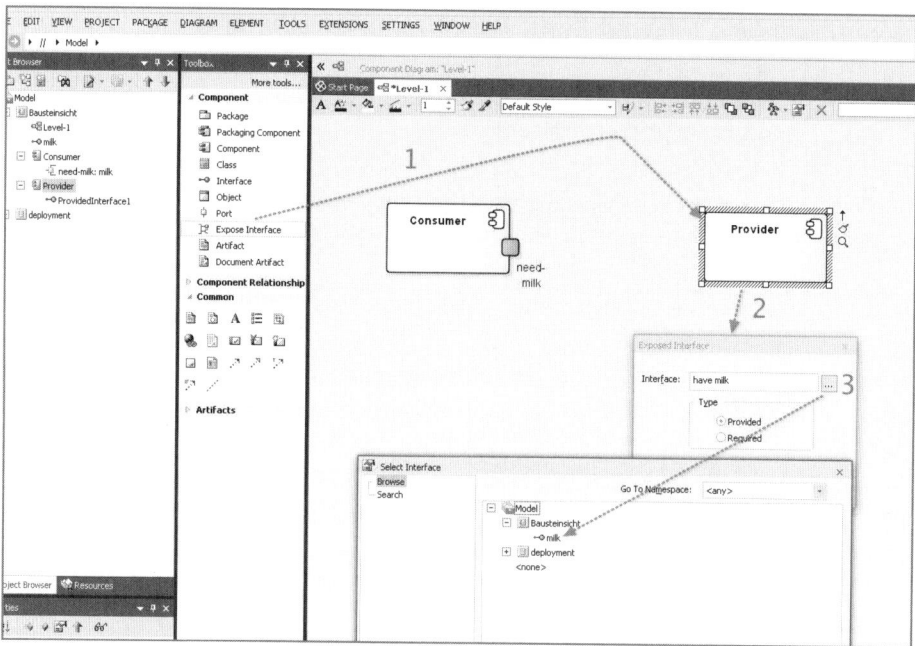

Bild VI.4 Schnittstelle aus Modell in Diagramm einfügen

VI.2.3 Visual Paradigm™

Visual Paradigm (kurz: VP) ist ein kommerzielles Modellierungswerkzeug und funktioniert unter allen gängigen Betriebssystemen. Neben dem konventionellen Kauf einer Lizenz gibt es für VP auch die Möglichkeit der monatlichen Miete – für manche Projekte sicher eine interessante Alternative.

Die Bedienoberfläche wirkt unserer Meinung nach moderner als die diverser Mitbewerber – das fällt uns positiv auf (siehe auch Bild VI.5).

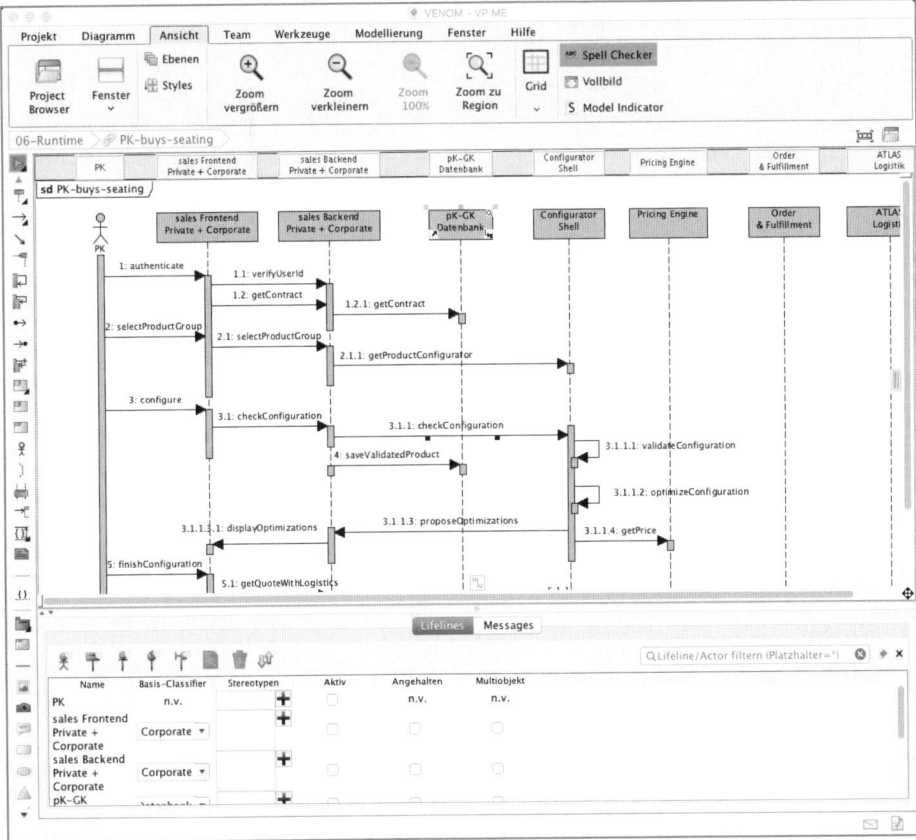

Bild VI.5 Visual Paradigm „in Aktion"

VP ist via Java oder Shell gut automatisierbar – im Lieferumfang sind viele Beispielskripte enthalten, etwa für den Export von Diagrammen. Spezielle arc42-Skripte für VP sind uns bisher allerdings nicht bekannt.

Homepage: http://www.visual-paradigm.com/

VI.2.4 PlantUML

PlantUML ist ein Open-Source-Projekt, das UML-Diagramme aus einer einfachen *textuellen* Beschreibung (domain specific language, DSL) generiert[3]. Die PlantUML-DSL kennt Ausdrucksmittel für Klassen-, Komponenten-, Aktivitäts- und Sequenzdiagramme sowie Zustandsautomaten. Damit lassen sich die wesentlichen arc42-relevanten Diagramme erstellen.

Aufgrund der textuellen Syntax eignet sich PlantUML für Teamarbeit und Versionierung analog zu Quellcode.

PlantUML können Sie mit vielen anderen Werkzeugen kombinieren, beispielsweise gibt es Plug-ins für Microsoft Word, Confluence sowie Eclipse, Netbeans und IntelliJ.

Tabelle VI.3 PlantUML – Beschreibung und Diagramm

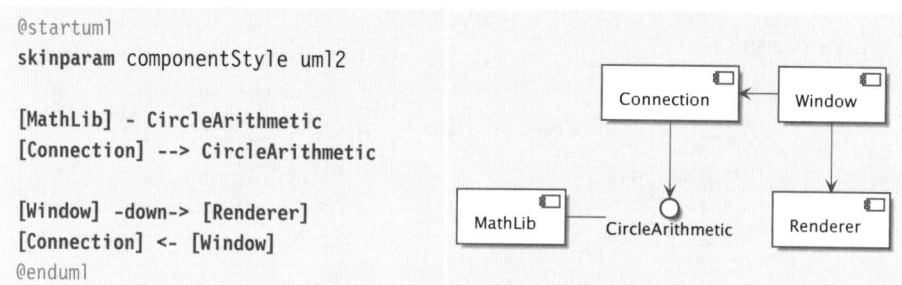

```
@startuml
skinparam componentStyle uml2

[MathLib] - CircleArithmetic
[Connection] --> CircleArithmetic

[Window] -down-> [Renderer]
[Connection] <- [Window]
@enduml
```

Das Layout von Diagrammen übernimmt PlantUML (fast) komplett – von daher haben Sie als Autor darauf nur begrenzten Einfluss. Insbesondere bei etwas größeren Diagrammen führt das manchmal zu unübersichtlichen Resultaten, weil PlantUML aus der textuellen Beschreibung nichts über Wichtigkeit von Elementen ableiten kann. Sie können allerdings Farbe und räumliche Oben-unten-Beziehungen spezifizieren.

Die Syntax (DSL) ist für jede Diagrammart unterschiedlich – viele Beispieldiagramme der PlantUML-Dokumentation erleichtern aber den Einstieg.

Homepage: http://de.plantuml.com, für weitere Fragen: http://de.plantuml.com/faq.html (bitte lassen Sie sich nicht von der angestaubten Website abschrecken ...)

Tipp VI-14: Verwenden Sie PlantUML nur für dynamische Diagramme

In statischen Diagrammen (z. B. Komponentendiagrammen) hilft oftmals das Layout und die Anordnung von Elementen, um Wichtigkeit oder Fokus zu betonen. PlantUML entscheidet selbst über das Layout, d. h., es bietet Ihnen keine Möglichkeit, die Anordnung von Elementen in diesen Diagrammen zu bestimmen.

In dynamischen Diagrammen, insbesondere Sequenzdiagrammen, ist das Layout zum größten Teil durch die Abläufe bestimmt und Elemente haben identische Ausmaße. Für diese Diagramme funktioniert das Autolayout von PlantUML sehr gut – zumal die textuelle DSL sehr einfach ist.

---

[3]   Dazu verwendet PlantUML die (freie) Grafikbibliothek „graphviz", die Sie getrennt von PlantUML installieren müssen. Das ist auf der PlantUML-Website ausführlich beschrieben.

Tipp VI-15: Verwenden Sie einen interaktiven Editor für PlantUML

Nutzen Sie einen Editor, der Ihnen den PlantUML-Quelltext live in die passende Grafik transformiert. Für viele Entwicklungsumgebungen, Wikis oder sogar Texteditoren finden Sie passende Plug-ins. Bild VI.6 zeigt das PlantUML-Plug-in von IntelliJ IDEA.

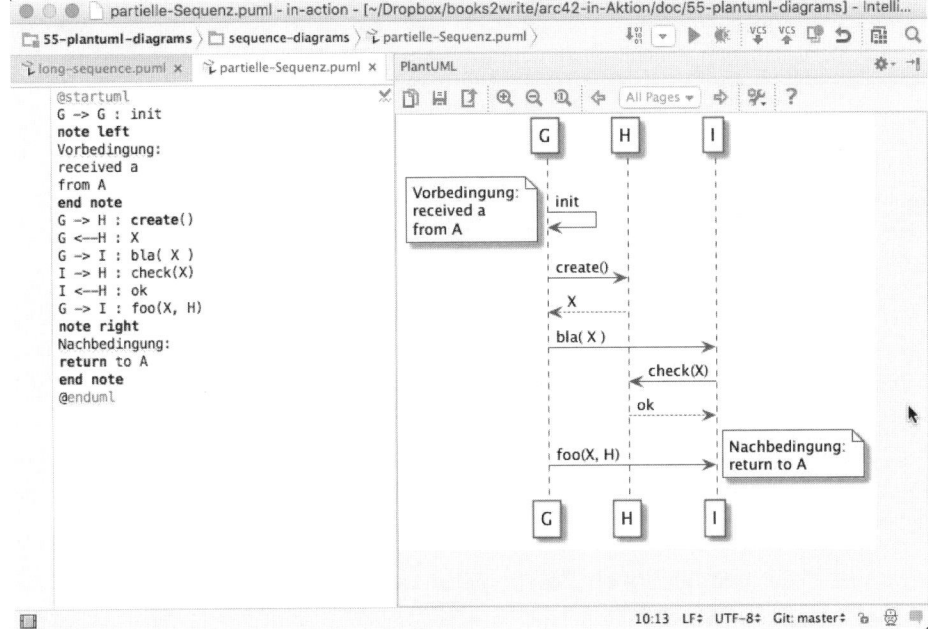

Bild VI.6 PlantUML-Plug-in (hier: IntelliJ) „in Aktion"

Quellen:

- Plug-ins für PlantUML: http://de.plantuml.com/running.html. Enthält auch den Link zur benötigten graphviz-Bibliothek.

- https://www.texwriting.com/uml/new (Online-Editor für PlantUML)

- Eine weitere Option ist der in Tipp VI-30 angesprochene (freie) Editor AsciiDocFX, der eine direkte Integration von PlantUML bietet.

Tipp VI-16: Verwenden Sie js-sequence-diagrams für Sequenzdiagramme (wenn Sie PlantUML nicht nutzen können)

Falls PlantUML Ihnen grundsätzlich gefällt, Sie das aber nicht einsetzen können, wären die js-sequence-diagrams (http://bramp.github.io/js-sequence-diagrams/) eine Alternative für Sie. Sie verfügen ebenfalls über eine einfache Textsyntax, mit Rendering basierend auf JavaScript.

VI.2.5 Weitere Modellierungswerkzeuge

Auf Wikipedia finden Sie eine ständig aktualisierte Liste von UML-Modellierungstools: https://en.wikipedia.org/wiki/List_of_Unified_Modeling_Language_tools.

- MID Innovator™ (http://www.mid.de/): sehr umfangreiches Modellierungswerkzeug aus Deutschland

- MagicDraw™ (http://nomagic.com/products/magicdraw.HTML) unterstützt das UML2-Metamodell und den standardisierten XMI-Export. Unserer Ansicht nach eine sehr angestaubte Bedienoberfläche, dafür eine gute Unterstützung des UML-Metamodells.

- StarUML (http://staruml.io/): kommerzielles Modellierungswerkzeug, speichert Modelle in JSON-Format, daher recht gut automatisierbar

■ VI.3 Zeichenwerkzeuge

Über Zeichenwerkzeuge wie Microsoft Visio™ oder OmniGraffle™ auf MacOS möchten wir hier nichts weiter schreiben: Sie ermöglichen die Erstellung schöner Grafiken, sind leicht bedienbar und für die jeweiligen Betriebssysteme fast universell verfügbar. Die geringe Einstiegshürde und die hohe Verbreitung machen sie für viele Systeme zum Mittel der Wahl.

Falls Sie allerdings rein wegen der Lizenzkosten ein Zeichenwerkzeug anstelle eines Modellierungswerkzeugs verwenden: Manche Hersteller von Modellierungswerkzeugen ermöglichen die Nutzung auf Mietbasis (siehe Abschnitt VI.2.3 zu Visual Paradigm™).

Tipp VI-17: Verwenden Sie ein Zeichenwerkzeug (als Notlösung)

Wenn Sie kein *richtiges* Modellierungswerkzeug einsetzen können oder Ihr Team sich gegen ein solches Werkzeug sträubt, dann nutzen Sie eben ein Zeichenwerkzeug und versuchen Sie, sich möglichst an die offizielle UML-Semantik zu halten.

Unserer Ansicht nach sind Zeichenwerkzeuge oft nur die zweitbeste Alternative, nach den *richtigen* Modellierungswerkzeugen.

Insbesondere für kleinere oder weniger kritische Systeme können Sie mit Zeichenwerkzeugen ausreichend gut visualisieren und dokumentieren. Sie könnten mit einem Zeichenwerkzeug beginnen und erst bei Bedarf im Laufe der Entwicklung zu einem Modellierungswerkzeug wechseln.

Allerdings: Eine Migration von Zeichnungen zu Modellen ist praktisch nicht möglich – Sie müssen in diesem Fall mit Zusatzaufwand rechnen.

VI.3.1 Online-/Browser-Werkzeuge

In den letzten Jahren haben sich Browser/HTML5-basierte Zeichenwerkzeuge recht weit verbreitet. Deren Vorteil liegt in der praktisch universellen Verfügbarkeit ohne Installation – Sie benötigen lediglich einen modernen[4] Browser. Die uns bekannten Vertreter dieser Spezies sind alle kommerziell, bieten ein reichhaltiges Feature-Set und lassen sich recht einfach bedienen:

---

[4] Organisationen, die immer noch Internet-Explorer 10 oder älter einsetzen, müssen auf den Genuss dieser (coolen) Tools eben verzichten...

- Der Grafikeditor Gliffy benötigt einen HTML5-kompabiblen Browser und arbeitet online, ggfs. auch als Plug-in einer lokalen Confluence™-Instanz (siehe Abschnitt VI.4.1). Website: https://www.gliffy.com

- WebSequenceDiagrams (https://www.websequencediagrams.com/) erzeugt aus einer textuellen Beschreibung (siehe Bild VI.8 Mitte) Sequenzdiagramme in wählbaren Layouts. Der browserbasierte Editor ermöglicht es, die möglichen Konstrukte der Diagramme aus einer Palette (im Bild ganz links) zu wählen, so dass Anwender sich nicht um die Syntax der Sprache kümmern müssen. Kostenfrei nutzbar für einfache Features von Sequenzdiagrammen, für komplexere Dinge (wie Interaktionsreferenzen) benötigen Sie eine Lizenz.

- Draw.io (https://www.draw.io/) kann Diagramme im Browser zeichnen und an verschiedenen On- und Offline Speicherorten ablegen (u. a. in Dropbox, OneDrive oder auf lokalen Speichermedien).

- yUML (http://yuml.me/) erlaubt die Erstellung von Use-Case-, Aktivitäts- und Klassendiagrammen im Browser. Online kostenfrei nutzbar, für den internen Einsatz lizenzierbar.

- LucidChart (https://www.lucidchart.com) ist eine kommerzielle, komplett browserbasierte Grafiklösung, die das kollaborative Arbeiten an Diagrammen unterstützt. Sie können damit neben UML auch eine Vielzahl anderer Diagramme erstellen. Das Datenformat von LucidChart ist mit Visio™ kompatibel.

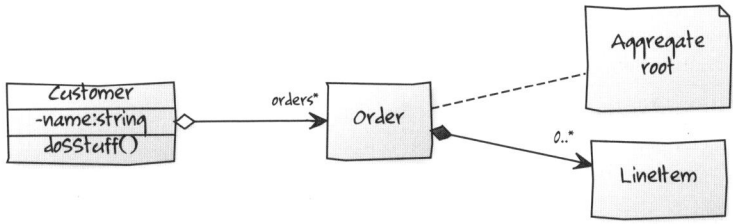

Bild VI.7 Beispiel yUML

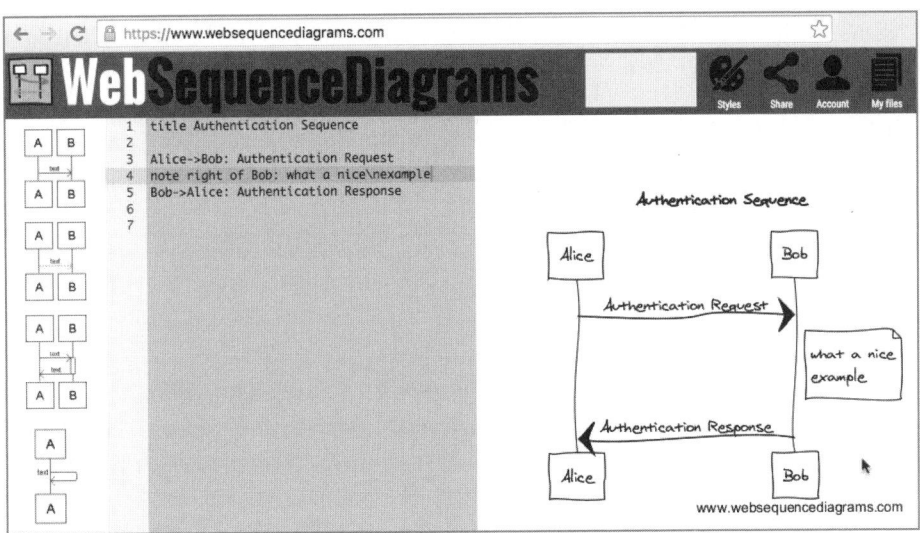

Bild VI.8 Beispiel: WebSequenceDiagrams

Tipp VI-18: Verwenden Sie ein Grafik-Plug-in für Ihr Wiki

Die Kombination aus Wiki und Grafik-Plug-in ermöglicht es sämtlichen Beteiligten, auch grafische Teile der Dokumentation bei Bedarf leicht zu ändern. Also kein umständliches Auschecken einer Datei aus der Versionsverwaltung, Ändern des Modells, Exportieren des Diagramms als Grafik, Import der Grafik ins Wiki, sondern *klick-zeichnen-speichern-fertig*.

■ VI.4 Wikis

Wikis sind browserbasierte Werkzeuge zur gemeinsamen Arbeit an Inhalten. Im Gegensatz zu den (großen) Content-Management-Systemen liegt der Fokus bei Wikis mehr auf der arbeitsteiligen Erstellung und Pflege von Inhalten, weniger auf Layout.

Die meisten Wikis erfüllen unsere Anforderungen W-01 bis W-05 (Modularisierung, Teamfähigkeit, Einfachheit, Tabellen, Rechtekonzept), W-08 (Änderungsverfolgung), W-10 (Querverweise) und W-11 (Volltextsuche) fast perfekt.

W-07 (Versionsverwaltung) ersetzen die meisten Wikis durch ein Datenbanksystem und bei W-13 (Ausgabeformate, z. B. PDF) unterscheiden sich die Systeme deutlich voneinander.

Tipp VI-19: Verwenden Sie ein Wiki zur Architekturdokumentation

Insbesondere zur arbeitsteiligen Pflege von Dokumentation eignen sich unserer Ansicht nach Wikis hervorragend.

Sie bekommen Änderungsverfolgung praktisch geschenkt, können mit mehreren Personen parallel an der Dokumentation arbeiten und komfortabel querverweisen. Sie können Bilder bzw. Diagramme einbetten. In manchen Wikis können Sie sogar Kommentare abgeben und einzelne Stellen (Seiten) mit Etiketten (Labels, Tags) versehen, um Metainformationen für Gültigkeit o. Ä. zu vermerken.

Tipp VI-20: Kombinieren Sie ein Wiki mit einem Modellierungswerkzeug

Wir finden die Kombination aus Wiki (für Text und Tabellen) und einem grafischen Modellierungswerkzeug sehr produktiv.

Falls irgendwie möglich, sollten Sie dabei den Export von Diagrammen aus dem Modellierungstool automatisieren (siehe beispielsweise Tipp VI-11), das sorgt für mehr Konsistenz zwischen Wiki und Modellen.

Tipp VI-21: Kombinieren Sie ein Wiki mit einem Zeichenwerkzeug

Wenn Sie kein Modellierungswerkzeug einsetzen können oder Ihr Team sich allzu heftig dagegen sträubt, weichen Sie auf die Kombination aus Wiki und Zeichenwerkzeug aus.

Damit können Sie immerhin grafische Informationen bearbeiten – und für kleine bis mittlere Systeme haben Sie oftmals ohnehin nur eine kleine Zahl von Diagrammen zu pflegen.

Tipp VI-22: Synchronisieren Sie Ihr Wiki mit Ihrer Versionsverwaltung

Wenn Sie für die Releases Ihres Systems die jeweils aktuelle Dokumentation auch später noch benötigen, dann sollten Sie aus dem Wiki automatisiert PDF oder HTML generieren und das Ergebnis mitsamt Ihrem Quellcode in Ihrer Versionsverwaltung ablegen.

Tipp VI-23: Räumen Sie regelmäßig in Ihrem arc42-Wiki auf

Wikis verkommen in manchen Organisationen zu den Nachfolgern der berüchtigten „Netz-laufwerke", eine Umschreibung von Müllhalden für Informationen.

Zuhause begegnen Sie dem Phänomen *Unordnung* durch eine einfache, aber höchst wirk-same Gegenmaßnahme – dem regelmäßigen Aufräumen. Das sollten Sie in Ihrem (arc42-) Wiki auch praktizieren.

Insbesondere der von uns vorgeschlagene verantwortliche Doku-Gärtner (aus Tipp III-1) ist hierfür prädestiniert!

In manchen Wikis (etwa Confluence, siehe folgender Abschnitt) können Sie beispielsweise einzelne Seiten mit „to-be-deleted" oder „deprecated" markieren, das Team um Kommentare oder Widerspruch bitten und nach einer angemessenen Karenzzeit diese Seiten dann löschen.

Auch gut funktioniert ein *Archivbereich*, in dem ruhig Unordnung herrschen kann. Vielen fällt es leichter, etwas dorthin zu verschieben, als es zu löschen.

VI.4.1 Confluence™

Confluence ist ein Wiki der Firma Atlassian Inc. (www.atlassian.com) und zurzeit das wohl bekannteste kommerzielle Wiki-System. Nachfolgend einige Gründe, warum wir Confluence für ein praktisches System zur arc42-Dokumentation halten:

- Confluence verfügt über ein mächtiges Konzept zur Modularisierung von Inhalten, den sogenannten Spaces.
- In Confluence können Sie einzelne Seiten über sogenannte *Labels* (Etiketten) markieren und dadurch kategorisieren. Sie können damit beispielsweise Ist- von Sollzustand diffe-renzieren oder einzelne Seiten als *under-review* kennzeichnen.
- Seine Funktionalität kann über Plug-ins erweitert werden, beispielsweise einen Grafik-editor.
- Sie können Teile Ihrer Dokumentation direkt als Word™ oder PDF exportieren.

Quelle: https://www.atlassian.com/software/confluence

Tipp VI-24: Verwenden Sie Confluence zur Architekturdokumentation

Wir haben bei mittleren und großen Systemen sehr gute Erfahrungen mit Confluence als Grundlage für arc42-Dokumentation gesammelt und können das für kleine, mittlere und auch sehr große Systeme empfehlen.

Tipp VI-25: Verwenden Sie bei Confluence einen Space pro System

Innerhalb eines Confluence-Space muss der Name jeder Wiki-Seite eindeutig sein. Das bedeutet für die Nutzung von arc42, dass Sie entweder:

- für jedes System einen eigenen Space verwenden,
- manuell die Eindeutigkeit der Seitennahmen sicherstellen müssen, etwa über die Vergabe von Präfixen. Diese Variante bereitet mehr Arbeit und hat keinerlei Nutzen – wir raten streng davon ab.

Falls Sie nicht wissen, was in Confluence ein Space ist: nicht schlimm, bitten Sie einfach Ihren Confluence-Administrator, Ihnen für jedes System einen eigenständigen Space einzurichten.

Sie können arc42 als vorgefertigten Confluence-Space herunterladen, benötigen aber für dessen Import in Ihrem Confluence i. d. R. Administratorrechte[5].

VI.4.2 Sonstige Wikis

Wikipedia pflegt unter https://de.wikipedia.org/wiki/Liste_von_Wiki-Software eine Liste von Wiki-Software.

Einige Open-Source-Systeme verdienen besondere Erwähnung:

- TiddlyWiki (http://tiddlywiki.com/) speichert den gesamten Inhalt in einer einzigen HTML-Datei. Sämtliche Bearbeitungs- und Darstellungsfunktionen sind in JavaScript implementiert, daher benötigt TiddlyWiki keine Serveranwendung. Diese Datei können Sie in Ihrer Versionsverwaltung managen. Für kleinere Systeme eine schlanke Alternative zu den größeren Wiki-Systemen. Auch nutzbar, wenn Ihr Team kein „richtiges" Wiki einsetzen kann oder darf.
- MediaWiki ist das bei Wikipedia eingesetzte System – und damit die Grundlage des umfangreichsten Wikis überhaupt. Von der Benutzerfreundlichkeit sind wir nicht überzeugt. Suchen Sie nach Alternativen mit besserer Ergonomie.

■ VI.5 Markup- oder Makrosprachen

Sie können textuelle Sprachen[6] wie AsciiDoc, Markdown, TeX/LaTeX oder auch spezielle XML-Dialekte (wie DocBook oder DITA) für wesentliche Teile Ihrer Dokumentation verwenden. Die Grundidee finden Sie in Bild VI.9: Ein Konverter übersetzt die textuellen Eingaben aus der jeweiligen Markup-Syntax in ein Zielformat, beispielsweise HTML, PDF oder andere. Im Markup können lokale oder externe Daten eingebunden sein, etwa Bilder oder Diagramme.

---

[5] Den Export von AsciiDoc nach Confluence ohne Administratorrechte finden Sie unter https://github.com/ rdmueller/asciidoc2confluence.

[6] Mit *textuell* meinen wir hier wirklich *plain-Text* – also nicht die klassischen Textverarbeitungssysteme wie Word™ oder OpenOffice. Hinweise zu dieser Kategorie von Tools finden Sie in Abschnitt VII.6.

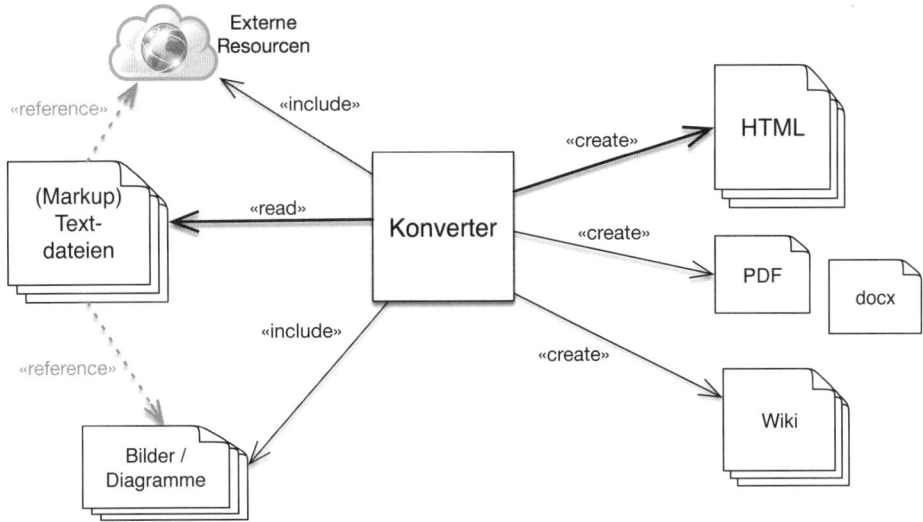

Bild VI.9 Funktionsweise von Markup-Sprachen zur Dokumentation

Die Konverter können beispielsweise im Rahmen der Quellcode-Build-Prozesse aufgerufen werden.

VI.5.1 AsciiDoc/AsciiDoctor

Use AsciiDoc for document markup. Really. It's actually readable by humans, easier to parse and way more flexible than XML.

Linus Torvalds

 arc42 selbst verwendet AsciiDoc, um Text und Struktur des Templates zu pflegen. Wir nutzen dafür ein öffentliches Git-Repository unter https://github.com/arc42. ▪

AsciiDoc sind zwei Dinge[7]:

- ein ausgewachsenes und robustes Format, um Artikel, Notizen, Bücher und Dokumentation aller Art zu schreiben.

- ein Konverter, um AsciiDoc-Dokumente in eine Vielzahl von Formaten (sogenannten Backends) wie HTML, PDF, DocBook oder ePub zu übersetzen.

Das Werkzeug AsciiDoctor ist eine in Ruby implementierte Erweiterung des ursprünglichen AsciiDoc-Konverters.

Wir sprechen nachfolgend nur noch von AsciiDoc – meinen im praktischen Leben damit aber grundsätzlich die AsciiDoctor-Variante – siehe http://asciidoctor.org.

---

[7] Frei übersetzt nach http://asciidoctor.org/docs/what-is-asciidoc/

Nachfolgend sehen Sie ein Beispiel der AsciiDoc-Syntax sowie des daraus generierten Ergebnisses als Screenshot des AsciiDocFX-Editors:

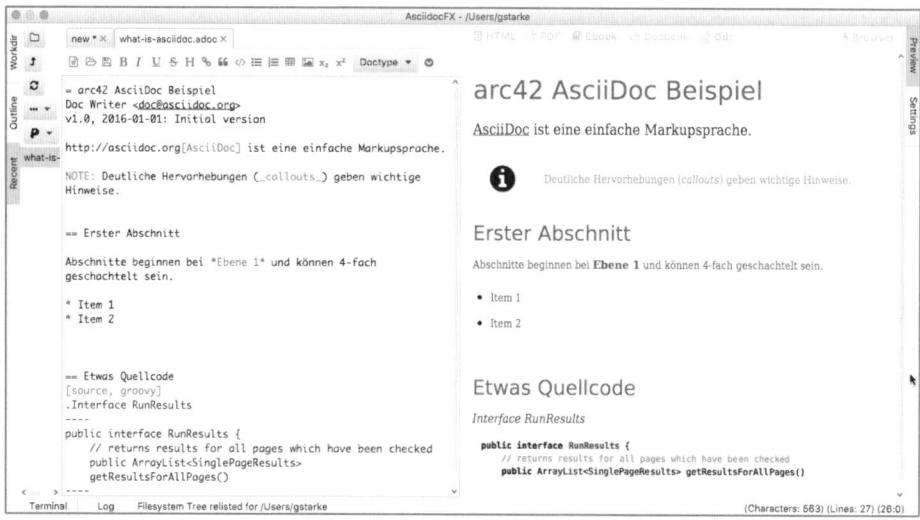

Bild VI.10 AsciiDoc-Beispiel

AsciiDoc bietet wirklich alles, was Autoren technischer Dokumentation benötigen: Neben den üblichen Textformaten und Gliederungsmöglichkeiten, Fußnoten, Querverweisen, Listings, Bildern und Hervorhebungen auch einige Besonderheiten:

- Modularisierung großer Dokumentation durch den include-Befehl: Damit können Sie weitere AsciiDoc-Dateien referenzieren.
- Frei definierbare Variablen, mit denen Sie beispielsweise häufig verwendete Bezeichner, URLs oder auch Dateipfade zentral definieren können (siehe Tipp VI-27).
- Konfigurierbare Zielformate (*backends*), unter anderem für HTML, PDF, eBooks sowie Folien (Deck.js, DZSlides und andere).

Das Markup-Format ist wirklich einfach und ermöglicht daher *diff/merge*-Operationen, genau wie mit konventionellem Quellcode.

Tipp VI-26: Verwenden Sie AsciiDoc(tor) zur Architekturdokumentation

Mir (Gernot) macht Dokumentation mit AsciiDoc großen Spaß: Ich speichere die Dokumentation im gleichen (git-)Repository wie auch Quellcode, ich kann einfach Branches oder Releases von Dokumentation erzeugen, ich kann die Dokumentation mit meinem Build-Werkzeug[8] automatisch in HTML übersetzen lassen, mit etwas zusätzlichem Aufwand[9] sogar in docx.

---

[8] Wie Sie vielleicht schon gemerkt haben, mag ich Gradle. Ant, Maven oder auch Make funktionieren für AsciiDoc aber ebenfalls.

[9] Die Erzeugung von docx-Dokumenten kann `pandoc` übernehmen – ein freier und überaus mächtiger Formatkonverter, http://pandoc.org/.

Sie finden frei verfügbare Beispieldokumentationen, auf deren Basis Sie sofort loslegen können, etwa:

- eine Webanwendung für Fahrradfahrer: http://biking.michael-simons.eu/docs/index.html (Code und Dokumentation erstellt von Michael Simons),

- den HTMLSanityChecker aus Kapitel II, https://github.com/aim42/HTMLSanityCheck,

- eine monströs umfangreiche eCommerce-Anwendung (VENOM): https://github.com/aim42/venom-example.

Tipp VI-27: Inkludieren Sie Quellcode direkt aus der Versionsverwaltung

Sie sollten Quellcode niemals mittels Copy and Paste in Ihre Dokumentation übernehmen, sondern grundsätzlich *inkludieren*, d. h. während der Dokumentationsgenerierung den jeweils gültigen Code automatisiert einbinden lassen.

In AsciiDoc können Sie sehr einfach Codefragmente direkt aus dem Quellcode Ihrer Versionsverwaltung in die Dokumentation übernehmen. Schematisch finden Sie diese Möglichkeit in Bild VI.11.

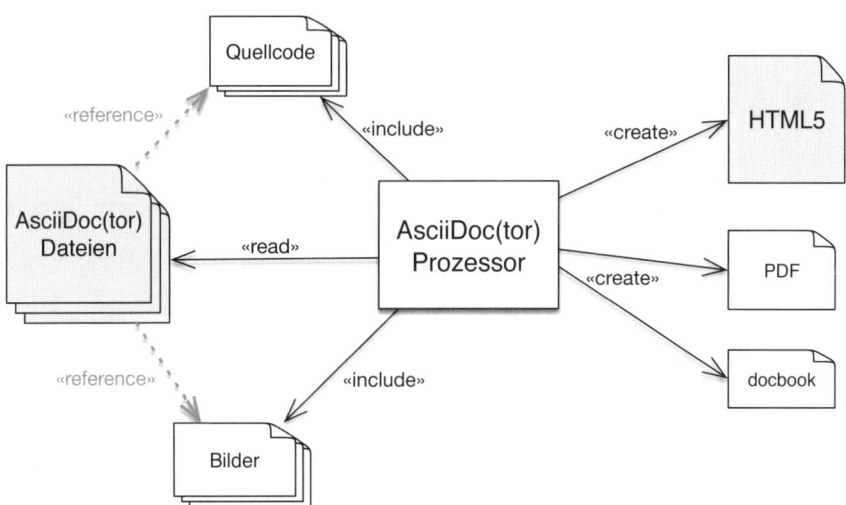

Bild VI.11 Integration von Quellcode und AsciiDoc

Innerhalb von AsciiDoc referenzieren Sie Quellcode wie folgt:

```
----
include::{coresourcepath}/HTMLsanitycheck/RunResults.groovy
----
```

Die Minuszeichen (—) vor und nach dem include-Befehl sorgen dafür, dass die inkludierte Datei als Quellcode formatiert wird.

In geschweiften Klammern ({coresourcepath}) finden Sie eine AsciiDoc-Variable – hier einen Verweis auf das Verzeichnis, in dem der AsciiDoc-Prozessor den Quellcode suchen soll.

Setzen Sie im Build-Skript diese Variable beispielsweise auf Ihr lokales Git-Repository oder Ihre Subversion-Workingcopy. Nachfolgend sehen Sie die entsprechende Zeile aus der system-arc42.adoc-Datei:

```
:coresourcepath: ../../../src/main/groovy/org/aim42
```

Für einen automatisierten Build der Dokumentation müssen Sie dazu den referenzierten Quellcode auf dem Buildserver auschecken, bevor der AsciiDoc-Prozessor die Dokumentation generiert.

Tipp VI-28: Inkludieren Sie wichtige Code*fragmente*, z. B. Interfaces

Im Normalfall sollten Sie Auszüge oder Fragmente aus Quellcode in die Dokumentation übernehmen, keinesfalls *vollständige* Quellcodedateien (so könnten Sie Tipp VI-27 auslegen). Beschränken Sie sich dabei auf wesentliche Fragmente und die wichtigsten *Highlights*, die für das Verständnis wichtig sind.

Wir haben das Listing aus Tipp VI-27 leicht erweitert:

Listing VI.1 Einfügen von Codefragmenten in AsciiDoc

```
[source, groovy]
.Interface RunResults
----
include::{coresourcepath}/HTMLsanitycheck/RunResults.groovy
        [tags=RunResultInterface]
----
```

Sie finden am Ende der include-Zeile jetzt in eckigen Klammern eine tags-Angabe ([tags=RunResultInterface]). AsciiDoc sucht im referenzierten Quellcode nach Kommentaren, die diesen Tag enthalten. Das folgende Listing zeigt den zugehörigen (Groovy-)Code.

```
// tag::RunResultInterface[]
public interface RunResults {

    // returns results for all pages which have been checked
    ArrayList<SinglePageResults> getResultsForAllPages()

    // how many pages were checked in this run?
    int nrOfPagesChecked()

    // some lines deleted
}
// end::RunResultInterface[]
```

Optional können Sie AsciiDoc noch mitteilen, um welche Programmiersprache es sich handelt ([source,groovy]) und wie das Listing betitelt werden soll ([.Interface RunResults]). Diese Erweiterungen finden Sie zu Anfang von Listing VI.1.

Tipp VI-29: Nutzen Sie AsciiDoc, um wichtige Teile von Quellcode zu erklären

AsciiDoc bietet die Möglichkeit, Referenzen auf einzelne Zeilen im Quellcode zu pflegen. Dieses Feature nennt sich callouts – das sind in spitzen Klammern geschriebene Nummern innerhalb von Kommentaren im Quellcode. Damit können Sie sehr einfach und übersichtlich diese Codestellen erklären:

```
[source,ruby]
----
require ‚sinatra' // <1>
  get ‚/hi' do // <2>
    "Hello World!" // <3>
  end
----
<1> Library import
<2> URL mapping
<3> Content for response
```

```
require 'sinatra' ❶
get '/hi' do ❷
  "Hello World!" ❸
end
```

❶ Library import

❷ URL mapping

❸ Content for response

Asciidoc	Ergebnis

Ja – wir haben auch das Clean-Code-Buch ([Martin-08]) gelesen und wissen um den Wunsch nach selbst erklärendem Quellcode … Wir halten das an manchen Stellen schlichtweg für nicht umsetzbar.

Tipp VI-30: Verwenden Sie zum Einstieg in AsciiDoc einen WYSIWYG-Editor

Grundsätzlich können Sie AsciiDoc mit jedem Texteditor Ihrer Wahl bearbeiten. Für Fortgeschrittene ist sicherlich die Entwicklungsumgebung die erste Wahl als Werkzeug – aber zum Einstieg in AsciiDoc empfehlen wir Ihnen ein Werkzeug, das AsciiDoc möglichst unmittelbar in HTML übersetzt. Einige Möglichkeiten dafür:

- AsciidocFX (http://asciidocfx.com/, Open Source) ist in Java implementiert, unterstützt neben normaler Dokumentation auch die Erstellung von Folien.
- Atom-Editor (https://atom.io/, Open Source) ist ein leistungsfähiger, erweiterbarer Texteditor. Für AsciiDoc gibt es ein preview-Plug-in (https://atom.io/packages/asciidoc-preview).
- Eine Browser-Erweiterung (http://asciidoctor.org/docs/editing-asciidoc-with-live-preview/), die jegliche Änderungen an den AsciiDoc-Quellen unmittelbar übersetzt.

Hintergrund zu AsciiDoc und AsciiDoctor

Der originale AsciiDoc-Prozessor wurde in Python implementiert, später portierte Dan Allen diesen vollständig (!) kompatibel (aber erheblich performanter) unter der Bezeichnung AsciiDoctor auf Ruby. Wer AsciiDoctor lieber unter JavaScript (beispielsweise auf Node.JS) verwenden möchte: Auch das ist möglich: AsciiDoctor.JS transpiliert die Ruby-Sourcen nach JavaScript. Andere Freiwillige machen AsciiDoctor der Java-Welt zugänglich, unter anderem durch ein Gradle-Plug-in[10]. Ziemlich cool …

---

[10] https://github.com/asciidoctor/asciidoctor-gradle-plugin

VI.5.2 Andere Markup-Sprachen

Neben AsciiDoc gibt es noch eine Reihe weiterer Markup-Sprachen, die sich für die technische Dokumentation eignen.

Markdown

Eine auf Einfachheit optimierte Sprache, die den meisten web-affinen Entwicklern bekannt sein dürfte. Viele der schicken AsciiDoc-Features gibt es hier nicht, dafür ist die Syntax noch einfacher zu lernen.

Leider verfügt Markdown von Hause aus über keine Konzepte zur Modularisierung von Dokumentation, wie etwa einen include-Befehl. Damit ist Markdown aus unserer Sicht *out-of-the-box* für die arc42-Anwendung kaum brauchbar. Abhilfe schafft hier Peter Goetz mit Build-Werkzeugen wie maven – siehe beispielsweise https://github.com/p-goetz/arc42-maven/ – oder auch gradle, siehe https://github.com/p-goetz/arc42-gradle.

Tipp VI-31: Wenn Sie bereits mit Markdown arbeiten, nutzen Sie es für arc42

Sie sollten dann allerdings ein Build-Werkzeug einsetzen, dass modularisierte Markdown-Dokumente unterstützt (siehe oben, maven oder gradle).

Anmerkung: Wir bleiben bei unserer grundsätzlichen Empfehlung, AsciiDoc für die Architekturdokumentation einzusetzen. Nur falls das bei Ihnen oder Ihrem Team nicht geht, ist Markdown eine Alternative.

TeX/LaTeX

TeX und LaTeX sind für die Erstellung wissenschaftlicher Publikationen und die Produktion nahezu perfekter Layouts optimiert – aber nicht für die einfache Benutzung.

Sie können mit TeX/LaTeX eine wirklich gut formatierte Dokumentation generieren – aber aufgrund der relativ komplexen Syntax benötigen Sie dafür viel mehr Aufwand als bei einfacheren Ansätzen. Wir möchten nicht ausdrücklich von TeX/LaTeX abraten – Ihnen aber deutlich empfehlen, lieber Aufwand in die Inhalte Ihrer Dokumentation zu investieren, statt in Layout.

VI.5.3 DITA

DITA, die „Darwin Information Technology Architecture", basiert auf dem Single-Source-Konzept (gut), benötigt als Format für die Dokumentation jedoch XML (sehr schlecht).

Meiner (Gernot) Erfahrung nach ist DITA für die technische Dokumentation nicht geeignet, weil die Erstellung der notwendigen XML-Dokumente zu aufwendig ist. Für die Produktdokumentation großer Systeme, inklusive Benutzer- und Betriebsdokumentation, könnte sich DITA lohnen, es benötigt in jedem Fall aber eigenes Personal (!), beispielsweise technische Redakteure.

Es gibt unseres Wissens nach keine öffentlich verfügbaren Beispiele zu DITA und arc42.

Quellen:

- Wikipedia: https://de.wikipedia.org/wiki/Darwin_Information_Typing_Architecture
- http://www.dita-ot.org/2.2/user-guide/overview-of-dita-ot.html
- Beispiel: Apache-Derby, http://db.apache.org/derby/manuals/dita.html

Tipp VI-32: Vermeiden Sie die Dokumentation mit DITA

Das ist einer der wenigen ausdrücklichen Anti-Tipps in diesem ansonsten hoffentlich konstruktiven Buch: Vermeiden Sie DITA, falls das irgendwie möglich ist. Falls Ihre Organisation Ihnen DITA vorschreibt, delegieren Sie den unsäglichen Aufwand des XML-Editierens an Personen außerhalb Ihres Entwicklungsteams.

Anmerkung: Ich (Gernot) habe monatelang unter DITA gelitten und sehr lange gebraucht, um mich davon zu erholen. Seither leide ich unter einem Spitze-Klammern-Trauma.

■ VI.6 Textverarbeitung

Mit OpenOffice, LibreOffice oder deren kommerziellen Pendants entsteht heute sicherlich noch ein Großteil der technischen Dokumentation aller Softwaresysteme – obwohl Wikis und Plaintext-Werkzeuge in den letzten Jahren deutlich aufgeholt haben.

Schon mal vorab: Unsere Begeisterung für diese Werkzeuge hält sich für die arc42-Dokumentation in engen Grenzen – diplomatisch ausgedrückt.

Zwar bieten diese Tools einige Vorteile, aber bei der Zusammenarbeit in Entwicklungsteams stehen diesen Vorteilen gravierende Nachteile gegenüber. In Tabelle VI.4 haben wir einige Vor- und Nachteile gegenübergestellt.

Die Schlimmsten in Kurzform: In arc42 benötigen wir unbedingt Querverweise zwischen verschiedenen Teilen der Dokumentation – und solche Verweise sind in den gängigen Office-Produkten ein Albtraum. Außerdem möchten wir modularisieren, d. h. die Dokumentation auf mehrere Teile aufteilen. Auch das ist (theoretisch) möglich, praktisch aber schwierig[11].

---

[11] Das verbreitete kommerzielle Office-Produkt kann bis heute keine relativen Pfadangaben verarbeiten – ein modularisiertes Dokument ist daher kaum auf andere Computer übertragbar.

Tabelle VI.4 Vor- und Nachteile von Textverarbeitungswerkzeugen für technische Dokumentation

Vorteile	Nachteile
(fast) allgegenwärtig: (fast) alle Beteiligten können es benutzen	Wirklich gemeinsames Arbeiten praktisch kaum möglich*
Fast perfekte Unterstützung für Texte und Tabellen	Keine sinnvolle Unterstützung von Querverweisen über Dokumentgrenzen
Optisch ansprechende Resultate für Druck und beispielsweise PDF-Export (jedoch: plattformabhängig)	Binäre Dateiformate: ■ Kein Diff/Merge möglich ■ (praktisch) keine automatische Weiterverarbeitung/Konvertierung ■ Nur binär versionierbar
Änderungsmarkierungen ermöglichen Kommentare und Vorschläge	Änderungsmarkierungen von mehreren Personen müssen manuell einzeln bearbeitet werden, keine Automatisierung
Integration mit anderen Office-Werkzeugen	Kaum Integration mit Entwicklungstools
	Proprietär, oftmals kostenpflichtig
	Hoher Funktionsumfang lenkt vom Inhalt der Dokumentation ab

* Nein, bitte versuchen Sie nicht, mich von SharePoint™ zu überzeugen. Meine praktische Erfahrung aus vielen Projekten hat mir gezeigt, dass Theorie und Praxis hier meilenweit auseinanderklaffen. Wenn's bei Ihnen gut funktioniert, können Sie sich glücklich schätzen. Wenn's bei Ihnen fürchterlich nervt – *welcome to reality*.

■ VI.7 Mindmapping-Werkzeuge

In dieser Kategorie finden Sie für die meisten Betriebssysteme sowohl kostenfreie wie auch einige kostenpflichtige Vertreter.

Für kleine Systeme haben wir mit Mindmaps gute Erfahrungen gemacht: Sie können darin einige wesentliche Entscheidungen festhalten und (grafisch) miteinander in Beziehung setzen. Ein Beispiel finden Sie in Kapitel VIII.2.

■ FreeMind (OpenSource): für kleine, rein textbasierte Mindmaps brauchbar, kann unserer Einschätzung nach mit den kommerziellen Alternativen nicht ganz mithalten ...

■ MindManager (kommerziell, Hersteller Mindjet Inc.): ausgereift und recht verbreitet

■ XMind (kommerziell, aber kostenfreie Version verfügbar): hoher Funktionsumfang, ermöglicht modularisierte Mindmaps

Die erste Version von arc42 haben wir 2005 übrigens als Mindmap erstellt. Liebhaber historischer Dokumente finden in Bild VI.12 die erste veröffentlichte Version (2.0-alpha) aus dem arc42-Museum ...

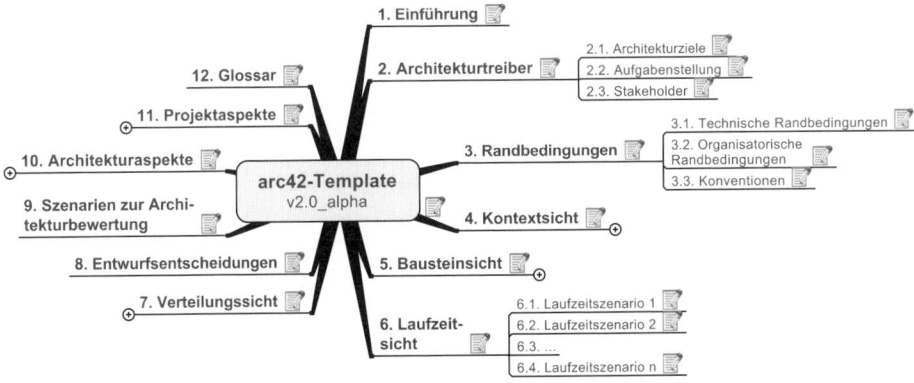

Bild VI.12 Aus dem Museum: arc42 von 2006 (2.0 alpha)

Tipp VI-33: Nutzen Sie Mindmaps für sehr kleine Systeme

Sie können wichtige Teile Ihre Architektur in Mindmaps beschreiben, allerdings nur für kleine Systeme. Bild VI.13 zeigt ein Beispiel: eine ganz kleine Applikation[12], die in der Menüleiste des Mac-OS-Betriebssystems lauert, um einige Konfigurationseinstellungen per Mausklick zu ändern. Die Dokumentation benennt lediglich einige Konzepte und für die Implementierung wichtige Bestandteile des (Mac-OS-)Betriebssystems.

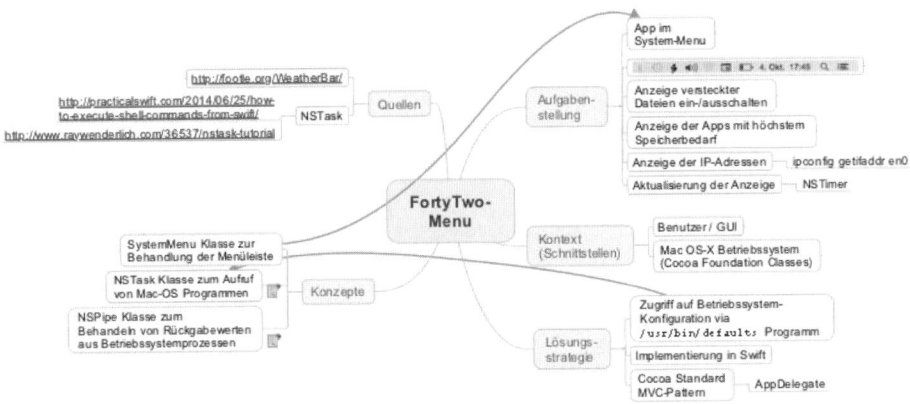

Bild VI.13 Dokumentation eines (winzigen) Systems als Mindmap

Tipp VI-34: Nutzen Sie Mindmaps zur Dokumentation von Entscheidungen

Sie können wesentliche Entscheidungen übersichtlich in Mindmaps dokumentieren, insbesondere Kriterien und Alternativen. Einen Vorschlag dazu finden Sie in Bild VI.14, ein Beispiel hatten wir bereits in Kapitel IV.9 gegeben.

---

[12] hiddenFilesToggler, siehe https://github.com/gernotstarke/hiddenFilesToggler

Bild VI.14 Mindmap für Entscheidungen

■ VI.8 Empfehlungen

Wir haben in der Praxis einige Kombinationen von Werkzeugen sehr zu schätzen gelernt
– eine subjektive Zusammenfassung für verschiedene Arten von Systemen oder Projekten
sehen Sie in folgender Tabelle.

Art des Projekts/Systems	Mögliche Werkzeuge
Ganz kleine Systeme, kleine Teams	▪ MindMap für wesentliche Lösungsansätze ▪ Blog oder Forum zur Dokumentation bzw. Diskussion von Entscheidungen ▪ Wiki
Kleine bis mittlere System- und Projektgröße, geringe Anforderungen an Dokumentation und Formalia	Wiki als Einstiegspunkt sowie für Text und Tabellen, Grafikwerkzeug für Diagramme; Generierung von HTML/PDF, falls notwendig
Mittlere bis große Projekte oder Systeme, mittlere bis hohe Anforderungen an Dokumentation	Wiki als Einstiegspunkt sowie für Text und Tabellen, Modellierungswerkzeug für Diagramme; möglichst automatisierter Export von Diagrammen ins Wiki, Generierung von HTML/PDF nach Bedarf, ggfs. automatisiert pro Release
Beliebige System- und Projektgröße, Dokumentation primär von Entwicklern erstellt; beliebige Anforderungen an Dokumentation	▪ Rein textbasierte Dokumentation (AsciiDoc, siehe Abschnitt VI.3) + Grafik- oder Modellierungswerkzeug für Diagramme; automatisierte Generierung von HTML/PDF im Rahmen des Build-Systems ▪ Wiki mit Ergänzung (Plug-in) für Grafiken
Langlebige Systeme oder große Projekte, hoher Anspruch an Dokumentation und formale Nachweisbarkeit	Teamfähiges (UML-)Modellierungswerkzeug mit Anbindung an Quellcode-Repository; regelmäßige Generierung und teaminterne Bereitstellung von HTML-Reports (z. B. durch internen Webserver)

FAQ: Häufige Fragen zu arc42

Kategorie		Stichworte
Allgemeines zu arc42	VII.1	Kosten, Lizenz, Mitarbeit bei arc42
Methodik	VII.2	Mindestumfang von Dokumentation, Notationen, UML, wohin-gehört-was?, externe Schnittstellen,
arc42-Abschnitte	VII.3	Wie bearbeite ich Qualitätsanforderungen, Kontext-abgrenzung, Baustein-, Laufzeit-, Verteilungssicht, Konzepte etc.?
Modellierung im Allgemeinen	VII.4	UML: Komponentendiagramm, Schnittstellen, Ports Verständlichkeit, Übersichtlichkeit, Konsistenz
arc42 und agiles Vorgehen	VII.5	SCRUM, Kanban, Extreme-Programming (XP), Definition-of-Done, Minimalität, Sparsamkeit, ...
Werkzeuge	VII.6	Tools, Einsatz, Quellcode in Doku aufnehmen
Versionen und Varianten	VII.7	Versionieren von Dokumenten, Varianten von Systemen
Traceability	VII.8	Nachverfolgbarkeit von Anforderungen zu Lösungs-entscheidungen und umgekehrt
Projekt und Projektmanagement	VII.9	Sehr große Systeme, Standardisierung, Governance, Checkliste für Dokumentation, Delta-Dokumentation, Zugriffsrechte auf Dokumentation
Customizing	VII.10	Unternehmens-/organisationsspezifische Anpassungen, verbreitete Anpassungen

Falls Ihre Frage(n) zu arc42 hier noch fehlen – so geben Sie uns bitte Bescheid: Entweder als E-Mail an info@arc42.de oder auf unserem Issue-Tracker https://github.com/arc42/arc42-template/issues.

■ VII.1 Allgemeines zu arc42

Frage VII.1-1: Woher kommt die 42 im Namen?

„42" ist ein Zitat aus dem frühen Science-Fiction-Roman „Per Anhalter durch die Galaxis" des britischen Autors Douglas Adams. In diesem Buch wird die Zahl 42 persifliert als die „Antwort auf alle Fragen, den Sinn des Lebens und den Ursprung des Universums".

Unter Softwareentwicklern wird die 42 häufig als *magische Zahl* verwendet – also als Zahlenwert ohne tieferen Sinn, der auch durch jede beliebige andere Zahl ersetzt werden könnte. Siehe auch: https://de.wikipedia.org/wiki/42_(Antwort).

Frage VII.1-2: Unter welcher Lizenz steht arc42?

Das arc42-Template steht unter der liberalen Creative-Commons-Sharealike[1]-Lizenz, d. h., Sie dürfen das Template in beliebigen Situationen verwenden, müssen jedoch einen Hinweis auf die ursprünglichen Autoren (Peter Hruschka, Gernot Starke) behalten.

Sie dürfen das Template auch beliebig modifizieren, customizen, kürzen, erweitern ... Auch dabei sollten Sie (fairerweise) der Aufforderung zur Namensnennung nachkommen.

Frage VII.1-3: Fallen bei der Nutzung von arc42 Kosten an?

Nein – Sie dürfen das arc42-Template kostenfrei in beliebigen Projekten (auch in kommerziellen) einsetzen.

Frage VII.1-4: Wie verbreitet ist arc42 in D, A, CH bzw. international?

Wir (die Autoren) wissen im deutschen Sprachraum von vielen Dutzend Unternehmen und Organisationen, die arc42 aktiv für unterschiedliche Systeme und Domänen einsetzen. Statistisch relevante Zahlen kennen wir keine. In Deutschland, Österreich und der Schweiz sind unserer Ansicht nach nur wenige alternative Frameworks zur Dokumentation von Softwarearchitekturen etabliert.

Über den angelsächsischen Sprachraum haben wir keine verlässlichen Aussagen: Zwar gibt es arc42 schon lange auch auf Englisch (und Spanisch), aber beispielsweise Simon Browns' [SA4D] erfreut sich in GB und USA großer Beliebtheit.

Frage VII.1-5: Was sind Zielgruppen einer Architekturbeschreibung nach arc42?

Kurze Antwort:

Alle Stakeholder eines Systems, die Informationen über dessen Architektur benötigen (also z. B. den internen Aufbau, die technischen Konzepte, die wesentlichen Entscheidungen).

Längere Antwort:

Welche Personen und Rollen sich genau für welche Teile der Architektur interessieren, hängt vom jeweiligen Kontext ab. Typische Zielgruppen sind:

---

[1] https://creativecommons.org/licenses/by-sa/4.0/

- Softwareentwickler, die am System entwickeln,
- Softwareentwickler von Nachbarsystemen, die externe Schnittstellen des Systems verstehen und benutzen müssen,
- Softwarearchitekten, die Entwurfsentscheidungen vorbereiten und/oder umsetzen,
- Betreiber/Administratoren, die das System oder Teile davon installieren, administrieren, konfigurieren und betreiben,
- technische Manager, die Erstellung, Wartung und Pflege des Systems organisieren,
- Auditoren/Reviewer, die Interna des Systems prüfen,
- Tester und Qualitätssicherer, die z. B. Whitebox-Tests des Systems durchführen oder solche Tests planen, entwerfen und entwickeln.

Frage VII.1-6: Gibt es Alternativen zu arc42? Falls ja: Welche?

1. Simon Browns „Software Architecture Guidebook", siehe [SA4D]. Pragmatisch und übersichtlich. Simon nennt seinen Ansatz auch C4 (context, components, containers & classes). Einen Überblick finden Sie auf: http://static.codingthearchitecture.com/c4.pdf.
2. Das Views-Model von Paul Clements et al., siehe [Clements+11]. Sehr gründlich, sehr umfangreich, sehr komplex im Einsatz. Entwickelt für den Einsatz in großen Projekten. Für kleine und mittlere Systeme aus unserer Sicht eher ungeeignet.

Frage VII.1-7: Für welche Art von Systemen ist arc42 geeignet?

Kurze Antwort:

Durch seine Flexibilität hinsichtlich Werkzeugen und Umfang eignet sich arc42 für alle Arten von IT-Systemen (klein-groß, einfach-komplex, beliebige Implementierungstechnologien).

Längere Antwort:

Für hochgradig kritische Systeme (etwa: Systeme, von denen Menschenleben abhängen) sollten Sie die Anforderungen an die Dokumentation gründlich prüfen und arc42 in einer expliziten Vorabphase entsprechend erweitern. Lassen Sie sich in solchen Fällen das Vorgehen bzw. die daraus entstehende Struktur der Dokumentation von Fachexperten der jeweiligen Domäne bestätigen.

Für normale Systeme können Sie arc42 einsetzen: Je nach Risiko, Komplexität, Umfang oder Größe sollten Sie die Struktur bzw. die zur Erstellung/Pflege eingesetzten Werkzeuge vorher auf ihre Tauglichkeit prüfen.

Frage VII.1-8: Kann ich zu arc42 beitragen, Vorschläge machen oder Fehler melden?

Ja, sehr gerne:

- Das arc42-Template wird als Open-Source-Projekt bei [arc42-github] gepflegt. Sie können dort Fehler und Anregungen melden und Ihre Verbesserungsvorschläge als Git-PR[2] platzieren.

---

2 PR = Pull-Request, ein Änderungsvorschlag. Falls Sie überhaupt nicht wissen, was PRs sind – schreiben Sie uns Ihre Vorschläge per E-Mail an info@arc42.de.

- Sie können die arc42-Dokumentation eines Systems veröffentlichen, denn viele arc42-Anwender fragen uns nach weiteren Beispielen ... Bitte stellen Sie dabei sicher, dass Sie über die notwendigen Rechte[3] an Texten und Diagrammen verfügen.

- Sie können – unabhängig von Ihrer beruflichen Tätigkeit – gerne ein Beispielsystem in arc42 dokumentieren – oder auch nur ein Beispiel für das eine oder andere Architektur-konzept (arc42-Abschnitt 8.x). Wir stehen Ihnen als Sparring-Partner dafür auch gerne zur Verfügung und verweisen von unseren Sites gerne auf Ihre Beispiele.

■ VII.2 Fragen zu arc42-Methodik

Frage VII.2-1: Welche Teile von arc42 sind „kann", welche „muss"? Soll ich alle Teile ausfüllen?

Kurze Antwort:

Bloß nicht alles „ausfüllen". Nur das, was Ihre Stakeholder wirklich benötigen.

Lange Antwort:

Alles, was Sie dokumentieren, wird Ihnen später Wartungsaufwand bereiten. Sie erzeugen mit jedem Stück Dokumentation damit möglicherweise weiteren Arbeitsaufwand in der Zukunft. Bitte dokumentieren Sie daher nur Dinge, Fakten oder Gründe, die Sie für *wertvoll* genug halten oder die irgendjemand unbedingt dokumentiert haben möchte. Achten Sie darauf, dass „irgendjemand" Ihnen auch die Mittel für den Dokumentationsaufwand zur Verfügung stellen kann (siehe [AJFZ07] Kapitel: „Waisenkinder").

Siehe dazu Tipp III-2 (Sparsamkeit) in Kapitel III.

Frage VII.2-2: Gibt es Vorgaben bezüglich der Notation von Sichten? Sollte ich UML verwenden?

arc42 macht keinerlei (!) Vorgaben zu Notation oder Syntax.

UML als Notation oder Ausdrucksmittel wird durch viele Werkzeuge gut unterstützt und ist ziemlich gut standardisiert – darum finden wir das gut.

Andererseits sind auch textuelle Beschreibungen für Entwickler einfach zu handhaben, zu erstellen und zu vergleichen (diff/merge) – was wir ebenfalls ziemlich gut finden.

Andere Ausdrucksmittel können ebenso gut funktionieren: Sie müssen sicherstellen, dass alle Beteiligten die Notation richtig verstehen (was schwierig ist, da Kästen und Pfeile erst mal keine feste Semantik haben und Menschen diese Symbole völlig unterschiedlich inter-pretieren werden).

Siehe auch Frage VII.4-6 und Kapitel VI.2 (Modellierungswerkzeuge), darin speziell die Tipps VI-5 und VI-6.

---

[3] Viele Organisationen und Unternehmen betrachten die Architektur ihrer Systeme als vertrauliche *intellectual property* und untersagen eine Veröffentlichung.

Frage VII.2-3: Was ist der Minimalumfang von arc42-Dokumentation?

Der Mindestumfang von Dokumentation hängt immer (!) vom spezifischen System ab, von dessen Kritikalität, Größe, Komplexität und Risiken. Daher möchten wir keinen pauschalen Mindestumfang vorgeben.

Im Verlauf des Buchs haben wir eine Menge Tipps gegeben, wie Sie den Umfang Ihrer Dokumentation systematisch reduzieren können. Achten Sie insbesondere auf das Hasen-Symbol (wie auch hier verwendet).

Frage VII.2-4: Wohin gehören externe Schnittstellen?

Kurze Antwort:

Sowohl Kontextabgrenzung (arc42-Abschnitt 3) wie Bausteinsicht (arc42-Abschnitt 5) bieten Raum für externe Schnittstellen.

Lange Antwort:

Wo und wie Sie externe Schnittstellen dokumentieren, hängt von mehreren Faktoren ab:

- Stellt Ihr System diese Schnittstelle nach außen bereit und dürfen Sie (bzw. das Team) eigenständig über Details dieser Schnittstelle entscheiden? Dann müssen Sie auch die Dokumentation dieser Schnittstelle erstellen und pflegen.
- Müssen Sie externe Nachbarsysteme mit Informationen über die Nutzung der Schnittstelle versorgen? Dann muss diese Dokumentation den Bedürfnissen dieser externen Stakeholder genügen, mindestens aber diesen Stakeholdern problemlos zugänglich sein.
- Stellen Sie an der externen Schnittstelle lediglich Daten bereit? In einem standardisierten und bereits dokumentierten Datenformat? Dann müssten Sie lediglich auf diese existierenden Standards verweisen.
- Stellen Sie Services oder eine Programmierschnittstelle bereit, gegen die andere Teams entwickeln müssen? In diesem Fall sollte die Beschreibung der Schnittstelle, möglichst mit Codebeispielen, als eigenständige Dokumentation aus dem arc42-Repository extrahierbar sein, die Sie anderen Teams zur Verfügung stellen können.
- Wenn Sie Schnittstellen von Nachbarsystemen nutzen, so sollte die Definition von diesen Nachbarsystemen bereitgestellt werden.

Siehe Fragen VII.3-21 und VII.3-22 sowie Tipp IV-71.

Frage VII.2-5: Wie dokumentiere ich externe Schnittstellen?

Siehe Frage VII.3-22 sowie Tipp IV-79 und Tipp IV-80.

Frage VII.2-6: Wo bringe ich Verweise auf die Dokumentation externer Systeme unter?

In der Kontextabgrenzung führen Sie die externen Systeme auf – daher sollten Sie dort auch die Verweise auf deren Dokumentation unterbringen.

Frage VII.2-7: Wo beschreibe ich komplexe Bausteine, die ich nicht weiter zerlegen möchte?

Wenn Sie Bausteine dokumentieren, deren Innenleben komplexe Algorithmen enthält, so stehen Ihnen dafür auch alle Ausdrucksmittel der Laufzeitsicht zur Verfügung, ohne dass Sie auf den Abschnitt Laufzeitsicht ausweichen müssen. Nutzen Sie statt des Standard-Whitebox-Templates auch die Alternativen aus Tipp IV-67. Bei ähnlichem Innenleben von mehreren Bausteinen hilft Ihnen Tipp IV-68 weiter (Vererbung einsetzen oder als Konzept auslagern) bzw. auch Tipp IV-69.

■ VII.3 Fragen zu arc42-Abschnitten

VII.3.1 Ad 1: Aufgabenstellung, Qualitätsziele, Stakeholder

Frage VII.3-1: Wie ausführlich soll ich die Aufgabenstellung/fachlichen Anforderungen in arc42 beschreiben?

Sehr kompakt, denn Sie möchten Redundanz zur Anforderungsdokumentation weitgehend vermeiden. Ein kurzer Absatz als Einstieg für Leser der Architekturdokumentation reicht aus. Falls keine Anforderungsdokumentation vorliegt, erklären Sie

- die Normalfälle der wichtigsten funktionalen Anforderungen oder Prozesse,
- die wesentlichen Qualitätsanforderungen, etwa hinsichtlich Zeitverhalten, Sicherheit, Robustheit oder Flexibilität,
- die wesentlichen „sonstigen Anforderungen", etwa hinsichtlich Hardware- bzw. Ablaufumgebung. Diese Kategorie von Anforderungen finden Sie oftmals als Randbedingungen formuliert (siehe Frage VII.3-4 und Frage VII.3-5).

Siehe Tipps IV-1 bis IV-23.

Frage VII.3-2: Was sind Qualitätsziele?

Wir verwenden den Begriff synonym zu Architekturzielen und meinen damit die wichtigsten Qualitätsanforderungen an das System.

Die sperrige Definition für Qualitätsanforderungen aus dem „Lehrbuch der Softwaretechnik" von H. Balzert: „Alle Merkmale eines Systems, die sich auf dessen Eignung beziehen, festgesetzte oder vorausgesetzte Erfordernisse zu erfüllen".

Die pragmatische Definition: die geforderten Eigenschaften eines Systems.

Lesen Sie diesen kurzen Satz ruhig ein zweites Mal: Alle geforderten Eigenschaften eines Systems ... inklusive der funktionalen Eigenschaften. So schlägt es der wichtige ISO-25010-Standard vor – und benennt auch gleich noch eine ganze Reihe solcher Eigenschaften (siehe Bild VII.1).

Siehe auch Abschnitt IV.1.2 (Qualitätsziele) mit den Tipps IV-11 bis IV-17 sowie [arc42-QA].

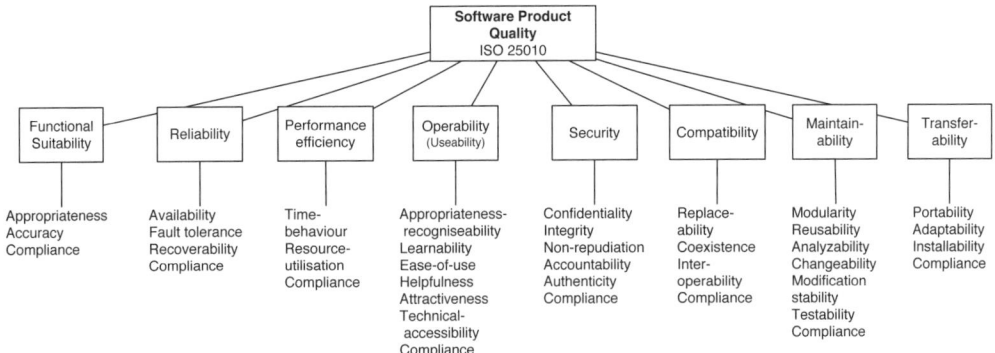

Bild VII.1 ISO-25010-Qualitätsbaum

Frage VII.3-3: Welche Informationen soll ich für welche Stakeholder bereitstellen?

Kurze Antwort:

Erfragen Sie das bei Ihren konkreten Stakeholdern. Zeigen Sie Ihnen Beispiele oder unterbreiten Sie Ihnen Vorschläge – und berücksichtigen Sie deren Feedback unbedingt bei der Erstellung Ihrer Dokumentation. Siehe auch Tipp III-3 (Angemessenheit).

Ausführliche Antwort:

In den Grundregeln aus Kapitel III haben wir Ihnen vorgeschlagen, die Stakeholder selbst nach deren konkreten Anforderungen und Feedback bezüglich arc42-Dokumentation zu fragen. Typische Antworten typischer Stakeholder lauten:

- *Management und Projektleitung:* Qualitätsziele, fachliche Kontextabgrenzung (externe Schnittstellen), Bausteinsicht (Level-1), Lösungsstrategie (wesentliche Lösungsentscheidungen) sowie Übersicht der wesentlichen Konzepte; manchmal auch Verteilungssicht (Hardware, Infrastruktur)

- *Softwareentwickler:* Qualitätsziele, fachliche und technische Kontextabgrenzung, Lösungsstrategie mit Verweisen auf detaillierte Konzepte, Bausteinsicht (an manchen Stellen detailliert) mit Bezug zu Quellcode, wichtige Laufzeitszenarien, Verteilung/Deployment, Domänenmodell und weitere querschnittliche Konzepte

- *Betreiber, Administratoren:* technische Kontextabgrenzung mit externen Schnittstellen, Deployment-Sicht (Infrastruktur, Deployment), Konzepte betreffend Betrieb (u. a. Monitoring, Logging, Protokollierung, Sicherheit)

- *Tester, QS, Auditoren:* Qualitätsziele, Kontextabgrenzung, Bausteinsicht (Ebene 1), wesentliche Lösungskonzepte, Konzepte zu Testbarkeit und Sicherheit

- *Top-Management:* wesentliche fachliche Aufgaben, Top-3-Qualitätsziele, fachliche Kontextabgrenzung, eingesetzte Produkte/Frameworks/Bibliotheken, Betriebskonzept, Konformität zur gesamten IT-Strategie, wichtige Entscheidungen

Sicherlich haben Sie für Ihr System noch weitere Stakeholder ☺.

Siehe auch Tipps IV-19 – IV-23.

VII.3.2 Ad 2: Randbedingungen

Frage VII.3-4: Was sind „Randbedingungen"?

Einschränkungen Ihrer Freiheitsgrade für Entscheidungen bei allen Tätigkeiten in Softwareentwicklung und -betrieb. Zwar müssen Sie Randbedingungen berücksichtigen, diese sind oftmals jedoch verhandelbar. Beispiel: Randbedingung = alles in Java entwickeln. Sie überzeugen Ihr Management aber, dass Treibersoftware effektiver und billiger in C erstellt werden kann. Die Randbedingung wird deshalb für die Teile der Architektur aufgehoben.

Randbedingungen sind manchmal systemübergreifend gültig.

Frage VII.3-5: Welche Arten von Randbedingungen gibt es?

In der Regel fallen Randbedingungen in eine der drei Kategorien:

* organisatorische (Einhaltung von Standardprozessen, Budget und Zeit, geforderte Informationsflüsse, ...),
* technische (Vorgabe von Hardware und anderen Technologien),
* Konventionen (als Mittelding zwischen organisatorischen und technischen Randbedingungen, wie z. B. Programmierrichtlinien, Namenskonventionen, ...).

Frage VII.3-6: Welche Randbedingungen soll ich dokumentieren?

So viele, dass das Entwicklungsteam versteht, welche Randbedingungen eingehalten werden müssen. Machen Sie die „Firmenfolklore" explizit, damit niemand wegen Nichtwissens Entscheidungen gegen Randbedingungen trifft.

VII.3.3 Ad 3: Kontextabgrenzung

Frage VII.3-7: Wie soll ich den Kontext beschreiben?

Einige Vorschläge dazu finden Sie in Kapitel IV.3. Die Kurzfassung: Kombinieren Sie ein Komponentendiagramm mit einer erläuternden Tabelle. Ihr System sollte dabei eine Blackbox (eine Komponente im Diagramm) sein. Sämtliche externen Nachbarsysteme (Menschen und andere IT-Systeme) sollen im Kontext erkennbar sein. ALLE Schnittstellen nach außen sollen identifiziert sein.

Siehe Tipps IV-29 – IV-40.

Frage VII.3-8: Was bedeutet „fachlicher Kontext"?

Der fachliche Kontext grenzt Ihr System (und damit Ihre Verantwortung) von Nachbarsystemen (und deren Verantwortung) ab. Sie sehen auf einen Blick alle Schnittstellen (auf fachlichem Niveau, also Eingangs- und Ausgangsdaten, bzw. an den Schnittstellen angebotene und benötigte fachliche Services).

Siehe Tipps IV-39 – IV-40.

Frage VII.3-9: In welchen Fällen soll ich den fachlichen Kontext beschreiben?

Kurze Antwort: immer

Ausführliche Antwort: Am fachlichen Kontext führt kein Weg vorbei. In Kapitel IV zeigen wir Ihnen aber zahlreiche Varianten, mit welcher Notation und welcher Präzision Sie den fachlichen Kontext beschreiben können. Es gilt aber: Der fachliche Kontext ist neben den Qualitätszielen der wichtigste Einstiegspunkt in die Architekturdokumentation.

Siehe Tipps IV-29 – IV-40.

Frage VII.3-10: Was bedeutet „technischer Kontext"?

Die fachlichen Ein- und Ausgaben eines Systems kommen evtl. über unterschiedliche Kanäle bzw. Technologien in und aus Ihrem System. Der technische Kontext zeigt diese physischen Übertragungswege bzw. Protokolle zwischen Ihrem System und allen Nachbarsystemen.

Siehe Tipp IV-39 sowie IV-45 – IV-49.

Frage VII.3-11: In welchen Fällen soll ich den technischen Kontext beschreiben?

Nur wenn dieser Abschnitt wirklich Mehrwert bringt. Bei vielen technischen (Embedded) Systemen, die über unterschiedliche Leitungen, Bussysteme, Kanäle mit der Umwelt kommunizieren, ist dies der Fall. Bei vielen kommerziellen Systemen reicht eine Annotation der fachlichen Ein-/Ausgaben mit den verwendeten Technologien.

Falls Hardware eine große Rolle spielt, sollten Sie den technischen Kontext explizit darstellen.

Bei Informationssystemen können Sie oft auf den technischen Kontext verzichten, siehe Tipp IV-39 sowie Tipps IV-45 – IV-49.

VII.3.4 Ad 4: Lösungsstrategie

Frage VII.3-12: Was bedeutet „Lösungsstrategie"?

Wie das Wort schon sagt: Strategie! Nur die allerwichtigsten Entscheidungen, die nach Verständnis der Aufgabenstellung und Ziele (arc42-Abschnitt 1) klar sein sollten, bevor Sie in die Details (arc42-Abschnitte 5 – 12) abtauchen.

Frage VII.3-13: Wie beschreibe ich meine Lösungsstrategie?

Kurze Antwort: möglichst knapp

Ausführliche Antwort: In diesem Abschnitt sollten Sie nur die Entscheidungen festhalten, die Ihre Architektur prägen oder von strategischer, langfristiger Bedeutung sind und daher jedem, der mit der Architektur zu tun hat, frühzeitig klar sein sollten.

Detaillierte Entscheidungen haben noch genügend andere Aufbewahrungsorte in arc42: z. B. bei einem konkreten Baustein (Abschnitt 5.x), in der Infrastruktur (Abschnitt 7), in einem Konzept (Abschnitt 8.x) oder im Abschnitt 9 (Entscheidungen).

Siehe Tipps IV-50 – IV-55.

VII.3.5 Ad 5: Bausteinsicht

Frage VII.3-14: Was ist ein Baustein?

Alles, was Sie programmiert (oder konfiguriert) haben, damit das System seine Anforderungen erfüllt und in der Zielumgebung *läuft*.

Dazu gehören neben dem Quellcode auch alle notwendigen Skripte und Konfigurationen, wie beispielsweise Make/Buildskripte, Deployment-/Verteilungs-/Installationsskripte, Startskripte, Konfigurationen für beteiligte Hard-/Software, Konfigurationsdateien oder -daten für beteiligte Middleware/Datenbanken/Application-Server o. Ä.

Siehe die zahlreichen Tipps zur Bausteinsicht: Tipps IV-56 – IV-77.

Frage VII.3-15: Zählen (fremde) Bibliotheken, Libraries oder Frameworks auch zu Bausteinen?

Kurze Antwort: Beschränken Sie sich bei Bausteinen möglichst auf Ihre eigenen.

Längere Antwort: Manche „externe" Software (Middleware, Datenbanken, Bibliotheken, Frameworks, Utilities) ist für das Verständnis Ihres Systems besonders wichtig. In solchen Fällen nehmen Sie diese mit in einer Whitebox der Bausteinsicht auf.

Siehe Tipp IV-76 sowie IV-77.

Frage VII.3-16: Wie gehören Quellcode und Bausteine zusammen?

Eine gegebene Menge an Quellcode (oder Quellcode-Dateien) können Sie auf unterschiedliche Arten in Architekturbausteinen zusammenfassen: Diese Zuordnung basiert auf Ihren Entscheidungen! Sie finden das in Abschnitt IV.5 ausführlich dargestellt.

In jedem Fall gilt:

- Sie entscheiden, welcher Teil vom Quellcode zu welchem Architekturbaustein gehört – es gibt dazu keinen Automatismus.
- Oftmals sind Paketierungskonstrukte (etwa: Java-Packages, C#-Namespaces oder Ähnliches) gute Kandidaten für eine Abbildung auf Architekturbausteine – aber auch nur Kandidaten.
- Die Zuordnung einer Quellcodeeinheit (beispielsweise einer Klasse oder einer Funktion) zu einem Architekturbaustein sollte innerhalb des Systems eindeutig sein.
- Jeder (!) Teil vom Quellcode muss einem Architekturbaustein (genauer: einem Teilbaum in der Bausteinhierarchie) zugeordnet sein.

Siehe Tipps IV-72 – IV-75.

Frage VII.3-17: Wie detailliert soll die Bausteinsicht sein? Wie weit soll ich Bausteine verfeinern?

Als Antwort mal eine Gegenfrage: Wie genau wollen oder müssen es Ihre Stakeholder denn wissen? Level-1 ist Ihr Freund: Den sollten Sie auf jeden Fall dokumentieren, selbst bei relativ kleinen Systemen.

Ansonsten siehe Tipp IV-84 (nur einige Bausteine verfeinern) und Tipp IV-58.

**Frage VII.3-18: Kann ich mehrere Bausteine von Level *n* zusammen auf Level
n+1 verfeinern?**

Ganz kurze Antwort: Ja, siehe Tipp IV-82.

Längere Antwort: Machen Sie das lieber nicht; Sie zerstören damit den systematischen Aufbau der Architekturbeschreibung.

Ausführliche Antwort: Manchmal lohnt es sich wegen des (geringen) Umfangs der beiden Detailbilder nicht, separate Diagramme zu zeichnen (Beispiel siehe Bild IV.17 und IV.18). Dies gilt meist für die unterste Ebene Ihrer Architekturdokumentation, die Sie nicht noch detaillierter beschreiben wollen.

**Frage VII.3-19: Welche Diagramme verwende ich für Bausteine,
wenn ich NICHT objektorientiert entwickle?**

UML-Komponentendiagramme sind gut geeignet, beliebige Arten von Bausteinen zu beschreiben. Interpretieren Sie „Baustein" als „Modul" oder „Block" oder wie auch immer Sie zu Ihren Teilen des Sourcecodes sagen.

Mit „Kästchen und Pfeilen" können Sie Code und dessen Beziehungen auch ohne UML gut visualisieren – sofern Sie die Tipps III-9 und VI-7 beherzigen.

Frage VII.3-20: Wie beschreibe ich (interne) Schnittstellen?

Siehe Abschnitt IV.5. Sie haben verschiedene Möglichkeiten – hier in steigendem Detaillierungsgrad bzw. Arbeitsaufwand aufgeführt:

1. Sie geben der Schnittstelle einen sprechenden (d. h. inhaltlich zutreffenden) Namen.
2. Sie erklären diesen Namen informell (etwa in einer Tabelle) mit wenigen Sätzen.
3. Sie ergänzen den Namen um die API dieser Schnittstelle, d. h. die verfügbaren Methoden oder Funktionen samt Parametern.
4. Sie dokumentieren die Schnittstelle und deren Nutzung durch einen oder mehrere Unit-Tests (*test-as-documentation*). Das ist einerseits sehr präzise, andererseits werden Sie diese Tests (hoffentlich) ohnehin erstellen ...
5. Sie beschreiben weitere Details grafisch mit UML-Mitteln (Ball-Socket, Ports).
6. Sie ergänzen die API um Leistungsmerkmale oder Qualitätseigenschaften der Schnittstelle, beispielsweise zugesicherter Durchsatz, Performance oder Ähnliches.

Siehe Tipps IV-78 – IV-80.

Frage VII.3-21: Wie beschreibe ich (externe) Schnittstellen?

Grundsätzlich genau so wie auch interne Schnittstellen. Manchmal müssen Sie allerdings externe Schnittstellen auch als eigenständige Dokumente bereitstellen, insbesondere, wenn externe Partner gegen diese Schnittstelle implementieren müssen.

Frage VII.3-22: Wo beschreibe ich (externe) Schnittstellen?

In der Kontextabgrenzung oder auf Ebene 1 der Bausteinsicht.

Siehe Tipp IV-71.

Frage VII.3-23: Wie kann ich Redundanz bei Schnittstellen in den Ebenen der Bausteinsicht vermeiden?

Sie können in der Kontextabgrenzung (Ebene 0) lediglich Stichworte, wesentliche Daten oder fachliche Bedeutung benennen und weitere Details erst auf einer tieferen Ebene offenlegen. Oder Sie verweisen von allen Stellen, an denen die Schnittstelle auftritt, auf eine ausgelagerte Schnittstellenbeschreibung.

Frage VII.3-24: Wie beschreibe ich Datenflüsse zwischen Bausteinen?

Verwenden Sie z. B. Pfeile bestimmter Farben oder Stricharten und erklären Sie deren Bedeutung in einer Legende.

Siehe auch Tipp IV-40.

Frage VII.3-25: Wie hängt die Hierarchie von Bausteinen mit den arc42-Abschnitten (Unterkapiteln) 5.1, 5.2 usw. zusammen?

Kurze Antwort: Ebene n der Bausteinsicht gehört in Unterkapitel 5.n.

Längere Antwort: siehe nachfolgendes Bild.

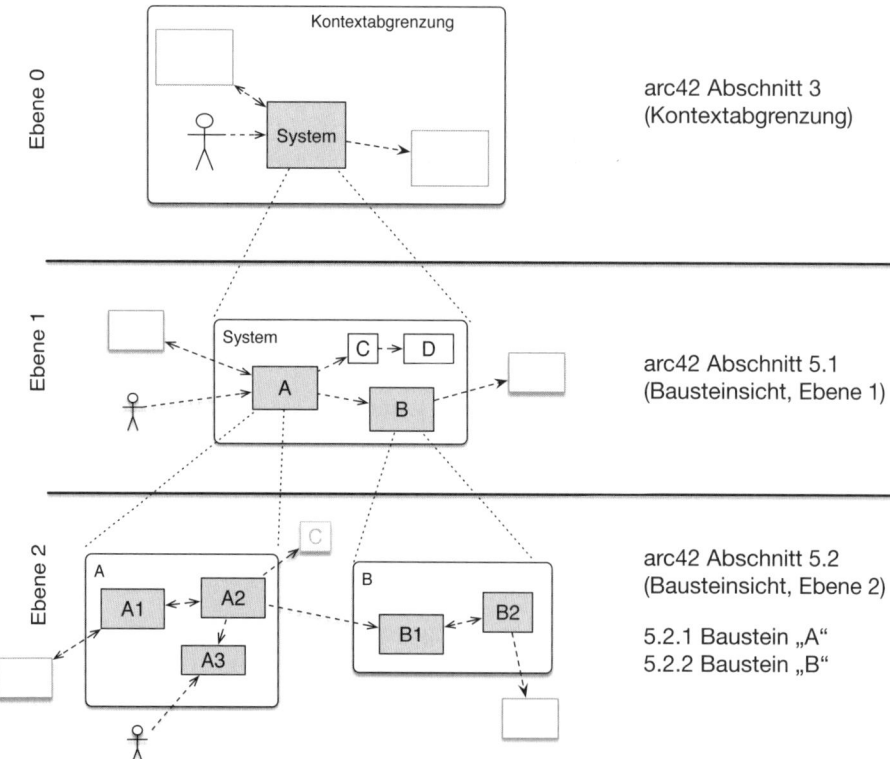

Bild VII.2 Bausteinhierarchie und Abschnitte der Dokumentation

VII.3.6 Ad 6: Laufzeitsicht

Frage VII.3-26: Was beschreibe ich in der Laufzeitsicht?

Kurze Antwort:

In der Laufzeitsicht beschreiben Sie anhand konkreter Szenarien, *wie* das System bestimmte Aufgaben erfüllt.

Ausführliche Antwort:

In der Laufzeitsicht beschreiben Sie das dynamische Verhalten der Bausteine Ihres Systems, indem Sie deren Zusammenwirken anhand konkreter Szenarien erklären.

Siehe Tipps IV-86 – IV-96.

Frage VII.3-27: Wie kann ich Abläufe/Szenarien beschreiben?

Sie haben verschiedene Möglichkeiten, Abläufe effizient zu beschreiben. Hier einige Vorschläge, nach steigendem Erstellungs-/Pflegeaufwand geordnet:

1. Beschreiben Sie Abläufe als nummerierte Schrittfolgen. Erklären Sie bei jedem Schritt (zum Beispiel in Klammern dahinter), welcher Baustein für diesen Schritt verantwortlich ist.

2. Erstellen Sie Aktivitäts- oder Flussdiagramme. Annotieren Sie jede Aktivität oder jede Funktion wiederum mit dem Namen des zuständigen Bausteins. Formalisten nutzen dafür die Swimlanes der UML.

3. Erstellen Sie Sequenzdiagramme. Die sind mit den meisten Werkzeugen aufwendig zu erstellen und zu pflegen, haben aber den Vorteil, dass Sie zwangsweise jeden Schritt (d. h. jeden Funktionsaufruf, jede Message, jedes Event) der Instanz eines Bausteins zuordnen müssen.

Einige Notationen (UML, BPMN) stellen weitere Optionen bereit, um Abläufe zu beschreiben.

Siehe Tipps IV-86 – IV-96.

Frage VII.3-28: Was sind partielle Szenarien?

Partielle Szenarien beschreiben Auszüge oder Teile von Gesamtabläufen. Sie beschreiben in einem partiellen Szenario die interessanten, schwierigen, riskanten oder wichtigen Teile eines größeren Ablaufs.

Diese „Konzentration auf das Wesentliche" besitzt mehrere Vorteile:

▪ Sie langweilen die Konsumenten Ihrer Dokumentation nicht mit trivialen Abläufen.

▪ Sie arbeiten sparsamer, sparen Aufwand bei Erstellung und Pflege.

Ein Risiko partieller Szenarien liegt darin, dass Konsumenten die Voraussetzungen oder Vorbedingungen für diesen Teil des Szenarios nicht verstehen. Nutzen Sie dafür Annotationen, um diese Ausgangssituationen oder Voraussetzungen klarzustellen.

Siehe auch Abschnitt IV.6 bzw. Tipp IV-92.

Frage VII.3-29: Welche Szenarien soll ich beschreiben?

Gute Kandidaten für Laufzeitszenarien sind:

1. Der Normalfall („Sonnenscheinfall") der wesentlichen Anwendungsfälle oder Prozesse
2. Wichtige Interaktionen mit Nachbarsystemen, die dynamische Funktionsweise externer Schnittstellen
3. Interaktionen, die wichtige Qualitätsziele betreffen oder beeinflussen, beispielsweise Sicherheit, Verfügbarkeit, Durchsatz o. Ä.
4. Fehler- oder Ausfallszenarien, die das Verhalten des Systems bzw. betroffener Bausteine in solchen Fällen erläutern
5. Start/Hochfahren des Systems (insbesondere bei verteilten Systemen)

Siehe Tipps IV-87 – IV-89.

VII.3.7 Ad 7: Verteilungssicht

Frage VII.3-30: Wozu brauche ich die Verteilungssicht?

Kurze Antwort: Wenn Sie keine verteilten Systeme entwickeln, dann meist gar nicht.

Längere Antwort: Immer wenn Ihr System auf mehr als einem Rechner ausgeführt wird – also verteilt ist – dann sollten alle Stakeholder verstehen, welcher Teil des Systems auf welcher Infrastruktur ausgeführt wird.

Frage VII.3-31: Wer sollte die Verteilungssicht erstellen?

Oftmals nicht die Softwarearchitekten, sondern die Infrastrukturarchitekten, also Personen, die für die Auswahl von Rechnern, (echten oder virtuellen) Prozessoren, für die Vernetzung, für Infrastruktur zuständig sind.

Frage VII.3-32: Muss ich für die Verteilungssicht UML-Deployment-Diagramme verwenden?

Die UML stellt Deployment-Diagramme als einzige Diagrammart zur Verfügung, mit der die Infrastruktur (Knoten und Kanäle) und das Deployment der Bausteine auf diese Infrastruktur modelliert werden kann.

Wenn Ihre Infrastrukturarchitekten lieber ein anderes Werkzeug und andere Notationen einsetzen, so sollten Sie als Softwarearchitekt keinesfalls protestieren. Die sind evtl. für diesen Teil der Dokumentation zuständig – und dürfen ihre Lieblingsnotationen wählen. Als Softwarearchitekt müssen Sie die Diagramme nur lesen und verstehen können. Sorgen Sie bei beliebigen Symbolen für eine gute Legende zu den Bildern. Und vor allem: Fordern Sie hinter den Bildern Beschreibungen der getroffenen Designentscheidungen und Motivationen für diese Strukturen ein (siehe Tipp IV-102).

Frage VII.3-33: Können meine Softwarebausteine evtl. unterschiedlich verteilt werden?

Ja, das ist oft der Fall, wenn Sie z. B. andere Infrastruktur zum Entwickeln, zum Testen und in Produktion verwenden. Siehe dazu alle Beispiele und Tipps in Kapitel IV-7.

Frage VII.3-34: Was mache ich, wenn ich Bausteine statisch nicht auf der Infrastruktur abbilden kann?

In seltenen Fällen ist das Mapping von Bausteinen auf Knoten dynamisch. Das heißt, das System entscheidet zur Laufzeit, auf welchem Knoten der Baustein ablaufen soll, transportiert ihn dorthin und startet dessen Ausführung. Dann verweisen Sie in der Dokumentation der Verteilungssicht auf dieses dynamische Mapping. Oder Sie schreiben dafür in Abschnitt 8 ein eigenes Konzept.

VII.3.8 Ad 8: Konzepte

Frage VII.3-35: Der arc42-Konzepte-Abschnitt ist ein Sammelbecken für viele Informationen, die wir ansonsten nirgendwo unterbringen können. Wie finden wir uns darin zurecht?

Der arc42-Abschnitt 8 (Konzepte) ist mit voller Absicht ein Sammelbecken für unterschiedliche Themen geworden! In früheren arc42-Versionen gab es darin fast keine Unterstruktur, ab arc42-Version 7 haben wir diesem Abschnitt deutlich mehr innere Struktur gegeben.

Sie können den arc42-Abschnitt 8 (Konzepte) auch nach Ihren eigenen, systemspezifischen Themenbereichen untergliedern.

Siehe Tipps IV-109 – IV-120.

Frage VII.3-36: Wie soll ich mein fachliches Modell/Domänenmodell dokumentieren?

Sie haben mehrere Optionen. Hier einige Vorschläge nach steigendem Arbeitsaufwand und steigender Detaillierung geordnet:

1. Erstellen Sie ein (tabellarisches) Glossar der relevanten Fachbegriffe.
2. Erstellen Sie eine formlose Skizze, in der Sie Daten und deren Beziehungen darstellen.
3. Erstellen Sie ein Datenmodell, z. B. in Form eines UML-Klassendiagramms oder eines ER-Diagramms, das zu Klassen oder Tabellen die jeweils wichtigsten Attribute benennt.
4. Erstellen Sie ein Klassenmodell („reiches Objektmodell"), das Klassen mit Attributen und Operationen enthält.
5. Arbeiten Sie gemäß Domain-Driven-Design ([Evans-04]: Grenzen Sie fachliche Kontexte voneinander ab, modellieren und implementieren Sie fachliche Entitäten, Wertobjekte, Services, Aggregate und Repositories.

VII.3.9 Ad 9: Entscheidungen

Frage VII.3-37: Welche Entscheidungen soll ich dokumentieren?

Teure, riskante, besonders bemerkenswerte oder solche, die Sie lange überlegt haben, und solche, die besonders viele Personen betreffen.

Siehe Tipps IV-121 – IV-127.

■ VII.4 Fragen zur Modellierung

Hier fassen wir Fragen zur Modellierung mit UML und anderen grafischen Notationen zusammen, andererseits aber auch allgemeine Fragen rund um die Verständlichkeit, Übersichtlichkeit und Konsistenz von Modellen.

VII.4.1 Nutzung von UML

Frage VII.4-1: Wie kann ich in UML eine Hierarchie von Bausteinen darstellen?

Dazu können Sie Klassen-, Paket- oder Komponentendiagramme verwenden, wie wir das in der Bausteinsicht (arc42-Abschnitt 5) vorschlagen.

Siehe Tipp IV-57.

Frage VII.4-2: Wie kann ich in UML Schnittstellen beschreiben?

Je nach der von Ihnen gewünschten Genauigkeit oder Detaillierung haben Sie eine Reihe von Möglichkeiten (geordnet nach steigendem Erstellungs- und Pflegeaufwand):

1. Benennen Sie die Beziehung zwischen den betroffenen Bausteinen und erklären Sie in einer Tabelle deren Bedeutung.

2. Verwenden Sie die provided/required („Lollipop")-Notation und machen Sie damit deutlich, welche Dienste/Leistungen der anbietende Baustein bereitstellt bzw. die nutzenden Bausteine benötigen.

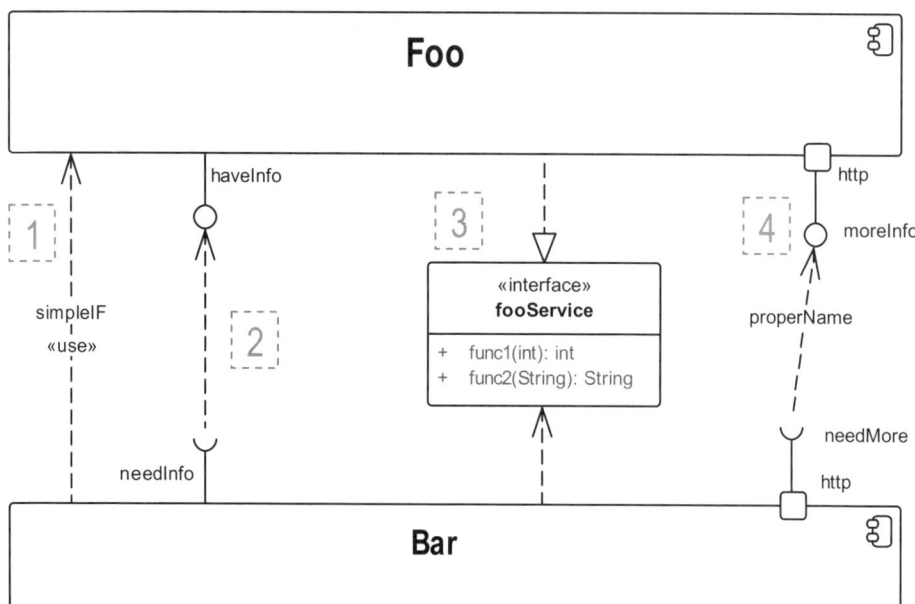

Bild VII.3 Optionen für Schnittstellen in UML

3. Verwenden Sie eigenständige Interfacebausteine.

4. Verwenden Sie Interfaces (Lollipops) gemeinsam mit Ports.

In Bild VII.3 finden Sie Beispiele aller Varianten.

Frage VII.4-3: Wozu kann ich UML-Ports verwenden?

Ports, das sind die kleinen rechteckigen Kästen an Paket- oder Komponentensymbolen, siehe Abbildung. Sie repräsentieren eine benannte Sammlung von Schnittstellen.

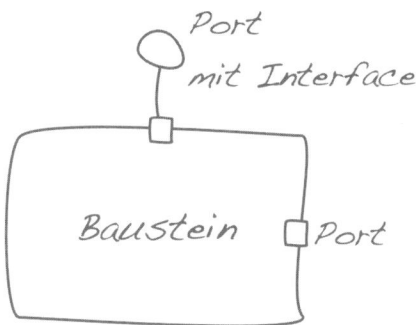

Setzen Sie Ports zu folgenden Zwecken ein:

- *Exaktes Mapping von Innen- und Außensicht (Whitebox bzw. Blackbox):* Erklären Sie mit Hilfe von Ports, welche „inneren" Bausteine welche der Schnittstellen bereitstellen oder benötigen. In der Abbildung benötigt der Baustein Foo die Blackbox Bar. Die Verfeinerung (rechte Seite) zeigt, dass der (innere) Baustein BarA diese Abhängigkeit realisiert (z. B. den Aufruf entgegennimmt, den Service erbringt o. Ä.).

- *Angabe technischer Protokolle oder Adapter:* Ein Baustein kann ein- und dieselbe Schnittstelle über mehrere Kanäle anbieten – beispielsweise über ftp, http und einen direkten Funktions-/Methodenaufruf. Diese Unterscheidung können Sie über Ports auch grafisch elegant darstellen.

  In Hardware- oder Verteilungsdiagrammen können Sie Ports beispielsweise zur Darstellung konkreter Ein-/Ausgabekanäle nutzen (z. B. Netzwerkadapter, virtuelle Netzwerke, IP-Adressen o. Ä.).

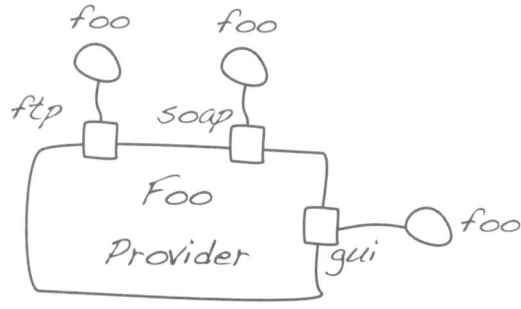

- Als Kurzschreibweise („Abstraktion") einer Menge von Schnittstellen. In der Abbildung enthält der Port P drei Schnittstellen (foo, bar, fido).

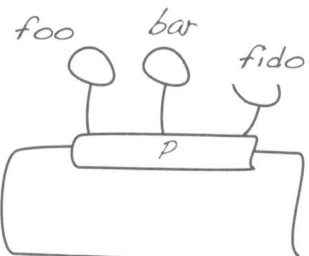

Frage VII.4-4: Wie kann ich mit UML technische Konzepte beschreiben?

Verwenden Sie für technische Konzepte lieber eine Kombination aus Text, Quellcode und Diagrammen – reines UML eignet sich unserer Ansicht nach für Konzepte nicht.

Siehe Kapitel IV.8.

Frage VII.4-5: Wie kann ich mit UML Deployment und Verteilung beschreiben?

Mit Verteilungsdiagrammen.

Siehe auch Tipps IV-97 – IV-107 und Frage VII.3-32.

VII.4.2 Alternativen zu UML

Frage VII.4-6: Welche Alternativen gibt es zu UML für Architekturmodelle?

Ja, die gibt es. Siehe auch Kapitel VI.2. Hier in Kurzform einige Kandidaten (ohne Anspruch auf Vollständigkeit):

- *Informelle Kästchen und Pfeile:* Finden wir ok, aber bitte erklären Sie Ihre Notation (siehe Tipp III-9), sonst interpretieren beteiligte Personen solche „Bilder" möglicherweise auf ihre eigene Art und Weise.
- *FMC (Fundamental Modeling Concepts):* Verwendet Blockdiagramme, Petrinetze sowie Entity-Relationship-Diagramme zur Beschreibung dynamischer Systeme. Aus unserer Sicht ein sinnvoller Ansatz, der allerdings praktisch keine Anwendung in der Realität gefunden hat.

Siehe http://www.fmc-modeling.org/notation_reference. Wenn wir kein UML einsetzen dürfen, aber ganz informelle „Box-and-Arrows" nicht genügen, wäre FMC unser Favorit.

- *SysML* (http://sysml.org/) ist ein Dialekt der UML, geschaffen zur visuellen Modellierung im Systems Engineering. Wird von einigen Modellierungswerkzeugen unterstützt.

VII.4.3 Hardwaremodellierung

Frage VII.4-7: Wie kann ich mit arc42 Hardwaresysteme modellieren?

Einen Teil der Antwort finden Sie in Kapitel IV-7. Wenn es (nur) darum geht, die Infrastruktur für Ihre Software zu modellieren, so bietet die UML Ihnen Deployment-Diagramme an, um Rechnercluster, einzelne Rechner, Prozessoren, Chips, Speicherplatinen, ... und deren physische Verbindungen (Kanäle) darzustellen. Durch die Verwendung von Ports (und dahinterliegenden Beschreibungen) können Sie Schnittstellen der Hardware sehr genau beschreiben, bis hin zu den einzelnen Pins und deren Belegung. Jede alternative Hardwarenotation kann genauso gut für die Infrastrukturmodelle verwendet werden (siehe Frage VII.3-32).

Sie können aber mehr tun: Wir haben den Begriff Baustein hauptsächlich für Softwarefunktionalität des Systems verwendet. Allgemein gesehen muss ein Baustein aber nicht codiert (also durch Software umgesetzt) werden, sondern kann auch ein Stück Hardwarefunktionalität darstellen. Wenn Sie also Spezialchips entwickeln, wie z. B. Hardwaresicherheitsmodule, intelligente Motion-Sensoren oder DSPs zur kontinuierlichen Bearbeitung von digitalen Signalen, dann modellieren Sie den Prozessor als Knoten im Deployment-Diagramm und dessen Funktionalität als Baustein in der Bausteinsicht und mappen Sie diese beiden 1 zu 1.

Frage VII.4-8: Kann ich gemischte Hardware-Software-Systeme mit arc42 dokumentieren?

Ja, wie eben in Frage VII.4-7 erläutert, können Bausteine entweder Softwarefunktionalität ausdrücken oder auch Hardwarefunktionalität. Wenn Sie gemischte Funktionalität in der Bausteinsicht darstellen, so lohnt sich die Einführung entsprechender Stereotypen zur Unterscheidung von Hardware- und Softwarebausteinen.

VII.4.4 Verständliche und konsistente Modelle

Frage VII.4-9: Wie kann ich die Anzahl der Elemente in einem Bausteindiagramm reduzieren?

Übersichtliche Diagramme enthalten fünf bis 15 Bausteine sowie die zugehörigen Beziehungen, viel mehr verkraften normale Menschen nicht.

Reduzieren können Sie durch Abstraktion, d. h. durch Zusammenfassen *kleiner* Bausteine zu größeren. Damit kommen Sie dann zu einer Hierarchie von Bausteinen, wie in den Tipps IV-56 und IV-57 erklärt.

Vergessen Sie nicht, auch Ihren Quellcode so zu gliedern und keine Bilder zu malen, die von der Quellcodestruktur abweichen!

Frage VII.4-10: Wie kann ich die Konsistenz meiner Modelle verbessern?

Konsistenz bedeutet Gleichartigkeit oder Wiedererkennbarkeit. Wir übersetzen es auch gerne mit *innerer Ordnung*. Konsistente Systeme oder Modelle behandeln identische Situationen identisch, d. h., sie sehen *aus wie aus einem Guss*. Verwenden Sie für konsistente Systeme oder Modelle Lösungsansätze wieder, statt an unterschiedlichen Stellen unterschiedliche Ansätze zu verfolgen.

Eine einfache Möglichkeit ist es, diese „wiederkehrenden Lösungen" als Konzepte (arc42-Abschnitt 8) zu extrahieren (siehe Tipps IV-109, IV-116, IV-117, IV-119). Zusätzlich sollten Sie in Ihren Modellen die betroffenen Bausteine über sogenannte Stereotypen entsprechend markieren (siehe Tipp IV-119).

■ VII.5 arc42 und agiles Vorgehen

Frage VII.5-1: Passt arc42 zu SCRUM oder Kanban?

Ja – hervorragend:

Sie können arc42 sparsam einsetzen und sind dabei komplett unabhängig von einem bestimmten Entwicklungsvorgehen. Durch die Vorabstrukturierung des arc42-Schranks können Sie leichtgewichtig und nach Bedarf (*on demand*) die jeweils benötigte Dokumentation finden oder erstellen.

Frage VII.5-2: Soll unser SCRUM-Team arc42 zum Bestandteil der *Definition-of-Done* machen?

Ja, auf jeden Fall. Siehe dazu Tipp V-26.

Frage VII.5-3: Wie können wir arc42 verwenden, um mit minimalem Aufwand zu dokumentieren?

Die Kapitel III, IV und V enthalten dazu so viele Tipps, dass wir die hier gar nicht alle aufzählen können.

Die wichtigsten lauten: Tipp III-2 (Sparsamkeit), III-3 (Angemessenheit) sowie V-13 (Timebox).

Frage VII.5-4: Wir verwenden Scrum. Wie können wir arc42 in unsere Sprints integrieren?

Dokumentation gehört zur *Definition-of-Done*. Damit ist arc42 automatisch integriert.

Frage VII.5-5: Wir arbeiten an einem sehr großen System mit mehreren Scrum-Teams und Scrum-of-Scrum. Wie sollen wir arc42 einsetzen?

Sorgen Sie organisatorisch dafür, dass jedes Scrum-Team seinen Teil dokumentiert, und folgen Sie den Vorschlägen für sehr große Systeme (Kapitel V.5). Bis zu 40 Personen (vier Scrum-Teams) konnten wir die komplette Architekturdokumentation noch in einem einzigen arc42-Repository halten. Bei noch größeren Teams sollten Sie aufteilen.

Frage VII.5-6: Welche Informationen zur Architektur sollten wir im agilen Projekt eher (schriftlich) dokumentieren und welche eher (mündlich) kommunizieren?

Agilität bedeutet Verantwortungsübernahme. arc42 setzt auf Verantwortung im Team, nicht notwendigerweise auf genau eine Person in der Architektenrolle.

Versetzen Sie sich einfach in die Lage von jemandem, der das System Jahre später weiterentwickeln und anpassen muss, und fragen Sie sich: Was würde ich dann erwarten?

Frage VII.5-7: Kann ich in agilen Projekten zeitweise nur implementieren und Dokumentation nachträglich erstellen?

Ja, theoretisch schon. Praktisch bedeutet eine Verschiebung oftmals, dass diese Dokumentation niemals erstellt wird und Stakeholder zukünftig Informationen aus dem Quellcode extrahieren müssen.

Befolgen Sie besser die Grundregel aus Tipp III-2 (Sparsamkeit) und dokumentieren Sie wenig, aber dafür kontinuierlich.

■ VII.6 Fragen zu Werkzeugen

Frage VII.6-1: Welche Tools setze ich für arc42 am besten ein?

Das ist eine klassische „Es kommt darauf an"-Frage. Wir haben in Kapitel VI verschiedene Werkzeuge und Werkzeugketten vorgestellt, daher hier nur eine Kurzfassung:

- Grundsätzlich bevorzugen wir Modellierungswerkzeuge gegenüber reinen Zeichenwerkzeugen für die grafischen Teile der Dokumentation (insbesondere Kontextabgrenzung, Whitebox-Darstellungen der Bausteinsicht, Modelle der Laufzeit- und Verteilungssicht, Domänen- oder Datenmodelle).

- Wiki + Modellierungswerkzeug halten wir für eine produktive Kombination, für alle Systemgrößen und -arten. Aus vielen Wikis können Sie stakeholderspezifische Zusammenstellungen (beispielsweise als pdf) generieren.

- Textbasierte Dokumentation (etwa mit Markdown oder AsciiDoc) in Kombination mit Modellierungswerkzeugen (für mittlere bis große Systeme) bzw. Zeichenwerkzeugen (für eher kleine Systeme) ermöglichen Dokumentieren „nah-am-Quellcode" und genießen daher hohe Akzeptanz bei Entwicklungsteams.

- Textverarbeitungsprogramme sind omnipräsent (d. h., praktisch alle Stakeholder können sie benutzen), aber niemand mag sie so richtig leiden. Höchstens passable Teamfähigkeit, schwierig bis gar nicht automatisierbar, praktisch keine Möglichkeit von diff/merge. arc42 funktioniert aber auch mit dieser Kategorie von Tools.

Frage VII.6-2: Wie kann ich wichtige Teile vom Quellcode in die Dokumentation aufnehmen? Am liebsten automatisch getestet im Rahmen unseres Build-Systems.

Kurze Antwort: Bitte niemals per Copy and Paste!

Ausführliche Antwort (für AsciiDoc):

In Ihrer Dokumentation inkludieren Sie Codefragmente nach folgendem Schema:

```
[source,groovy]
----
include::{sourcedir}/Sample.groovy[lines=1;7..-1]
----
```

Statt Zeilennummern direkt anzugeben, können Sie auch Ihren Quellcode annotieren:

```
class Sample {
    // tag::helloMethod[]
    String hello() {
        ‚Asciidoc rules!'
    }
    // end::helloMethod[]
}
```

und dann wie folgt in der Dokumentation referenzieren:

```
[source,groovy]
----
include::Sample.groovy[tags=helloMethod]
----
```

Siehe auch http://mrhaki.blogspot.de/2014/08/awesome-asciidoc-include-only-certain.html und http://mrhaki.blogspot.de/2014/04/awesome-asciidoc-include-partial-parts.html

Frage VII.6-3: Wie setze ich arc42 mit dem „Enterprise-Architect®" (von Sparx Systems) ein?

Kurze Antwort: arc42 stellt ein Template für EA-Projekte bereit (als EAP-Datei), mit dem Sie sofort loslegen können.

Weitere Hinweise finden Sie in Kapitel VI. Weitere Hinweise finden Sie in Abschnitt VI.2.2.

Frage VII.6-4: Wie setze ich arc42 mit Modellierungswerkzeugen ein?

Für viele kommerzielle und freie Modellierungswerkzeuge gibt es (leider) keine vorgefertigten arc42-Schablonen, so dass Sie arc42-Dokumentation selbst aufsetzen müssen (lediglich für Enterprise-Architect® haben wir derzeit eine arc42-Vorlage).

Falls Sie Ihr Modellierungswerkzeug zusammen mit einem textbasierten Werkzeug (Wiki, Textverarbeitung) zusammen verwenden: Legen Sie im Tool Pakete oder Verzeichnisse für diejenigen arc42-Teile an, die erheblichen Diagramm-/Grafikanteil besitzen, d. h. Kontextabgrenzung, Baustein-, Laufzeit- und Verteilungssicht.

Falls Sie hingegen die gesamte Architekturdokumentation im Modellierungswerkzeug pflegen wollen[4], legen Sie Packages oder Verzeichnisse pro arc42-Abschnitt an.

Frage VII.6-5: Gibt es kostenfreie (Open-Source-)Modellierungswerkzeuge?

Kurze Antwort: Prinzipiell ja, beispielsweise UMLet (http://www.umlet.com/) oder Modelio (https://www.modelio.org/).

Ausführlichere Antwort: Wir haben noch kein kostenfreies oder quelloffenes Werkzeug kennengelernt, das hinsichtlich Robustheit, Funktionsumfang und/oder Bedienbarkeit auch nur annähernd an die kommerziellen Tools herankommt. Bitte prüfen Sie daher eingehend, ob eventuelle (freie) Kandidaten für Ihre Bedürfnisse wirklich ausreichen.

Falls Sie ein kostenfreies Werkzeug für Sequenz- oder Aktivitätsdiagramme suchen, kann PlantUML ein Kandidat sein – siehe Abschnitt VI.2.4.

■ VII.7 Fragen zu Versionen & Varianten

Frage VII.7-1: Wie soll ich Architekturdokumentation versionieren?

Am besten versionieren Sie Dokumentation gemeinsam mit Ihrem Quellcode.

Frage VII.7-2: Wie kann ich mehrere Varianten eines Systems dokumentieren?

Variantenmanagement ist sowohl für Software wie auch deren Dokumentation eine große Herausforderung, die wir leider nicht innerhalb einer einzelnen Frage vollständig klären können, daher beschränken wir uns hier auf Auszüge:

- Beschränken Sie sich bei der Dokumentation von Varianten möglichst auf die Unterschiede und vermeiden Sie Redundanz.
- Faktorisieren Sie die Gemeinsamkeiten der Varianten in ein zentrales arc42-Dokument heraus und pflegen Sie die Spezialitäten der einzelnen Varianten in eigenständigen Teilen weiter. Das funktioniert analog zu unserem Vorschlag für sehr große Systeme, den wir in Abschnitt V.5 erläutert haben.
- Für wenige (etwa zwei bis vier) Varianten funktioniert es gut, alle Varianten innerhalb eines einzigen arc42-Repository zu beschreiben und die variantenspezifischen Details (beispielsweise in Baustein- und Laufzeitsicht sowie den Konzepten) durch Tags, Etiketten oder Präfixe in Überschriften zu kennzeichnen.

---

[4] In Kapitel VI hatten wir davon abgeraten, weil wir Texte und Tabellen lieber mit anderen Werkzeugen erstellen und pflegen möchten.

■ Für mehrere oder stark voneinander abweichende Varianten pflegen Sie unterschiedliche arc42-Repositories oder -Dokumente, die Sie mit der gleichen Branching-Strategie in Ihrer Versionsverwaltung speichern, die Sie auch für Varianten von Quellcode anwenden. Alternativ können Sie parallele Teilbäume im Wiki verwenden.

Modellierungs- oder Grafikwerkzeuge stellen unserer Erfahrung nach kaum Abhilfen für Varianten von Diagrammen bereit. Für eine kleine Zahl von Varianten können Sie die zugehörigen Diagramme innerhalb eines einzelnen Modells pflegen und über eine Namenskonvention differenzieren.

Frage VII.7-3: Wie kann ich eine Produktfamilie dokumentieren?

Siehe Frage VII.7-2 (Varianten).

Bei Produktfamilien wird es interessant, die gemeinsamen Teile (als Bausteine, als Konzepte) herauszulösen und somit Redundanz zu vermeiden. In Diagrammen helfen Stereotypen der UML bei der Charakterisierung der Zugehörigkeit zu einem speziellen Produkt oder einem Teilbaum der Produktfamilie. Diese Annotationen können auch helfen, aus der Gesamtdokumentation spezifische Teile herauszufiltern.

■ VII.8 Fragen zu Traceability

Frage VII.8-1: Was bedeutet Traceability im Zusammenhang mit arc42?

Wir zitieren aus Wikipedia:

> *„Rückverfolgbarkeit* (auch *Nachvollziehbarkeit* oder englisch *Traceability*) bezeichnet bei Produktentwicklungen die Verfolgbarkeit von Anforderungen über den Entwicklungsprozess."

Die Verfolgbarkeit aus Architektursicht bezieht sich meist auf die Begründung bestimmter Architektur- oder Lösungsentscheidungen:

„Wir treffen diese Entscheidung auf Basis von Anforderung R1" bzw. „Aufgrund der Anforderungen R2 und R3 entscheiden wir uns für Lösung X".

Wenn Sie Traceability brauchen, so ist die Blackbox-Beschreibung von Bausteinen der ideale Ort, um rückwärts auf erfüllte Requirements zu zeigen und vorwärts auf die dazugehörigen Quelldateien (siehe Tipp IV-62).

Frage VII.8-2: Soll ich in der Dokumentation Architekturentscheidungen auf Anforderungen zurückführen (Traceability)?

Anders formuliert: Wie schaffe ich Traceability von Architektur zu Anforderungen?

Kurze Antwort:

Vermeiden Sie den Aufwand für Traceability, wann immer es geht.

Frage VII.8-3: Wie schaffe ich Traceability von Requirements zu Architektur?

Anders formuliert: Wie schaffe ich Traceability von Anforderungen zur Architektur?

Das ist genau der umgekehrte Fall von Frage VII.8-2 – daher eher eine Frage Ihrer Anforderungsdokumentation: Sie müssen dabei zu den betroffenen Anforderungen vermerken, wo bzw. wodurch im System/in der Architektur/der Implementierung diese konkrete Anforderung erfüllt wird.

Unser pragmatischer Rat: Wenn es irgendwie geht, versuchen Sie Traceability zu vermeiden.

Frage VII.8-4: Wie halte ich Architekturdokumentation synchron zum Quellcode?

- Nur wenige strukturelle Details aus dem Quellcode überhaupt in arc42 dokumentieren (systematisch sparsam, siehe Tipp III-2)
- Die Bausteinsicht bleibt auf Ebene- 1 häufig über lange Zeit stabil, d. h., die meisten Änderungen am Quellcode betreffen diese grobe Beschreibung nicht.
- Systemteile mit antizipierter Volatilität erst dann dokumentieren, wenn „Ruhe eingekehrt" ist. Bestimmen Sie mit dem Entwicklungsteam gemeinsam einen Zeitpunkt, ab dem sich die Dokumentation solcher Teile weniger oft ändern wird.

■ VII.9 Fragen zu Projekten und Projektmanagement

Frage VII.9-1: Wie beschreibe ich ein sehr großes System (z. B. eine gesamte IT-Landschaft)?

Siehe Kapitel V.5.

Frage VII.9-2: Ist eine zentrale Governance für Architekturen und/oder Architekturkonzepte sinnvoll?

Das können wir nicht pauschal mit Ja oder Nein beantworten: Homogenität (= Standardisierung) in Systemen kann einerseits sehr nützlich und effizient sein, andererseits können die Kosten/Aufwände zur Erreichung dieser Homogenität unglaublich hoch werden. Daher antworten wir mit „es kommt darauf an". Beantworten Sie die nachfolgenden Fragen. Je mehr „Ja"-Antworten, desto sinnvoller könnte die zentrale Regelung für Architekturdokumentation sein:

- Haben Sie viele (> 30) IT-Systeme zu pflegen/betreuen?
- Haben diese Systeme technische „Ähnlichkeit" (z. B. ähnliche Frameworks, Implementierungsansätze, technische Konzepte)?
- Haben Sie häufig wechselnde Entwicklungsteams oder viel personelle Fluktuation?
- Arbeiten unterschiedliche Organisationen (z. B. externe Dienstleister) an Ihren Systemen mit?

- Arbeiten Sie in regulierten Umfeldern?
- Wird die Dokumentation Ihrer Systeme auditiert oder geprüft?

Frage VII.9-3: Gibt es eine Checkliste für Architekturdokumentation?

Gegenfrage: Was möchten Sie mit einer Checkliste erreichen?

- Inhaltlich bessere Dokumentation? Bekommen Sie garantiert NICHT durch eine Checkliste, sondern durch gute Beispiele, Coaching und Feedback.
- Überprüfung formaler Kriterien: Können Sie durch eine Checkliste erreichen – aber wir kennen Ihre formalen Kriterien nicht … Empfehlung: Versuchen Sie, auf Formalia bei der Dokumentation weitmöglich zu verzichten. Dokumentation wird durch mehr Formalismus garantiert nicht besser oder nutzbringender!
- Sie möchten sich oder Ihr Team vor dem Vergessen wesentlicher Teile schützen: Schaffen Sie Ihre Checkliste auf Basis der arc42-Struktur selbst, indem Sie gemeinsam mit maßgeblichen Stakeholdern die für Sie spezifisch wichtigen Teile bestimmen (und dann beispielsweise in Ihre *Definition-of-Done* aufnehmen).

Frage VII.9-4: Wie kann ich mit arc42 Delta-Dokumentation erstellen (d. h. nur die Unterschiede zwischen aufeinanderfolgenden Systemversionen erklären)?

Siehe Tipps V-17 und V-18.

Frage VII.9-5: Welche Schreib-/Leserechte soll ich welchen Stakeholdern auf die Architekturdokumentation geben?

Halten Sie Rechte so einfach wie möglich: Wenn Sie differenzierte Rechte vergeben, schaffen Sie damit Verwaltungsaufwand!

Im Regelfall dürfen alle Beteiligten schreiben und lesen.

Falls Sie Ihre Dokumentation stark modularisiert haben, könnten Sie die Schreibrechte zentraler Teile einschränken, um *versehentliche* Änderungen durch Unbedarfte zu vermeiden.

■ VII.10 Fragen zu spezifischen Anpassungen (Customizing) von arc42

Frage VII.10-1: Dürfen wir das Template für unser Unternehmen/System/ Projekt anpassen?

Ja, dürfen Sie. In Abschnitt VII.1 finden Sie Hinweise zu unserer (sehr liberalen) Creative-Commons-Sharealike-Lizenz. Sie dürfen das Template beliebig (!) modifizieren, übersetzen[5], umordnen, kürzen, erweitern, in andere Werkzeuge überführen ...

Fairerweise sollten Sie die Namen der arc42-Urheber nennen.

Gerne nehmen wir Vorschläge für solche Anpassungen entgegen und veröffentlichen diese auf Wunsch, natürlich unter Nennung der Autorennamen.

Frage VII.10-2: Welche Anpassungen haben andere Unternehmen/Projekte vorgenommen, die uns helfen könnten?

Da haben wir eine Warnung und mehrere Vorschläge für Sie.

Die Warnung zuerst: Passen Sie arc42 behutsam an – die Einheitlichkeit der arc42-Struktur hat hohen Wiedererkennungswert. Manchmal genügt es, eine spezifische Anpassung innerhalb eines Unterabschnitts zu verbergen, dann bleibt die Struktur im Großen erhalten.

Mögliche Ergänzungen zu arc42, die wir kennengelernt haben (in Kurzform):

- fachliche Modelle (Fachklassen, Domain-Model),
- eine Sicht für Benutzeroberflächen (UI-Design, Maskenabläufe),
- eine Datensicht, die (meist technische) Datenmodelle oder konkrete Tabellenstrukturen erklärt,
- Developer-Guide.

Siehe dazu Tipp V-4 (Ergänzen Sie Abschnitte)

> Falls Ihre Frage(n) zu arc42 hier noch fehlen – so geben Sie uns bitte Bescheid: entweder als E-Mail an info@arc42.de oder auf unserem Issue-Tracker https://github.com/arc42/ arc42-template/issues.

---

[5] Eine deutsche und englische Version pflegen wir auf arc42 aktiv, eine spanische Version bieten wir an, ohne uns von Qualität der Übersetzung überzeugt zu haben.

Literatur und Quellen

[Ambler-05]   *Ambler, Scott:* Agile Modeling. Tipps und Praktiken zu pragmatischer, agiler Modellierung und Dokumentation: http://agilemodeling.com/.

[AJFZ-07]   *DeMarco, Tom, et al.:* Adrenalin Junkies und Formular Zombies, Hanser Verlag. 2007

[arc42]   http://arc42.de.

[arc42-github]   Das arc42-Github Repository. https://github.com/arc42/arc42-template.

[arc42-QA]   Beispiele für Qualitätsanforderungen: https://github.com/arc42.

[ATAM]   http://www.sei.cmu.edu/architecture/tools/evaluate/atam.cfm.

[Brown]   *Brown, Simon:* Software Architecture for Developers (SA4D): http://leanpub.com/software-architecture-for-developers.

[CCSA]   Creative Commons Sharealike, eine flexible Open-Source-Lizenz. https://creativecommons.org/licenses/by-sa/4.0/.

[Clements+11]   *Clements, P.; Bachmann, F.; Bass, L.; Garlan, D.; Ivers, J., et al.:* Documenting Software Architectures – Views and Beyond. 2. Auflage, Addison-Wesley, 2011.

[Evans-04]   *Evans, Eric:* Domain-Driven-Design: Tackling the Complexity at the Heart of Software. Addision-Wesley, 2004.

[FMC]   Fundamental Modeling Concepts, http://www.fmc-modeling.org.

[github]   Repository für Open-Source-Projekte, https://github.com.

[gradle]   Werkzeug zur Build-Automatisierung, erweiterbar über Plug-in-Schnittstelle. http://gradleware.org.

[Hargis+14]   *Hargis, G.; Caray, M.; Hernandez, A.:* Technical Quality Technical Information: A Handbook for Writers and Editors. Prentice Hall, 3. Auflage, 2014.

[hsc]   HtmlSanityChecker – Open-Source-Projekt zur semantischen Prüfung von HTML-Dateien, z. B. auf fehlende Bilder, falsche Links, mehrdeutige Verweisziele etc.: https://github.com/aim42/htmlSanityCheck.

[Hruschka-15]   *Hruschka, Peter:* Business Analyse und Requirements Engineering. Hanser-Verlag, 2015.

[Kecher+15]   *Kecher, Christoph; Salvanos, Alexander:* UML 2.5: Das umfassende Handbuch. 5. Auflage, Rheinwerk Verlag, 2015.

[Knigge-15]   *Starke, Gernot; Hruschka, Peter:* Knigge für Software-Architekten - Reloaded. Entwickler. Press, 2015.

[Martin-08]   *Martin, Robert:* Clean Code: A Handbook of Agile Software Craftsmanship. Prentice-Hall, 2008.

[Robertson-12]   *Robertson, Suzanne und James:* Mastering the Requirements Process: Getting Requirements Right. 3. Auflage, Addison-Wesley, 2012.

[Rüping-13]   *Rüping, Andreas:* Dokumentation in agilen Projekten. dpunkt, 2013.

[Rupp+12]   *Rupp, Chris; Queins, Stefan:* UML 2 glasklar. Hanser Verlag, 2012.

[SA4D]   *Brown, Simon:* Software Architecture for Developers: online http://www.codingthearchitecture.com/2008/03/18/software_architecture_document_guidelines.html.

[Starke-15]   *Starke, Gernot:* Effektive Softwarearchitekturen, 7. Auflage, Hanser 2015.

[Toth-15]   *Toth, Stefan:* Vorgehensmuster für Softwarearchitektur, Hanser 2015.

[Zörner15] *Zörner, Stefan:* Softwarearchitekturen dokumentieren und kommunizieren – Entwürfe, Entscheidungen und Lösungen nachvollziehbar und wirksam festhalten. 2. Auflage, Hanser, 2015.

Stichwortverzeichnis